historia

economía

sociedad

España
contemporánea

Cristina López Moreno

Español Lengua Extranjera

SOCIEDAD GENERAL ESPAÑOLA DE LIBRERÍA, S. A.

SGEL

Produce: SGEL-Educación
Avda. Valdelaparra, 29
28108 Alcobendas (Madrid)

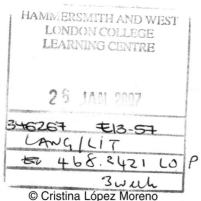
Diseño y maquetación: Dayo 2000
Ilustraciones: Gabriel Flores
Fotografías: Cordon Press, Archivo SGEL
Fotografías de cubierta: Cordon Press
Cubierta: Dayo 2000

ISBN: 84-9778-186-4
Depósito legal: M. 41.192-2005
Impreso en España - Printed in Spain

Impresión: Edigrafos, S. A.

Este libro es un manual de introducción sobre la historia, economía y sociedad de la España moderna. Se centra sobre todo en los acontecimientos de los últimos treinta años, dedicando especial atención a la última década. Su intención es ofrecer una visión clara y sucinta de las profundas transformaciones por las que España ha pasado en este tiempo, y explicar el proceso por el cual se ha convertido en el país moderno y desarrollado que es hoy en día.

Este libro ha sido escrito con el lector extranjero en mente: ya sea el estudiante universitario, el alumno de Secundaria en busca de información para sus trabajos o, simplemente, cualquier persona interesada en la España actual. La información está totalmente actualizada, es llana y accesible, y está suplementada con diferentes ejercicios para consolidar los conocimientos de cada unidad.

Este libro se divide en tres grandes bloques, que corresponden a las tres perspectivas desde las que se aborda el estudio de la España moderna. La primera parte trata de los **aspectos históricos y políticos** más significativos entre la época de la Guerra Civil y el gobierno de José Luis Zapatero. Aunque este libro se concentra fundamentalmente en el periodo democrático, he creído necesario incluir dos capítulos sobre la etapa anterior, ya que las consecuencias de la época dictatorial han contribuido a definir el tipo de país que España es hoy en día.

La segunda parte de este libro trata sobre la **economía** española. Ha sido dividida por sectores: cada uno contiene un breve panorama histórico, además de un análisis pormenorizado de su situación actual, complementado con datos recientes y análisis de algunas de sus empresas o subsectores más importantes.

La última sección trata de algunos de los **aspectos sociales** más significativos de la España de nuestros días. Se han elegido los temas más actuales y los que despiertan más interés dentro y fuera del país; como el tema de los nacionalismos y el terrorismo, la reciente oleada de inmigración o el papel de la mujer en la sociedad contemporánea.

El contenido que acabo de mencionar se encuentra reforzado con una amplia gama de **actividades**. En concreto, cada tema va seguido de preguntas de comprensión y desarrollo, que permiten el debate en clase y la consolidación de los conocimientos. Se han incluido también dos comentarios de texto por cada tema, con el objetivo de que el alumno tenga acceso a documentos históricos o materiales de prensa que complementen la información de cada unidad. Finalmente, este libro incorpora el uso de las nuevas tecnologías, algo fundamental hoy en día al haberse convertido en herramientas pedagógicas de uso habitual en el aula. Para ello, hay una sección de actividades de Internet que ponen al alumno en contacto directo con temas de actualidad, y le dan acceso a documentos audiovisuales sobre un determinado periodo histórico o acontecimiento cultural.

Me gustaría finalizar esta presentación agradeciendo el apoyo y la ayuda de una serie de personas que han hecho posible este libro. Mi agradecimiento va, en primer lugar, a la editorial SGEL, por haberme dado la oportunidad de llevar a cabo este proyecto. También quiero hacer mención del interés y ánimo mostrados por mis compañeros de la Universidad de Sheffield Hallam, y la inspiración ofrecida por mis alumnos de español. Y finalmente, mi agradecimiento va a mi familia y mi marido por su cariño, sugerencias y por la confianza que han puesto en mí.

Cristina López Moreno

ÍNDICE

SECCIÓN I
Aspectos históricos

Causas y consecuencias de la Guerra Civil española **1**

L a Guerra Civil (1936-39) es el acontecimiento histórico más traumático de la historia española del último siglo. El formidable impacto que tuvo en la mente colectiva de los españoles todavía perdura hoy, siendo especialmente evidente en las generaciones mayores. Es fundamental comprender los motivos que llevaron al estallido de la guerra, así como tener un buen entendimiento de la subsiguiente dictadura, para comprender la evolución política, económica y social del país hasta la época actual. En este capítulo vamos a hacer un repaso del panorama político y económico previo al estallido de la guerra, así como a estudiar sus fases y hacer un repaso de sus protagonistas más importantes.

¿Por qué estalló la Guerra Civil?

En los años anteriores a la Guerra Civil, España era una república socialista, elegida democráticamente en las elecciones del 12 de abril de 1931. La etapa republicana se conoce como la II República, y es un periodo marcado

Manuel Azaña, L. Companys, Alejandro Lerroux y Juan Negrín, son algunos de los republicanos del momento.

Campesinos preparados para luchar.

por dos características: la **inestabilidad** política y económica, que viene en parte heredada del periodo pre-republicano, y la introducción de una serie de **reformas liberales** que pretendían cambiar la sociedad de manera radical. El afán por el cambio se debe a las enormes diferencias que había entre la humilde clase trabajadora y la burguesía adinerada. Ese desequilibrio social provocaba odios profundos entre las clases sociales, creándose de esta forma un enfrentamiento entre las «**dos Españas**»: la de los trabajadores, que pedían la redistribución de la riqueza, y la de los grupos con poder, que se oponían tajantemente al cambio. El gobierno republicano, por su ideología socialista, estaba a favor de hacer posible esa transformación en la sociedad. Pero las reformas que propusieron contribuyeron en gran medida al aumento de la inestabilidad en el país, debido a lo polémico de su carácter y la deficiente organización para ponerlas en marcha. En protesta por estas reformas, los militares dieron un golpe de Estado que finalmente desembocó en una Guerra Civil.

Los cambios más importantes propuestos por los republicanos, y que fueron en gran medida responsables del estallido de la guerra, fueron los siguientes:

• **Religión:** España había sido hasta el momento un país con una fuerte tradición católica, en el que la Iglesia era un esta-
mento respetado y que disfrutaba de un enorme grado de poder. Cuando el gobierno republicano gana las elecciones, comienza una política de separación entre Iglesia y Estado que genera una gran controversia. En la Constitución de 1931, el Estado se declara no confesional, y como tal empieza a distanciar a la Iglesia de los asuntos políticos del país. La Constitución también contempla la introducción de matrimonios civiles, el divorcio o la eliminación de la educación religiosa, unas medidas que chocan frontalmente con los principios de la moral católica. Hay que entender que estas reformas eran extremadamente liberales para la mentalidad de la época, por eso no extraña la oposición tajante que provocaron en el poderoso estamento de la Iglesia y en los sectores conservadores de España.

• **Reivindicaciones regionales:** Cataluña y el País Vasco, y en menor medida Galicia, tenían una larga trayectoria de lucha por la autonomía política. La República otorga derechos de autogobierno a estas regiones en 1932 (Cataluña) y en 1936 (País Vasco y Galicia). Esto provoca encendidas críticas por parte de la derecha y de los militares, que ven en estos derechos una invitación a la independencia de ciertas zonas del país y un riesgo de desmembración de España.

• **La reforma agraria:** En esta época, España tenía una economía fuertemente basada en la agricultura. Uno de los mayores obstáculos para el desarrollo de este sector era el grave problema del desigual reparto de la tierra, un asunto que todavía perdura hasta cierto punto hoy en día. Por un lado, en el norte de España dominaban los *minifundios*, extensiones de terreno muy pequeñas que hacía imposible su explotación a nivel intensivo. Por otro lado, en el sur de España existía el problema opuesto: una gran cantidad de *latifundios*, extensiones enormes de terreno que pertenecían a una misma familia, normalmente miembros de la

Milicianos.

aristocracia o de la burguesía conservadora. Al ser terrenos tan extensos, eran difíciles de gestionar y gran parte de ellos ni siquiera estaban cultivados. En contraste, había una gran cantidad de campesinos sin tierras y sumidos en la pobreza: una situación claramente desigual que pronto empezó a crear tensión social. El gobierno republicano intentó solucionar este problema a través de la polémica *Reforma Agraria* de 1932. A través de esta reforma, el gobierno expropió parte de los latifundios para ceder este terreno a campesinos. Las tierras expropiadas eran terrenos sin explotar y en la mayoría de los casos sus dueños recibieron indemnizaciones. Esta medida creó una fuerte oposición por parte de los poderosos terratenientes, que veían sus privilegios amenazados; y, por otra parte, no solucionó el problema de los campesinos con la rapidez y la organización necesarias, con lo cual la pobreza en el campo continuó sin resolverse.

• **La reforma militar:** El Ejército español era uno de los estamentos sociales más privilegiados. Pero a pesar de su poder, su estructura se encontraba anticuada debido a su complicada jerarquía y al elevado número de oficiales y divisiones que había. La reforma militar permitió la eliminación de un gran número de oficiales a través de medidas como la jubilación anticipada. La reforma, unida a la tradicional oposición ideológica de los militares hacia el pensamiento liberal de la República, creó una fuerte y peligrosa oposición contra el gobierno.

A través de estas medidas, vemos cómo la República se enfrenta peligrosamente a los tres estamentos más poderosos de la época: la alta burguesía, la Iglesia y el Ejército, que son los sectores conservadores de la sociedad. Pero por otra parte, se gana el apoyo de una gran parte de la clase trabajadora, en un momento en que el alto índice de desempleo crea una situación de inestabilidad y violencia entre las capas bajas de la sociedad. Se crea, pues, una situación de **fuerte división de la sociedad española**. El problema de las reformas proyectadas por la República es que se llevaron a cabo con demasiada rapidez, con escasa preparación y, sobre todo, con poco tacto político en un contexto muy agitado e inestable. Las clases privilegiadas veían sus privilegios amenazados y su religión pisoteada, y no estaban dispuestas a quedarse quietas. Temiendo una revolución de las clases bajas, empezaron a confabular con el Ejército, con las trágicas consecuencias que veremos a continuación.

Las elecciones de 1936

Las elecciones del 36 marcaron la culminación de varios años de conflicto entre los españoles. Las ambiciosas reformas republicanas no se habían llevado a cabo de manera satisfactoria, empeorando el clima de inestabilidad en el país y el número de revueltas y actos violentos. Las elecciones de febrero de 1936 se celebraron en un contexto político seriamente agitado. Estos eran los dos partidos principales:

- **El Frente Popular:** era el partido de izquierdas, formado por republicanos, socialistas, nacionales de izquierda y comunistas.
- **El Bloque Nacional:** partido de derechas, monárquico y católico.

El Frente Popular ganó las elecciones por un pequeño margen, lo suficiente para garantizar la continuación del gobierno republicano al frente del país durante otros cuatro años. **El resultado de las elecciones incrementó la inquietud** en los estamentos privilegiados de la sociedad, alarmados ante la perspectiva de un nuevo mandato plagado de lo que ellos percibían como «locuras» políticas; y, por otro lado, fue interpretado como una llamada a la acción por parte de las clases obreras. A partir de este momento, los disturbios se extendieron y generalizaron en ambos bandos, con acciones violentas como asaltos a iglesias y ocupación de terrenos de los latifundistas. El Ejército comenzó a tramar una conspiración para proteger sus privilegios en vista de la tensión generada por estos conflictos, y en previsión de que la situación empeorara radicalmente con un nuevo mandato del gobierno republicano.

El acontecimiento que finalmente desencadena la sublevación militar fue el **asesinato de Leopoldo Calvo Sotelo**, líder del Bloque Nacional y participante activo en la conspiración contra el gobierno republicano. Cuatro días después, **el 17 de julio de 1936**, se inicia en Melilla (norte de África) un levantamiento militar dirigido por el general Francisco Franco. Aunque este golpe de Estado no tuvo éxito, tampoco fue reducido completamente: lo que sucedió es que este conflicto se fue extendiendo por el resto de España, degenerando finalmente en una guerra civil.

Los dos bandos de la Guerra Civil

Durante la guerra hubo dos bandos enfrentados: los nacionales y los republicanos. Los **nacionales** estaban formados por el Ejército, encabezado por el general Franco, y como hemos visto, en general contaban con el apoyo de la burguesía conservadora y la Iglesia. Además, tenían la simpatía y la ayuda económica y militar de Alemania e Italia, y la colaboración de Portugal, países con los que compartían una ideología política ultra conservadora. En cuanto al **sector republicano**, en su mayor parte estaba formado por campesinos y trabajadores leales a la República, aunque también contaba con el apoyo de un buen número de intelectuales liberales. Los republicanos gozaban de la ayuda de la antigua URSS, que compartía con los republicanos su ideología liberal y centrada en los derechos de las clases trabajadoras.

Desde el primer momento el territorio español quedó dividido en **dos zonas**: la republicana y la nacional, en función del éxito que obtuvo la sublevación en su avance por España. En general, la **zona nacional** estaba formada por las provincias donde el **Bloque Nacional** (el partido de las fuerzas conservadoras) tenía más apoyo popular, que solían ser regiones agrícolas y poco desarrolladas. La **zona republicana** estaba formada en su mayoría por provincias donde la población respaldaba al **Frente Popular**. Esta zona era la que tenía un mayor número de habitantes, y además contaba con importantes recursos productivos gracias a la industria; asimismo, la población estaba más politizada y tenía una fuerte concepción de clase, algo que no ocurría de forma tan pronunciada en la zona nacional.

- Zona Republicana
- Zona Nacional

Situación de los frentes a principios de agosto de 1936.

Etapas de la guerra

Se pueden distinguir cuatro etapas fundamentales en la Guerra Civil:

- **El avance hacia Madrid.** La guerra comenzó, como hemos visto, en Melilla con el alzamiento militar, y se extendió del sur hacia el norte. Desde el primer momento el bando nacional tomó la iniciativa, mientras que el republicano tenía una actitud más defensiva. El objetivo del bando nacional era tomar Madrid, centro político de España y símbolo de la nación. Sin embargo, su ofensiva no tuvo éxito en estos primeros momentos debido a que la capital se encontraba fuertemente protegida por el bando republicano y por las *Brigadas Internacionales*, un ejército de voluntarios de todo el mundo que habían llegado a España para ayudar en la lucha contra el fascismo. Madrid no caerá hasta el final de la guerra, en el año 1939. Ya en esta primera etapa (1936), Franco se proclama jefe del Gobierno y Generalísimo de los Ejércitos.

- **La campaña del norte.** En esta segunda fase el avance del bando nacional continúa hacia el norte, tras la toma de Málaga y Guadalajara, dirigiéndose ahora hacia la cornisa cantábrica para enlazar con el ala de militares sublevados que se encontraban en el norte al mando del general Mola. Los nacionales concentran sus esfuerzos en tomar las ciudades de la costa norte, que tenían una importancia estratégica debido a sus reservas mineras y a sus importantes puertos. El bando nacional contaba con el apoyo militar de la aviación alemana, que entre otras cosas ocasionó un brutal bombardeo al pueblo vasco de Guernica en abril de 1937. Poco después se toman ciudades claves como Bilbao, Santander y Gijón, con lo que se consuma la victoria nacional a lo largo de la cornisa cantábrica.

- **La batalla del Ebro y la toma de Cataluña.** Esta tercera etapa comenzó a finales de 1937. Los republicanos lograron un cierto progreso con la importante victoria de Teruel, y deciden llevar a cabo una ambiciosa ofensiva en la región del valle del río Ebro, con la que esperan cambiar la balanza de la guerra a su favor. El bando nacional, que se encontraba luchando en Valencia, se dirige inmediatamente al combate al advertir la actividad republicana en el norte. Tiene entonces lugar la batalla más sangrienta y feroz de la Guerra Civil, la *batalla del Ebro*, que dura 4 meses y en la que el ejército nacional utiliza la tecnología bélica más avanzada de la época, gracias a la ayuda prestada por Alemania. La batalla tiene un enorme coste de vidas, con un total de 100.000 muertos entre los dos bandos, y se decanta con la victoria nacional. Tras esta decisiva batalla, el bando republicano queda muy debilitado y desmoralizado, prácticamente resignado ya a la derrota.

- **Fin de la guerra.** El resultado de la batalla del Ebro facilita la entrada y la rápida victoria de los nacionales en Cataluña en 1939, ya que el agotado ejército republicano apenas podía ofrecer resistencia. Con la toma de esta región clave, la victoria nacional es ya imparable, de manera que un gran número de políticos e intelectuales republicanos se exilia a Francia en estos momentos para evitar represalias. En marzo de este año los nacionales avanzan hacia Madrid y conquistan sus últimos puestos con relativa facilidad. La guerra termina por fin el 1 de abril de 1939, tras casi 3 años de enfrentamiento bélico.

Puerta del Sol. Días previos al inicio de la Guerra Civil.

¿Por qué ganaron la guerra los nacionales?

El hecho de que el ejército nacional llevara la delantera en la guerra prácticamente desde el principio, se explica fundamentalmente por tres motivos:

- Su mejor organización y preparación militar.
- Su superioridad técnica.
- Su mejor posición económica, ayudada por la financiación recibida de Alemania y de Italia.

Los **países extranjeros** tuvieron un papel determinante en la victoria de ejército nacional. A través de Alemania, por ejemplo, los nacionales recibieron el equipo bélico más sofisticado, que contrastaba con el rudimentario equipamiento militar de los republicanos. Estados Unidos se mantuvo neutral, pero algunas empresas americanas como Texaco, Ford y General Motors contribuyeron a la victoria nacional al proporcionar petróleo y motores. Es cierto que los republicanos recibieron la ayuda de los voluntarios de las *Brigadas Internacionales*, pero no de las potencias europeas, y sólo apoyo limitado de la URSS. Por otro lado, a medida que los nacionales iban avanzando sus posiciones, quedaban bajo su control infraestructuras estratégicas como los puertos más importantes, las zonas mineras y las áreas más industriales del país, lo que incrementaba sus posibilidades de ganar la guerra.

El bombardeo de Guernica fue representado por Picasso en esta magnífica obra pictórica.

El bombardeo de Guernica

El 26 de abril de 1937, el pueblo vasco de Guernica fue víctima de un encarnizado ataque aéreo por parte de la Legión Cóndor alemana, que lo dejó totalmente destruido y mató a un alto porcentaje de la población. En esos momentos, Guernica era un pueblo de 7.000 habitantes, que contaba con tres fábricas de armas y se encontraba a corta distancia del frente republicano. Franco utilizó el pretexto de querer destruir el puente del pueblo para justificar su ataque. Pero la elección de Guernica, en realidad, se debió en gran medida a su antipatía por el pueblo vasco y su profundo desacuerdo con las tendencias independentistas de la región. Con este bombardeo buscaba tres cosas: dar un ejemplo de su autoridad, humillar a los vascos y desmoralizar al ejército republicano. En cuanto a la Legión alemana, vio en Guernica una oportunidad para poner a prueba sus nuevos aviones y para entrenar a sus pilotos en ataques aéreos; es decir, para ellos fue en gran medida una operación de entrenamiento militar. Tras horas de incesante bombardeo, Guernica quedó totalmente arrasada, con un altísimo número de víctimas, pero irónicamente con el puente del pueblo intacto. También sobrevivió el famoso árbol de Guernica, símbolo de las libertades del pueblo vasco.

El brutal ataque a Guernica fue inmortalizado por Picasso en el conocido cuadro del mismo nombre, convirtiendo el bombardeo de este pequeño pueblo en el símbolo universal de la destrucción y las atrocidades de las guerras.

Características de la Guerra Civil

Se puede decir que esta guerra fue, en líneas generales, **un enfrentamiento entre clases sociales** y concepciones religiosas opuestas, un acontecimiento especialmente trágico porque enfrentó a ciudadanos, vecinos y a familias entre sí. Fue además una guerra terriblemente despiadada y sangrienta: la crueldad en ambos bandos y el ferviente deseo de destrucción entre sí fue una triste característica que se extendió durante toda la contienda.

La Guerra Civil dejó a España tremendamente **empobrecida**. La actividad bélica tuvo un fuerte impacto en la infraestructura del país, afectando seriamente a las viviendas, medios de transporte y a la tierra. Como era de esperar, la economía también sufrió un fuerte golpe: tras la guerra, más del 23% de la superficie agrícola se dejó de explotar y el 31% de la industria cesó sus actividades. A esto se une la enorme deuda contraída para financiar el conflicto, haciendo que España en 1939 se convirtiera de hecho en un país arruinado.

El coste humano fue todavía más desolador. En los tres años de la guerra se habían producido aproximadamente medio millón de muertos. A esto hay que sumarle las 190.000 personas que se vieron obligadas a exiliarse por motivos políticos. El alto número de exiliados responde a la *Ley de Responsabilidades Políticas* aprobada por Franco en 1938, por la que los sospechosos de colaborar con el bando republicano eran perseguidos, encarcelados y a menudo ejecutados. Muchos de estos exiliados eran intelectuales liberales que dejaron el país para instalarse en México, Argentina o los países europeos. En el país quedaban 24 millones de habitantes empobrecidos, con un nivel cultural bajo y sufriendo el trauma de una guerra. Pero no todos los problemas terminaron con el final del conflicto: los españoles todavía tenían que enfrentarse a la imposición de una doctrina política y religiosa, en un clima de recelo y miedo en el que

Brigadas internacionales.

las heridas psicológicas de la contienda no habían tenido tiempo de cicatrizar.

¿Quién era Franco?

Francisco Franco Bahamonde nació el 4 de diciembre de 1892 en Ferrol, una pequeña ciudad gallega de fuerte tradición militar. Su origen fue relativamente humilde si tenemos en cuenta el poder que el joven Franco tendría en el futuro. Procedía de una familia de marinos, un factor que proporcionaba un cierto prestigio en una ciudad militar como Ferrol, pero que reportaba unos ingresos económicos más bien moderados. Su padre abandonó a la familia cuando Franco era todavía un niño, lo que contribuyó a empeorar su situación económica.

Muchos historiadores se preguntan por qué Franco llegó a acumular tanto poder en su carrera. No respondía a la imagen de triunfador nato: según todas las fuentes, era un hombre tímido, con voz aflautada, de baja estatura y con poco carisma. Sus compañeros de la academia militar lo llamaban «Paquito» o «Cerillito»: sobrenombres condescendientes que están a años luz del *Caudillo* o *Generalísimo* en el que se convertiría unos años después. Incluso cuando estaba en el poder, quienes lo conocieron mencionan su sorpresa al encontrarse no con un arrogante dictador como era de esperar, sino con un hombre apocado, casi tímido, y de mediocridad intelectual.

Francisco Franco Bahamonde.

Tras su enlace matrimonial con Carmen Polo en 1923, una joven perteneciente a una influyente familia asturiana, Franco entró en contacto con la aristocracia del país, lo que aumentó sus ansias de ascenso social. Franco puso todos sus esfuerzos en prosperar en su carrera, y de hecho tuvo una fulgurante trayectoria en el Ejército: recibió numerosos honores militares por su valor, y a los 34 años se convirtió en el general más joven de Europa. A mediados de los años 30 Franco es destinado a Canarias, desde donde observa cómo el país entra en una espiral de conflictos y disturbios que el gobierno republicano parece no poder controlar. Debido a eso, en julio de 1936 participa del golpe de Estado que tiene lugar en Melilla, con el que se inicia la Guerra Civil.

Franco se convirtió en *El Caudillo* un poco por casualidad. Aunque en el momento de la sublevación era ya uno de los militares más prestigiosos del Ejército, había otros líderes nacionales de igual o mayor importancia. Una serie de sucesos fortuitos lo convirtió en líder del Movimiento: el general Sanjurjo, líder inicial del levantamiento, murió en un accidente de aviación en 1936. En un accidente similar moría el general Mola en 1937, y el fundador de la Falange Española, José Antonio Primo de Rivera, fue ejecutado por los republicanos

Consecuencias de la Guerra Civil

A. Consecuencias demográficas:

- Alto índice de mortalidad.
- Exilio (sobre todo a Latinoamérica y a Europa occidental).
- Descenso de la natalidad.
- Alto índice de población en las cárceles.

B. Consecuencias económicas:

- El hundimiento económico del país debido al alto coste de la guerra.
- El declive de la industria.
- La destrucción de edificios y obras públicas.

C. Consecuencias sociales:

- Aumento de los desequilibrios sociales.
- Consolidación en el poder de las clases vencedoras:

  a) El Ejército.
  b) La Iglesia.
  c) La Falange (partido político del régimen franquista).
  d) La burguesía.

D. Consecuencias ideológicas:
Imposición de la ideología política y religiosa de los vencedores a través de:

  a) La propaganda política.
  b) La actividad religiosa.
  c) El control de la educación.
  d) La instrucción militar.

en 1936. Así, Franco se encontró sin competidores y pudo hacerse fácilmente con el título de Generalísimo en 1938. Al llegar al poder, Franco convierte en «ley» sus obsesiones particulares: el odio a los comunistas, masones, nacionalistas vascos y catalanes y a los liberales en general, a los que identifica con el mismo demonio. Es un hombre de profundas convicciones religiosas, que defiende a la Iglesia a ultranza, y a la que utiliza para hacer propaganda de su figura y del Movimiento Nacional. Como ejemplo de esto, baste observar las palabras con las que el *Catecismo Patriótico Español* de 1939 definía a Franco:

«El Caudillo es como la reencarnación de la Patria y tiene el poder recibido de Dios para gobernarnos.»

Una de las principales obstinaciones de Franco es recuperar para España la grandeza del Imperio Español del Siglo de Oro. Rodeándose de una simbología excesiva, a menudo se retrata como un glorioso conquistador y salvador de la Patria, cuyo imperio católico se extiende «allende los mares», y despierta la admiración y el respeto del resto del mundo. Esto, como muchos otros ejemplos de la propaganda franquista, no es más que una fantasía que se encuentra en contraste con la trágica realidad de España: un país arrasado por la guerra, con unas perspectivas de futuro muy precarias y abiertamente ignorado por la comunidad internacional.

El papel de la mujer antes y durante la guerra

Para entender el papel de las mujeres durante la Guerra civil es importante tener una buena idea del contexto general de la época. Para ello vamos a hacer una mirada hacia atrás, y desplazarnos a los años anteriores para observar la evolución del papel de la mujer en esta etapa de la historia española. Durante **finales del siglo XIX y principios del XX**, la mujer tenía un papel muy secundario en una sociedad caracterizada por ser profundamente patriarcal. Su ambiente se relegaba al terreno doméstico, siendo muy escaso el número de mujeres que trabajaban fuera del hogar. Las pocas que tenían empleo remunerado solían desempeñar trabajos no cualificados y con bajas remuneraciones. Los motivos del papel secundario de la mujer se deben en gran medida a su escasa educación: a comienzos del siglo XX, un 71% de las mujeres eran analfabetas. Había un pequeño número que tenía estudios universitarios, pero no solían ejercer su carrera tras la licenciatura. Por otro lado, la Iglesia también imponía una fuerte presión sobre la mujer, transmitiendo incesantemente el mensaje de que su lugar estaba en la casa con

su familia, y no desempeñando un trabajo fuera del hogar.

En la década de los 20 se empezó a desarrollar un tímido movimiento feminista en el país. Al mismo tiempo, el incipiente proceso de industrialización de España permitió que un número mayor de mujeres se incorporase al trabajo, con lo cual las mujeres comenzaron a adquirir una cierta independencia económica de sus familiares masculinos. Las mujeres de la época comenzaron a demandar reformas en la enseñanza y las leyes para terminar con la discriminación por razones de sexo.

Cuando la **II República** llegó al poder, su ideología socialista simpatizó rápidamente con las demandas feministas, con lo cual se dio paso a las reformas necesarias para reconocer la igualdad entre hombres y mujeres, incluyendo el derecho al voto, que fue concedido en 1931. La II República fue una época de progreso en cuanto a los derechos de la mujer. La Constitución del 1931 reconocía la igualdad entre los sexos, y otorgaba una serie de derechos a las mujeres que les abría las puertas en el terreno laboral y político. Pero fueron sobre todo las mujeres de ideología republicana las que se beneficiaron de estos avances sociales: las mujeres de las familias conservadoras seguían atrapadas en su papel de esposas y madres, renunciando (o viéndose obligadas a renunciar) a su derecho a trabajar y a participar activamente en la sociedad.

La Guerra Civil contribuyó a fortalecer la independencia de la mujer. Cuando estalló el conflicto bélico, la mayoría de los hombres en edad laboral tuvo que partir para luchar en el frente, dejando un gran número de puestos de trabajo que fueron cubiertos por mujeres. Dejó de ser extraño ver a mujeres trabajando en oficios manuales y administrativos, además de los sectores tradicionales, como enfermería y educación. Al mismo tiempo, hubo un importante número de mujeres que lucharon en las filas republicanas: eran las famosas *milicianas* que figuran en los carteles de propaganda republicana de la época. Su participación en la contienda hizo que cambiara la tradicional imagen de la mujer de un ser sumiso e inde-

El sufragio femenino

Las mujeres españolas consiguieron el derecho al voto en 1931, una vez que la República se instaló en el poder. En este logro tuvieron un papel importante las organizaciones feministas españolas, que empezaron a cobrar fuerza a partir de los años veinte. La Asociación Nacional de Mujeres Españolas (ANME), formada en su mayoría por intelectuales o profesionales liberales, era una de las agrupaciones cuyo objetivo principal era luchar por el derecho de la mujer al voto.

El debate nacional en torno al sufragio femenino creó enorme polémica en su tiempo. Fue además un proceso que estuvo lleno de contradicciones, ya que como veremos a continuación, no siempre contó con el apoyo de las feministas. Se observaban las siguientes tendencias:

- **La defensa del derecho de la mujer al voto,** encabezada por Clara Campoamor, abogada, periodista y personalidad política de la época. Campoamor era una gran luchadora por la igualdad de derechos entre los sexos, y creía que esta igualdad sólo podría lograrse al conseguir el equiparamiento de hombres y mujeres a nivel legal.

- **El rechazo del sufragio femenino.** Curiosamente, hubo importantes figuras feministas que se oponían al voto femenino, como Margarita Nelken o Victoria Kent. Su postura se explica por la creencia de que las mujeres de la época estaban fuertemente influenciadas por la Iglesia, y por lo tanto tenían tendencias políticas conservadoras. Si el sufragio femenino se aprobara, las fuerzas conservadoras se verían beneficiadas, con lo que se perpetuaría la condición de subordinación de la mujer al hombre.

Finalmente, los partidarios del voto femenino triunfaron. Paradójicamente, los partidos de derechas apoyaron el sufragio, debido a la convicción (que más tarde se demostraría equivocada) que las mujeres votarían en masa a los partidos conservadores.

fenso a una persona valiente y luchadora, representada por las milicianas que luchaban y morían junto a los hombres en las trincheras. **Tras la victoria del ejército franquista,** las mujeres perdieron rápidamente los derechos que habían alcanzado con tanto esfuerzo durante la época republicana. De nuevo se restringió su terreno a la familia y el hogar, se recortó su acceso al trabajo remunerado y se obligó a seguir una pauta de comportamiento moral acorde con los cánones marcados por la Iglesia católica, marginalizando a las mujeres que se resistían a seguir este tipo de conducta. En el capítulo siguiente veremos los mecanismos que utilizó el régimen franquista para instalar esta nueva visión de la mujer en la sociedad, y el impacto que este cambio tuvo en las mujeres de la época.

PREGUNTAS SOBRE EL TEMA 1

1 ¿Qué significa que el Estado era «no confesional» durante la República?

2 ¿Por qué creían los nacionales que las reivindicaciones del País Vasco, Cataluña y Galicia amenazaban a España?

3 ¿De qué manera la Reforma Agraria de 1932 contribuyó a dividir aun más a la sociedad española?

4 ¿Por qué el resultado de las elecciones de 1936 generó tanta inquietud entre los sectores conservadores de la sociedad?

5 Describe las diferencias entre la zona republicana y la nacional durante la guerra.

6 ¿Qué papel tuvo la ayuda internacional en el resultado de la guerra?

7 ¿Hasta qué punto la victoria nacional cambió el papel de la mujer en la sociedad del momento?

8 ¿Crees que el curso de la historia española habría sido diferente si las potencias occidentales hubiesen intervenido en favor de la República?

PREGUNTAS PARA DESARROLLAR

a ¿Estás de acuerdo con la afirmación de que «la Guerra Civil fue una guerra de clases»?

b Muchos historiadores opinan que la Guerra Civil española fue la antesala de la Segunda Guerra Mundial. ¿En qué sentido es esto cierto?

c Tarea de investigación. Busca información sobre las Brigadas Internacionales y escribe un pequeño informe con lo que hayas averiguado. La siguiente página web puede ayudarte a encontrar datos:

http://www.pce.es/foroporlamemoria/brigadas_internacionales.htm

d Tarea de investigación. ¿Qué posición tomaron Francia, Gran Bretaña y la comunidad internacional en general en cuanto a la sublevación del general Franco?

e Tarea de consolidación: La película *Tierra y Libertad* (título original *Land and Freedom*) trata de las experiencias de un británico que luchó en la Guerra Civil. Haz una crítica de esta película concentrándote en la visión que se da de los dos bandos, y en la representación de las Brigadas Internacionales y las milicianas.

GLOSARIO

II República: Sistema político democrático vigente en España desde 1931 hasta el final de la Guerra Civil (1939). Sus presidentes en esta época fueron Niceto Alcalá-Zamora, Manuel Azaña y Juan Negrín.

Nacionales: Uno de los dos bandos enfrentados en la Guerra Civil. Su ideología era conservadora y representaba los intereses de los militares, la Iglesia y la alta burguesía.

Republicanos: El bando opuesto enfrentado en la guerra, formado por los defensores de la II República. Su ideología era de izquierda y estaba formado por obreros y campesinos, además de algunos intelectuales progresistas.

Franco: General español que se hizo con el poder en España tras la Guerra Civil. Gobernó el país dentro de un sistema dictatorial, que encabezó hasta su muerte en 1975. También se conoce como El Caudillo o El Generalísimo.

ACTIVIDADES DE INTERNET

1. Discursos de la guerra

http://www.guerracivil1936.galeon.com/canciones4.htm

En la página web encontrarás varios discursos pronunciados por Franco y otras personalidades de la Guerra Civil. Escucha los siguientes:

• **Franco:** Parte oficial de guerra del 1 de abril de 1939.

a) Antes de empezar, averigua qué es un parte de guerra.
b) Escucha el discurso de Franco y escribe su trascripción.

• «La Pasionaria»

a) Antes de empezar, busca información sobre esta figura política. ¿Quién era La Pasionaria?
b) Escucha su discurso y resume las ideas más importantes.

2. Carteles de la Guerra Civil

http://www.ugt.es/ugtpordentro/guerracivil/carteles.htm

En esta página web puedes encontrar una gran cantidad de carteles de propaganda republicana. En grupos, elegid tres o cuatro y analizadlos. Tened en cuenta que algunos carteles tienen texto en catalán.

3. Recuerdos sobre la guerra

http://www.cnice.mecd.es/eos/MaterialesEducativos/secundaria/sociales/pobreza/paginas/guerra.htm

En esta página, varias personas que vivieron la Guerra Civil cuando eran niños recuerdan sus experiencias. Puedes hacer dos tareas:

a) Lee los testimonios de esta página y selecciona los que te parezcan más interesantes. Después, comparte esta información con tu compañero.
b) Hacia el final de la página, hay testimonios orales que puedes ver y escuchar haciendo clic en el vínculo adecuado. Escúchalos y haz un resumen de las experiencias que cuentan estas personas.

COMENTARIO DE TEXTO 1

El siguiente texto es el último manifiesto de José Antonio Primo de Rivera, fundador de la Falange, donde se explican las causas que lo han llevado a él y a otras personalidades al alzamiento contra el gobierno republicano.

Antes de empezar a leer el texto, busca el significado de las siguientes palabras en tu idioma:

Patria: _____   Encarcelar: _____

Alzarse: _____   Minar: _____

Oprobio: _____   Envenenar: _____

Energúmenos: _____   Rencor: _____

Vociferar: _____   Hazaña: _____

Saqueo: _____   Cotejo: _____

Ahora, lee el texto con atención.

> Un grupo de españoles, soldados unos y hombres civiles, que no quiere asistir a la total disolución de la Patria, se alza hoy contra el Gobierno traidor, inepto, cruel e injusto que la conduce a la ruina.
>
> Llevamos soportando **cinco** meses de oprobio. Una especie de banda facciosa se ha adueñado del Poder. Desde su advenimiento no hay hora tranquila, ni hogar respetable, ni trabajo seguro, ni vida resguardada. Mientras una colección de energúmenos vocifera –incapaz de trabajar– en el Congreso, las casas son profanadas por la Policía (cuando no saqueadas por las turbas), las iglesias, entregadas al saqueo; las gentes de bien encarceladas a capricho, por tiempo ilimitado; la ley usa dos pesos desiguales, uno para los del Frente Popular, otro para quienes no militan en él; el Ejército, la Armada, la Policía son minados por agentes de Moscú, enemigos jurados de la civilización española; una Prensa indigna envenena la conciencia popular y cultiva todas las peores pasiones, desde el odio hasta el impudor; no hay pueblo ni casa que no se halle convertido en un infierno de rencores; se estimulan los movimientos separatistas; aumenta el hambre y, por si algo faltara para que el espectáculo alcanzase su última calidad tenebrosa, unos agentes del Gobierno han asesinado en Madrid a un ilustre español, confiado al honor y a la función púnica de quienes le conducían. La canallesca ferocidad de esta última hazaña no halla par en la Europa moderna y admite el cotejo con las más negras páginas de la Cheka rusa.
>
> Este es el espectáculo de nuestra Patria en la hora justa en que las circunstancias del mundo la llaman a cumplir otra vez un gran destino. (…) [queremos] Una Patria para todos, no para un grupo de privilegiados. Una Patria grande, unida, libre, respetada –próspera–. Para luchar por ella rompemos hoy abiertamente contra las fuerzas enemigas que la tienen secuestrada. Nuestra rebeldía es un acto de servicio a la causa española. (…)
>
> ¡Trabajadores, labradores, intelectuales, soldados, marinos, guardianes de nuestra Patria; sacudid la resignación ante el cuadro de su hundimiento y venid con nosotros por España una, grande y libre! ¡Que Dios nos ayude! ¡Arriba España!
>
> JOSÉ ANTONIO PRIMO DE RIVERA, *Alicante, 17 de julio de 1936.*

Preguntas sobre el texto

1. El segundo párrafo comienza con la frase «Llevamos soportando cinco meses de oprobio». ¿Por qué cinco meses? ¿Qué fecha marca el inicio del «oprobio»?

2. ¿Qué se dice en el texto sobre lo siguiente?
   — Las iglesias.
   — La justicia.
   — La prensa.
   — Los nacionalismos regionales.

3. ¿Qué referencias encuentras en el texto a la influencia negativa del comunismo?

4. Al final del último párrafo se habla de un asesinato. ¿A quién se refiere?

5. En el último párrafo, Primo de Rivera hace referencia a su sueño de lograr una «España una, grande y libre». ¿A qué te recuerda esta frase?

COMENTARIO DE TEXTO 2

El texto habla sobre el político republicano y masón Diego Martínez Barrio. Aquí tienes una idea de los ideales de la República.

Antes de comenzar a leer el texto, busca el significado de las siguientes palabras en tu idioma:

Por antonomasia: _____

Cargo: _____

Contrafigura: _____

Llegar a algo: _____

Marco: _____

Albañil: _____

Matadero: _____

Obra: _____

Barrer: _____

Ahora, lee el texto con atención.

Hay muchas razones históricas para afirmar que el dirigente político más tolerante de la II República fue Diego Martínez Barrio, el masón por antonomasia. Es bien significativo el hecho de que siendo Martínez Barrio el hombre del consenso político, con amistades en la derecha y en la izquierda, y el Presidente de las Cortes más votado (...) para el cargo, terminara siendo el político más odiado por el general Franco. Y es que, en realidad, ambos representaban con entera fidelidad a las dos Españas.

Martínez Barrio era la contrafigura de Franco, la expresión más genuina de las posibilidades de «llegar a algo» desde origen social muy bajo. Pudo conseguirlo en el marco de la República. Martínez Barrio era hijo de un albañil sevillano y de una vendedora de mercado, empezó a trabajar a los diez años y hasta los veinte fue empleado del Matadero municipal. La extrema izquierda diría de él que era un «desclasado» y más duramente, «traidor a su clase social», pero ya hemos visto a dónde llegaron los «revolucionarios profesionales» y a dónde llevaron a la clase obrera española. Martínez Barrio no fue comunista ni anarquista, sino «simplemente» republicano porque entendía que en España no se daban las condiciones para la revolución proletaria, ni sería bueno que se dieran, si es que alguna vez han de darse. Lo que España necesitaba principalmente era un marco legal en el que se respetaran los derechos fundamentales del hombre «y del ciudadano». (...)

La República fue un sueño en la mente de quienes creían que una forma de Estado salida del consenso de todos los ciudadanos, por voluntad expresada cada cierto tiempo, era un marco adecuado para garantizar las libertades individuales y las colectivas. Para aquellos primeros republicanos la forma de Estado debía ser obra del consenso entre representantes de intereses distintos y contrarios: no podía ser una República solamente popular, porque acabaría siendo barrida por los que la convertirían en dictadura. Eso es lo que ocurrió durante el periodo convulso de 1931-1936.

Eliseo Bayo, extracto de *La noche de los masones que quisieron evitar la guerra,*
http://perso.wanadoo.es/lomise/acacia745.htm

Preguntas sobre el texto

1. ¿Por qué se dice que Martínez Barrio era «el político más tolerante de la II República»?

2. ¿Cuál era el origen social de Martínez Barrio?

3. ¿Contaba con la simpatía y el apoyo de la extrema izquierda?

4. ¿Por qué no era comunista?

5. ¿Cuál era el Estado ideal de la República, según se explica en el último párrafo?

José Antonio Primo de Rivera, fundador de la Falange.

La dictadura franquista (1939-1975)

La dictadura del general Franco duró un total de 36 años. Al terminar la Guerra Civil, se implantó un régimen totalitario de corte fascista en el país, aunque como veremos después, con el paso de los años la dictadura evolucionó hacia formas políticas menos autoritarias. El régimen franquista estaba caracterizado por los siguientes rasgos:

Saludo oficial de los miembros de la Falange Española.

- **Creación de un Estado autoritario**, cuya cabeza era Franco. Se prohibieron todos los partidos políticos excepto la *Falange Española de las JONS*, el partido del gobierno. La Falange se encargaba de imponer a la población la doctrina del *Movimiento Nacional*, es decir, la ideología del régimen. El partido no sólo representaba una ideología política, sino toda una forma de entender la vida. Como explican los libros de la época, *«la formación [del falangista] es religiosa, patriótica, militar o disciplinada, y en la práctica está sublimada por los conceptos de servicio y sacrificio»*.

- **Concentración de todo el poder político en Franco** al nombrarse Jefe del Estado en 1939. Como tal, podía dictar normas jurídicas por sí mismo, sin deliberación del Consejo de Ministros. El general Franco adoptó diferentes pseudónimos que enfatizaban su posición de poder sobre la nación; era conocido como el *Generalísimo* y el *Caudillo*, sobrenombres de connotaciones fascistas similares a la palabra *Fürher* o *Duce* que

25

usaban Hitler y Mussolini, respectivamente.

- **Ausencia de una Constitución** que garantice los derechos y libertades de los ciudadanos, que es sustituida por las **Leyes Fundamentales**. Estas leyes establecen una nueva serie de derechos y deberes para los españoles, cuya característica más significativa es la restricción de ciertas libertades fundamentales, como la libertad de expresión, de reunión y de manifestación. Se prohíbe el derecho a la huelga y se da poder al Jefe de Estado para suspender los derechos de los ciudadanos en casos que se consideren necesarios. Otra característica importante de las Leyes Fundamentales es que definen a España como un país católico, señalando el final de la independencia entre el Estado y la Iglesia que se había proclamado en tiempos de la II República.

- **Propagación del pensamiento** *nacional-católico*, llamado en los primeros años *nacional-sindicalismo*, una ideología basada en una visión ultra conservadora de la religión católica, unida a la demostración de un patriotismo exacerbado. Se hace una visión idealizada y glorificada del pasado español, y se establece como objetivo y deber de los españoles recuperar la gloria del antiguo Imperio español. Franco se ve a sí mismo como el elegido por Dios para dirigir el país y lograr este propósito. Prueba de esto está en las monedas de la época, que llevan la efigie de Franco y las palabras: «Francisco Franco, Caudillo de España por la gracia de Dios».

- **Aislamiento del extranjero**, tanto a nivel económico como cultural, ya que se creía que las influencias exteriores propagaban el comunismo y permitían la entrada de costumbres inmorales en el país. A pesar de que el aislamiento es una característica que se mantiene durante toda la dictadura, el régimen experimentó una progresiva apertura a partir de 1950, y en sus últimos años las relaciones internacionales y las influencias culturales del extranjero eran ya notables.

Imposición del pensamiento nacional-católico

La victoria del régimen franquista tuvo un impacto extraordinario en la forma de vida de los españoles. Tan pronto como se instaló en el poder, Franco comenzó su gran tarea de crear una nueva sociedad basada en sus valores nacional-católicos. Para ello era necesario hacer una «limpieza» de los vestigios de la sociedad republicana anterior. Con este fin, el gobierno de la época utilizó fuertes medidas represivas, que fueron especialmente duras en los primeros años y se suavizaron a medida que los valores franquistas se consolidaban en la sociedad.

- En la primera etapa de la dictadura la **represión** fue brutal: un gran número de personas fueron encarceladas o ejecutadas por sus ideas políticas, y otras muchas se vieron obligadas a exiliarse a otros países. Los españoles vivían con el profundo miedo a ser delatados por sus

Foto de una peseta con la efigie de Franco.

compañeros, vecinos e incluso por sus familiares, a menudo por cosas tan triviales como escuchar una emisora de radio extranjera o por expresar opiniones contrarias al régimen. A esto hay que sumar la extrema pobreza en la que España se hallaba sumida, lo que da una idea de la difícil situación de estos años para la población en general. Los métodos represivos constituían fundamentalmente en abolir la libertad de expresión, con persecución y encarcelamiento de los que se sospechaba que eran *rojos*, es decir, que tenían ideas cercanas al comunismo o simplemente una tendencia política liberal. Los miembros de los partidos políticos (excepto los de la Falange) fueron activamente perseguidos, con lo que muchos de ellos pasaron a operar en la clandestinidad o desde el exilio.

- Se impuso además una fuerte **censura** de los medios de comunicación, de las obras literarias y de la enseñanza, lo que contribuyó a adoctrinar a la población de la época. Por ejemplo, las emisoras de radio estaban totalmente mediatizadas por el gobierno, y se prohibía escuchar emisoras extranjeras. La libertad de los intelectuales y escritores se vio fuertemente coartada, de manera que muchos contrarios al régimen se vieron obligados a marcharse al extranjero. La censura se mantuvo vigente de 1938 hasta 1966, aunque siguió habiendo algún tipo de control de la información hasta el final de la dictadura.

- Además de la censura, otra medida utilizada para la transmisión de los valores nacional-católicos fue la **propaganda**, difundida principalmente por la *Falange* y la Iglesia católica. La propaganda del régimen franquista se basaba en la difusión insistente de los valores del régimen con el fin de lograr la sociedad ideal a sus ojos: una sociedad estrictamente regulada por las normas católicas, por la exaltación de la figura de Franco y del Movimiento Nacional, y por la representación de España como una gran nación protegida por Dios. La propaganda llegaba a la población a través de la Iglesia, la educación y los medios de comunicación.

- La **educación** de la época franquista, especialmente durante la primera etapa del régimen, fue un método efectivo para adoctrinar a la población desde la infancia. Se hizo un control de los maestros y profesores para eliminar a aquéllos de tendencias políticas contrarias al Movimiento. Se hizo obligatorio instalar un crucifijo y un retrato de Franco en cada aula. Asimismo, los niños y profesores debían rezar antes de empezar las clases, o cantar himnos falangistas. La ideología del régimen se transmitía de manera muy eficiente a través de los libros de texto de la época, en los que abundaban las referencias religiosas y las alusiones a los ideales franquistas.

A través de un efectivo control de la educación, la puesta en práctica de la censura y la propaganda, y de la feroz represión de los disidentes políticos, en pocos años se consiguió imponer los valores del régimen en una sociedad que se encontraba desmoralizada tras el trauma de la guerra. Para mantener a la sociedad apaciguada y bajo control, o al menos para mantener su actitud de pasividad política, el régimen fomentaba ciertos espectáculos de masas, como el fútbol y los toros, que proporcionaban escapismo a la población. La población en general perdió pronto su sensibilidad política, por lo que los conflictos sociales fueron mínimos durante los primeros veinte años, haciéndose notar solamente a partir de finales de los años 50.

La Iglesia

El papel de la Iglesia para difundir, consolidar y legitimar el régimen dictatorial fue enorme-

La Iglesia fue uno de los pilares del régimen franquista.

mente significativo. Su fidelidad hacia el franquismo es en cierta medida la respuesta a la situación de persecución que vivió durante los años de la **II República**. Durante esa etapa, el gobierno republicano reiteró el carácter no religioso del Estado español, con lo cual la Iglesia perdió muchos de sus privilegios. Pero además, una vez que estalló la Guerra Civil, el estamento eclesiástico sufrió terribles ataques por parte del bando republicano, como saqueo y quema de iglesias, y violación y asesinato de monjas y sacerdotes.

En contraste, el bando nacional se caracterizó por una **defensa acérrima de la Iglesia** y de la religión católica, hasta el punto de que la guerra se veía como una «cruzada» para rescatar a la Iglesia del «demonio marxista». Con la victoria del ejército nacional, la Iglesia recibió un enorme poder e inmediatamente se convirtió en uno de los **pilares del régimen.** Los actos religiosos se multiplicaron y se introdujeron en todos los aspectos de la vida cotidiana de los españoles. La asistencia a misa se convirtió en un acto social de gran importancia, que los españoles se veían obligados a contemplar. Se promulgaron **«normas de decencia cristiana»**, por las cuales la Iglesia imponía sus valores morales en la sociedad. Por ejemplo, se vigilaba la manera de vestir, especialmente de las muje-

res, para evitar que se mostrara el cuerpo de manera excesiva. Se controlaba también la decencia de los espectáculos públicos, y se hacía un fuerte control sobre la sexualidad, sólo legitimada a través del matrimonio. Se insistía en la prohibición de los anticonceptivos, y se incentivaban las familias numerosas con medidas como premios de natalidad para las que tenían más descendencia. Por último, **la Iglesia tenía el control de la educación** en todas las etapas, desde los estudios primarios a los universitarios, algo que, como hemos visto, se aprovechaba para adoctrinar a los españoles desde muy jóvenes en los valores del catolicismo y del Movimiento Nacional.

La unión entre la Iglesia y el régimen es especialmente fuerte durante la primera mitad de la dictadura. Sin embargo, a partir de 1962 se empiezan a ver los **primeros signos de distanciamiento de la Iglesia**. Esto se debe a la celebración del Concilio Vaticano II celebrado en Roma, en el que se enfatizan los principios de la tolerancia, libertad personal y respeto a los derechos humanos. El espíritu del Concilio se extendió a los sacerdotes españoles, sobre todo a los más jóvenes, que se comenzaron a cuestionar los métodos autoritarios del régimen franquista. A partir de los años 60 las relaciones Iglesia-Estado ya no volverían a ser lo que eran: las fricciones eran continuas y se intensificaron con el paso del tiempo. La Iglesia comenzó a identificarse con el problema obrero, apoyando a los trabajadores y abogando por un cambio hacia una sociedad democrática.

El papel de la mujer durante la dictadura

Con el establecimiento de Franco en el poder, se impone un nuevo modelo de mujer basado en los valores fascistas y católicos, lo que supone un duro golpe a la nueva independencia que había alcanzado la mujer hasta entonces. En contraste con la época anterior, durante la dictadura el ámbito de la mujer se vio limitado exclusivamente a la familia, el espacio doméstico y su función de esposa, madre y transmisora de los valores nacional-católicos. La mujer había perdido gran parte de sus libertades, y se encontraba sujeta a la autoridad del hombre. El sistema legal del momento legitimizaba la subordinación de la mujer al hombre. El Código Penal recogía la obligación de la mujer de obedecer a su marido. También reservaba fuertes penas para las mujeres culpables de adulterio, pero no para los hombres. Las mujeres ni siquiera tenían derechos sobre sus hijos: su marido podía, incluso, darlos en adopción sin consultar con su mujer.

La **educación** de las mujeres fue un instrumento de adoctrinamiento en su nuevo papel en la sociedad franquista. El gobierno prohibió la educación mixta: en la escuela, las niñas tenían asignaturas obligatorias como Música, Labores, Cocina, Economía doméstica y Educación Física, cuyo objetivo era formar a las jóvenes estudiantes hacia su destino doméstico. Por otro lado, aunque ninguna ley prohibía directamente que la mujer se incorporase a los estudios universitarios, éstos se presentaban como inútiles, poco femeninos, y en general inadecuados para ella. El tipo de educación que recibían dificultaba su acceso al trabajo remunerado, a la vez que reforzaba la presunción de la inferioridad intelectual de las mujeres.

La **Sección Femenina** fue una institución que se encargó de reforzar los valores católicos y patriarcales entre las mujeres a través de su educación y formación. La Sección Femenina era también una especie de servicio social, por el cual había de pasar cualquier mujer que pretendiera conseguir un trabajo, un título educativo o un permiso de conducir. Esta institución estaba presidida por Pilar Primo de Rivera, hermana del fundador de la Falange, quien deja claro su visión del papel secundario de la mujer con palabras como éstas:

«las mujeres nunca descubren nada: las falta, desde luego, el talento creador reservado por Dios para inteligencias varoni-

Pilar Primo de Rivera, fundadora de la Sección Femenina.

les: nosotras no podemos hacer nada más que interpretar mejor o peor lo que los hombres nos dan hecho» (1942).

La insistencia en la imagen secundaria y sumisa de la mujer fue especialmente fuerte durante los primeros años de la dictadura,

La licencia marital

Un ejemplo para ilustrar el grado de subordinación de la mujer casada a su marido en la época franquista es la licencia marital, que estuvo en vigor en España hasta 1975. Esta licencia significaba que las mujeres casadas debían contar con el permiso de sus maridos para realizar un gran número de acciones cotidianas. Sin el permiso marital, las mujeres casadas no podían:

- trabajar, ni disponer libremente de su propio salario si trabajaban.
- sacar un pasaporte o el carné de conducir.
- abrir una cuenta bancaria.
- recibir una herencia, aunque fuese de sus padres o familiares cercanos.
- vender sus posesiones.

cuando los valores fascistas y ultra conservadores de la dictadura estaban en su apogeo. Con el paso de los años, y la relajación del gobierno franquista, la mujer logró incrementar sus libertades y conseguir un grado mayor de independencia. Poco a poco las mujeres fueron tomando conciencia de sus derechos y comenzando a reclamarlos, y la sociedad veía cada vez más normal que se los concedieran. En **1970**, por ejemplo, la nueva Ley General de Educación reconocerá el derecho a una educación igual para todos, incluidas las mujeres. Pero tendrían que pasar muchos años, en concreto hasta la Constitución de 1978, para que sus derechos fueran totalmente reconocidos y equiparados a los de los hombres a nivel legal.

Etapas de la dictadura franquista

La razón que explica la larga permanencia del régimen franquista en el poder es su capacidad de evolucionar para adaptarse a los cambios económicos y sociales que experimentaba el país. Durante los 36 años de dictadura, Franco pasó de dirigir un gobierno de índole fascista y tremendamente autoritario, a suavizar sus tendencias totalitarias cada vez más para lograr la aceptación y el apoyo interna-

cional. Hacia el final de la dictadura, los españoles gozaban de un grado de libertad que, sin ser total, sería impensable en 1939. En general, se puede decir que el **desarrollo económico y social fueron unidos**: conforme España se desarrollaba a nivel económico, la represión dictatorial disminuía y los ciudadanos lograban más libertades.

La dictadura franquista, pues, se divide en cuatro etapas fundamentales:

El totalitarismo (1939-1950)

Es la época más autoritaria de la dictadura. Tras el final de la guerra, Franco rápidamente se embarca en una lucha contra la oposición política, a través del uso de propaganda, censura, y leyes como la de *Responsabilidades Políticas* (1938), la de la *Represión de la Masonería y Comunismo* y la de *Seguridad del Estado* (1940). Se imponen durísimas represalias a quienes se enfrentan al régimen, de manera que los encarcelamientos y ejecuciones son constantes. El régimen dictatorial tiene un carácter fascista en estos momentos, utilizando con asiduidad símbolos similares a los que utilizaban los líderes fascistas de Italia y Alemania, países con los que Franco tenía relaciones políticas.

Entrevista de Franco con Hitler en Hendaya (1940).

Franco con Mussolini en Bordighera (Italia), en 1941.

Durante la II Guerra Mundial, España declaró su estado de «no beligerancia», a pesar de su afinidad con las fuerzas fascistas. Cuando éstas perdieron la guerra, Franco comenzó a distanciarse de Italia y Alemania, abandonando progresivamente el uso de símbolos fascistas y su ideología totalitaria para evitar la desaprobación del extranjero. Pero esto no lo salvó de las repercusiones internacionales: en 1946, las Naciones Unidas castigaron a España a través de un **boicot diplomático**, que aisló a España del resto del mundo a nivel político y económico. Sin la posibilidad de recibir ayuda económica o de establecer relaciones comerciales con otros países, España sufrió el periodo más difícil de su historia reciente: una pobreza extendida a la mayoría de la sociedad que marcó la época con el sobrenombre *de los años del hambre* (1946-50).

En respuesta al aislamiento impuesto por el extranjero, Franco concentró todas sus energías en hacer al país autosuficiente. Esta táctica se conoce como la **autarquía**: es en realidad una reacción defensiva con la que Franco intenta desafiar a la comunidad internacional. En realidad, contribuyó más al aislamiento de España tanto a nivel económico como cultural y político.

La apertura al exterior (1951-59)

La **situación geográfica estratégica de España** contribuyó en gran medida a que terminara el aislamiento del país. La guerra fría contra la Unión Soviética se intensifica en esta época, y España comienza a perfilarse como una zona de interés estratégico. Con este y otros motivos en mente, la ONU levanta el embargo a España en 1950, y en 1951 EE UU instala sus primeras bases militares en el país a cambio de ayuda económica. En 1955, España accede a la ONU como miembro de pleno derecho, y poco a poco renueva

Los años del hambre

La época de posguerra fue uno de los momentos de más pobreza y miseria de la historia de España, especialmente el periodo 1946-49, que se conoce como *los años del hambre*. Esta situación de extrema pobreza se produjo debido a una combinación de varios factores, de origen interno y externo. Una de las causas más importantes fue el **bloqueo internacional**, que impedía que prácticamente ningún país estableciera relaciones comerciales con España. A esto se une una **producción agraria e industrial insuficiente,** con lo cual no se podían satisfacer las necesidades de los españoles. Debido a estos factores, en España había una grave escasez de alimentos y productos de primera necesidad para la población, lo que provocó una situación generalizada de hambre. La pobreza se extendió por todo el país, pero sus efectos fueron más intensos en las zonas urbanas: la escasez de comida en los mercados llegó a ser tal que ni siquiera las familias adineradas podían comprar alimentos, al estar los mercados prácticamente desabastecidos.

El régimen franquista intentó solucionar este problema estableciendo un sistema de **racionamiento**: cada familia tenía una cartilla con vales que le daba acceso a una cantidad (una ración) de alimentos y otros productos básicos. A través del racionamiento el gobierno controlaba la distribución de las mercancías, pero a pesar de ese control no se impidió la aparición del mercado negro, conocido popularmente por el **estraperlo**. A través de este mercado, se vendían productos que no se podían adquirir con las cartillas de racionamiento (carne, café, aceite), además de alimentos corrientes, pero en cantidades mayores de las proporcionadas por el gobierno. También podían adquirirse productos farmacéuticos, como la penicilina. El mercado negro estaba muy extendido durante la época franquista, y casi todos los españoles recurrieron a él de una manera u otra como medida de supervivencia, más que como una forma de enriquecerse.

sus relaciones diplomáticas con los países extranjeros, terminando así el aislamiento político.

Aunque la represión política continúa en España, se observan intentos por parte del Estado para **flexibilizar su actitud**. Se abandona la retórica fascista y se intenta una cierta renovación cultural. La Falange pierde poder dentro del gobierno, en favor de la entrada de tecnócratas y miembros del Opus Dei. A nivel popular, comienza a surgir una visible **resistencia al régimen** a través de las primeras revueltas estudiantiles y de trabajadores, que se producen a partir de 1956. Los disturbios son especialmente significativos en el País Vasco y Cataluña, donde se observa un refortalecimiento del espíritu nacionalista de estas regiones.

El despegue económico (1959-1973)

El año 1959 viene marcado por una **fuerte crisis económica** que obliga a Franco a reconsiderar su política autártica. La estructura dictatorial del régimen franquista muestra los primeros signos de debilidad, debido por un lado a la aparición de opiniones discon-

formes dentro del aparato político del régimen, y por otro, debido a la oposición mostrada por ciertos sectores del pueblo español, como intelectuales, estudiantes y obreros. El carácter autoritario deja paso a una mayor flexibilidad, mejorando de esa manera las relaciones político-económicas con otros países y contentando al pueblo español hasta cierto punto.

El **énfasis del régimen en esta época se basa en el desarrollo económico**. Para mejorar la situación del país, Franco pone en marcha su *Plan de Estabilización* (1959), cuyo objetivo es luchar contra la inflación, incentivar el ahorro y comenzar la apertura del mercado español. Los efectos inmediatos del Plan son duros para el pueblo durante el primer año, ya que se recortaron los salarios y se incrementó el paro. Pero pronto se observaron efectos tremendamente positivos, a través de la llegada de divisas procedentes del turismo y de la inversión de países extranjeros en España. Los *Planes de Desarrollo* de los años 60 modernizaron las infraestructuras del país, impulsaron la creación de sectores industriales como los astilleros o la industria metalúrgica, e incentivaron la exportación. Todo esto generó una etapa de intenso crecimiento que se conoce como «*el milagro económico*»,

La firma de los acuerdos entre España y Estados Unidos (1953) permitió la entrada en España de empresas extranjeras.

■ Visita de Franco a la fábrica de Barreiros coincidiendo con los últimos años del desarrollismo.

que como hemos visto se debió fundamentalmente a los siguientes factores:

— **La inversión exterior** en el país, a través de la llegada de empresas extranjeras que se instalaron en España, fomentando el desarrollo industrial.
— **Los ingresos por el turismo**, un sector que comienza a potenciarse con gran éxito a partir de los años 60.
— **El desarrollo de la industria** en el país.
— Las divisas que llegan al país procedentes de **la emigración** fuera de España, especialmente de países como Francia, Suiza o Alemania.

El fuerte crecimiento económico se vio acompañado por una rápida **transformación social**. En primer lugar, se creó una fuerte emigración del campo a la ciudad, para satisfacer la demanda de mano de obra de las nuevas empresas industriales. Con la mejora del nivel de vida y el aumento de población en las ciudades, se produce una evolución hacia una sociedad urbana y consumista, en la línea de otros países europeos. Como contrapartida, la fuerte emigración hacia la ciudad produce una rápida despoblación del campo, y genera problemas como el de la escasez de viviendas para alojar a la oleada de campesinos que se instala en Madrid, Barcelona o Bilbao en estos años.

En esta época empieza a ser más visible la **oposición al régimen.** Tiene protagonismo en las revueltas universitarias, en las que participan tanto alumnos como profesores, para protestar contra la libertad de expresión. En el año 1969 se generalizan también las protestas obreras, que unidas a las universitarias alarmaron al gobierno hasta el punto de verse obligado a dictar el estado de sitio en algunas ciudades.

El periodo de inestabilidad: 1973-1975

Los dos últimos años de la dictadura se caracterizan, por un lado, por la inestabilidad del país, y por otro, por la concesión de un grado de libertad cada vez mayor al pueblo. Sin ser total la libertad de expresión, la prensa disfrutaba de un mayor grado de independencia, y la censura estaba prácticamente abolida, excepto en lo que se refiere a críticas directas a Franco o al gobierno. La dictadura está ya muy desgastada; sin em-

El almirante Carrero Blanco.

34

bargo, el gobierno se niega a la posibilidad de la introducción de un régimen democrático: en esto ha perdido contacto con la realidad social del país, que pide a gritos un cambio. El movimiento de lucha por la libertad ha perdido su miedo al régimen y aprovecha su debilidad para organizarse y hacerse más visible.

La inestabilidad en el país ocurre a dos niveles:

- **A nivel económico:** 1973 marca el comienzo de un bajón económico debido a la crisis del petróleo. Como esta es una crisis a nivel mundial, España sufre sus efectos por partida doble: por el alza de los precios del petróleo en sí, pero también por el modo en que esta crisis afecta a otros países, ya que provoca una disminución de las inversiones de países extranjeros en España.

- **A nivel político:** Francisco Franco entra en una etapa de declive en su vida, debido a su avanzada edad y mal estado de salud. En 1973, el almirante Carrero Blanco es nombrado sucesor de Franco. Seis meses después, es asesinado por ETA en un atentado de gran magnitud, lo que deja un serio vacío de poder en el país. Este asesinato crea una enorme alarma en el gobierno, que reacciona endureciendo fuertemente sus medidas represivas e intentando devolver al régimen el carácter autoritario de los primeros años de dictadura. A pesar de sus desesperados esfuerzos por mantener su autoridad, el aparato franquista claramente pierde poder. Paralelamente, la oposición intelectual y popular crece a través de constantes protestas y manifestaciones en las fábricas, universidades y en las calles de los pueblos y ciudades españolas. Asimismo, la oposición política no pierde el tiempo y empieza a organizarse de manera activa en previsión de un cambio de poder. Franco muere el 20 de noviembre de 1975, y, a falta de un sucesor efectivo, se ponen fin a 36 largos años de dictadura.

PREGUNTAS SOBRE EL TEMA 2

1 ¿Qué apelativo eligió Franco para designarse a sí mismo, y qué significa exactamente?

2 ¿Qué razones puedes nombrar para la larga permanencia de Franco y del franquismo en el poder?

3 ¿Puedes describir muy brevemente las diferentes etapas de la dictadura?

4 ¿Qué importancia tuvo la muerte de Franco para el término de la dictadura?

5 ¿Por qué no hubo sucesores de Franco que continuaran con la dictadura?

6 ¿Qué posición adoptó España en la Segunda Guerra Mundial?

7 ¿Cuáles fueron las principales características del franquismo?

8 ¿Se puede decir que el régimen del general Franco era un régimen fascista? ¿Por qué?

9 ¿Por qué la dureza del régimen se fue suavizando a través de los años?

10 ¿Cuál era el papel de la mujer, según Pilar Primo de Rivera?

11 ¿Cómo reaccionó el régimen de Franco frente a la cultura? ¿Qué consecuencias tuvo la Guerra Civil para muchos intelectuales?

PREGUNTAS PARA DESARROLLAR

1 ¿Qué opinas de la reacción internacional en torno a España, y cómo interpretas su paso del boicot de los primeros años de la dictadura a la colaboración con el franquismo a partir de los años cincuenta?

2 Explica la relación entre el desarrollo económico de España y su desarrollo político.

3 Tarea de investigación: Averigua qué eran los NO-DOs y qué función tenían.

4 Tarea de investigación: Busca información sobre el fenómeno de los *curas rojos*, que fueron característicos de los años sesenta. Escribe un breve informe en español con la información que hayas conseguido.

5 Tarea de consolidación: Escribe una crítica de la película *Bienvenido, Mr Marshall*, del director Luis García Berlanga, analizando la relación de los EE.UU. con España durante la dictadura.

GLOSARIO

Falange Española: Partido político del régimen franquista, y único partido legal durante el franquismo.

Nacional-catolicismo: Ideología que recoge los valores franquistas, tanto políticos como morales. En los primeros años se denomina nacional-sindicalismo.

Autarquía: Política económica que buscaba el autoabastecimiento de España y su independencia de las exportaciones.

Plan de Estabilización: Medida económica aprobada en 1959, cuyo objetivo fue controlar la inflación e impulsar la apertura económica a otros países.

Planes de Desarrollo: Implantados en los años 60, estos Planes renovaron las infraestructuras españolas y crearon un fuerte sector industrial, contribuyendo en gran medida a la modernización del país.

ACTIVIDADES DE INTERNET

1. Textos para comentar

En la siguiente web encontrarás textos de análisis sobre diversos aspectos de la dictadura. Elige uno de estos textos y haz un resumen en tu idioma.

http://www.vespito.net/historia/

2. Opiniones sobre la burguesía

http://www.vespito.net/historia/transi/voces.html

En esta página puedes encontrar diferentes opiniones sobre la Transición y la dictadura. Hacia el final de la página, podrás escuchar al diseñador de moda Adolfo Domínguez y al periodista Pedro J. Ramírez hablar sobre la importancia de la burguesía en la dictadura. ¿Qué opiniones expresan?

3. Vida cotidiana en los primeros años de la dictadura

http://www.cnice.mecd.es/eos/MaterialesEducativos/secundaria/sociales/pobreza/paginas/encualqu.htm

Esta página explica cómo la pobreza de esta época forzó a muchos españoles a emigrar del campo a la ciudad.

a) Lee los textos y resume brevemente su contenido. Busca los testimonios que te parecen más interesantes para discutir con toda la clase.

b) Al final de la página, puedes ver el fragmento de un vídeo titulado *Allí no había vida*, en el que una señora habla de cómo su vida cambió al irse a vivir a la ciudad. ¿Por qué dejó el pueblo, y cómo ha sido la vida y la educación que han recibido sus hijos en la ciudad?

4. Las diversiones de los españoles

http://www.cnice.mecd.es/eos/MaterialesEducativos/secundaria/sociales/pobreza/paginas/verbenas.htm

Lee estos testimonios y haz una lista de las actividades de tiempo libre que tenían los españoles durante los años de la dictadura.

5. La Sección Femenina y la prensa para mujeres en la época franquista

http://www.pce.es/foroporlamemoria/mujer.htm

Aquí puedes pinchar en extractos de recomendaciones de la Sección Femenina a las mujeres durante los primeros años de la dictadura. Elige dos o tres y explica de qué manera su contenido fomenta la desigualdad de la mujer.

6. Encuesta sobre Franco

http://www.el-mundo.es/noticias/2000/graficos/noviembre/semana3/franco.html

En esta encuesta, se hace un estudio de la opinión de los españoles actuales sobre la figura del general Franco y su grado de conocimiento sobre esta figura. Escribe un breve informe haciendo una valoración de los resultados.

COMENTARIO DE TEXTO 1

La Sección Femenina

En este texto se explica la formación de los Mandos de la Sección Femenina, es decir, de las mujeres que se encargarían de supervisar los grupos locales de la sección.

Antes de empezar a leer el texto, busca en un diccionario el significado de las siguientes palabras:

Muchacha: _____

Gustosa: _____

Mandar: _____

Formación: _____

A cargo de: _____

Repujado: _____

Capellán: _____

Jornal: _____

Vicisitud: _____

Allegar recursos: _____

La formación de los Mandos comprende:

Conferencias y advertencias útiles para conocer la psicología de las muchachas. Modo de mandar, etcétera. Feminidad, amor y sacrificio de la mujer en el hogar.

Formación religiosa: Conocimiento de Dios; que conozcan bien a Dios para que sepan amarle y servirle, y a las excelencias de la Religión Católica. Esta enseñanza está a cargo del Capellán o Asesor religioso.

Se les inculca el *amor patrio*, por el conocimiento de nuestras grandezas, de nuestros sabios, santos, misioneros y descubridores; las vicisitudes de nuestra Patria, la obra de José Antonio y el Caudillo, y cómo España, tras muchos esfuerzos, ha vuelto a ocupar el lugar de honor que en el mundo le corresponde.

Se les impone en lo que es el *Nacional-sindicalismo*, para que lo amen, se sacrifiquen gustosas y cooperen en el sacrificio de los demás, al triunfo de la Revolución, tan soñada por José Antonio y los mártires.

Todas estas enseñanzas son las que transmitirán después a las muchachas de la Sección Femenina respectiva. (…)

Esto en cuanto a la preparación de los Mandos:

Escuelas del Hogar: Que enseñan todas las labores propias del hogar.

Escuelas de Formación Profesional: Donde se enseñan las especialidades artísticas, repujados, juguetes, pues, sentado el principio del hogar cristiano y de que la primera y única misión de la mujer es el hogar, se tiende a que no tenga que salir de casa ni aun cuando el jornal del marido sea insuficiente, enseñándoles industrias que le permitan allegar recursos sin necesidad de abandonarlo.

Escuelas de Adultas: (…) En éstas se enseña cultura general y los principios de Religión, Patria, etcétera.

Cuestionario Oficial de Doctrina del Movimiento, 1941

Preguntas sobre el texto

1. Explica cómo se transmiten los valores del régimen franquista a las mujeres a través de la Sección Femenina.

2. ¿Qué características tiene la mujer ideal, según lo que has leído?

3. En las Escuelas de Formación Profesional las mujeres pueden aprender labores para ganar dinero. ¿Pero qué tipos de trabajo se enseñan y por qué?

COMENTARIO DE TEXTO 2

Este texto trata sobre el papel de la prensa extranjera durante la dictadura franquista.

Antes de empezar a leer el texto, busca en un diccionario el significado de las siguientes palabras:

Dispuestos: _____

Consulta previa: _____

Acreditación: _____

Amenazar: _____

Denunciar: _____

Lisa y llanamente: _____

Paréntesis: _____

Cesar (a alguien): _____

Efímera: _____

Reverencia en palacio

Los últimos años de la dictadura, los corresponsales extranjeros, siempre que estuvieran dispuestos a informar sobre la España real, sobre toda España, y no sólo sobre la España oficial, desempeñaron un papel extraordinariamente importante. Nosotros no teníamos que someter nuestra información a ninguna forma de censura, ni siquiera, como hacían los periódicos españoles, a consulta previa. El gobierno de la dictadura prohibió a menudo la venta de nuestros periódicos en los quioscos españoles, podía expulsar a los corresponsales, retirarnos la acreditación y amenazarnos una y otra vez. Pero lo que escribíamos solía volver a España en fotocopias o traducciones. Algunos colegas españoles nos daban información que ellos no podían publicar. Otros, también algunos que, acabada la dictadura, presumían de guardianes de la democracia, nos denunciaban. También de los enemigos del régimen que trabajaban en la Administración recibíamos información importante, y de vez en cuando nos mandaban de los ministerios «documentos muy confidenciales» interesantes. Para la mayoría de los ministros de Franco, los corresponsales que también informaban sobre la oposición democrática -y estos en modo alguno eran todos- eran lisa y llanamente enemigos de España, sometidos -como se decía entonces- a las consignas de Praga y pagados con el oro de Moscú.

Hubo un breve paréntesis de menos presión cuando el ministro Pío Cabanillas y su subsecretario, Marcelino Oreja, buscaron una relación dialogante con los corresponsales extranjeros. Pero Franco cesó a Cabanillas y la efímera primavera de tolerancia se terminó.

Con la llegada de la democracia, la prensa española pasó a ocupar su lugar normal y los periodistas extranjeros perdimos aquella importancia fruto de la anomalía, pero pudimos trabajar sin presiones, sin amenazas y sin interrogatorios de la policía política.

WALTER HAUBRICH, *www.elpais.es*

Preguntas sobre el texto

1. ¿Por qué era tan importante el papel de la prensa extranjera durante la época franquista?

2. ¿Cuáles eran las fuentes de información de los periodistas extranjeros, según el texto?

3. ¿Qué opinión tenían los ministros de Franco sobre los corresponsales extranjeros?

4. ¿Tuvo la censura la misma fuerza durante toda la época dictatorial?

5. ¿Qué significó la llegada de la democracia para los periodistas extranjeros?

La transición a la democracia

3

L a Transición es el término que se utiliza para denominar el periodo de adaptación de la dictadura franquista a un régimen democrático. Es un proceso complejo que cerró una etapa histórica en España, que permitió la consolidación definitiva de un sistema de libertades y el reestablecimiento de relaciones normales con el resto de Europa y del mundo occidental. La Transición se destaca por su carácter relativamente pacífico, algo que hay que atribuir a la excelente gestión de las figuras políticas de esta etapa. A pesar de que inevitablemente este fue un momento de incertidumbre y recelo, es cierto también que muchos españoles recuerdan estos años como una etapa llena de optimismo y esperanza. En general, se puede decir que la Transición es el gran logro de la historia española contemporánea.

Es difícil dar una fecha exacta que marque el comienzo y término de la Transición. Las fechas más citadas son **de 1975 a 1978**; es decir, desde la muerte de Franco a la aprobación de la Constitución, el documento que establece las bases legales de la democracia en España. Sin embargo, muchos historiadores

Adolfo Suárez, Felipe González y Santiago Carrillo fueron algunos de los políticos más importantes de esta época.

Cronología de la Transición

20 de noviembre de 1975: Muerte de Francisco Franco.

22 de noviembre 1975: Coronación del Rey D. Juan Carlos de Borbón.

Julio de 1976: Nombramiento de Adolfo Suárez como presidente de España.

Junio de 1977: Primeras elecciones democráticas, ganadas por UCD.

Diciembre de 1978: Aprobación de la nueva Constitución Española.

Enero de 1981: Dimisión del presidente Adolfo Suárez.

23 de febrero de 1981: Intento de golpe de Estado (conocido como 23-F).

Octubre de 1982: Victoria del PSOE en las elecciones generales.

tienen diferentes opiniones al respecto. Algunos opinan que el periodo transitorio comienza en 1973 con el asesinato de Carrero Blanco, el militar franquista previsto para suceder a Franco después de su muerte. Este acontecimiento facilitó el cambio a la democracia, ya que tras su fallecimiento se creó un vacío de poder que hacía muy difícil la continuación del régimen dictatorial. En cuanto a la fecha de término de la Transición, muchos historiadores opinan que la democracia se consolida a todos los niveles con las elecciones generales de 1982. En estos comicios el Partido Socialista Obrero Español (PSOE) se hace con el poder, y en sólo siete años pasa de ser un partido prohibido por su ideología de izquierdas a ser el partido que gobierna España.

La inevitabilidad de la Transición

Una de las características más importantes de la Transición, como hemos visto antes, fue su

carácter pacífico, su rapidez y la eficiencia de las partes implicadas. Este tenaz avance hacia la democracia se debe en primer lugar, sin duda alguna, a la actuación de los políticos implicados. Pero también se debe a una serie de factores:

- El **derrumbe del aparato franquista** tras la muerte de su líder. La falta de sucesor y el desgaste del gobierno tras 36 años de funcionamiento hacen prácticamente inevitable el cambio a otro sistema más moderno.
- El **«desfase»** entre la ideología franquista y la realidad social española. Durante los años de la dictadura, la sociedad española experimenta una evolución social que contrasta fuertemente con una ideología franquista que se encontraba anclada en el pasado. El franquismo se había convertido en una doctrina anacrónica con una clara falta de contacto con la realidad de la época.
- El **resurgimiento de los grupos políticos** que habían operado en la clandestinidad durante la dictadura, y que por lo tanto pudieron organizarse rápidamente tras la muerte de Franco.
- La **poca resistencia de los políticos franquistas** a los avances democráticos,

Los jóvenes españoles de esta época fueron los principales protagonistas de la Transición.

que ellos mismos percibían como inevitables.

- El **panorama político internacional** corrobora la necesidad del cambio. Por un lado, la presión internacional hace muy difícil la continuidad de un régimen dictatorial en Europa. Por otro, el final de las dictaduras de Grecia y Portugal, son una prueba de la fragilidad de los sistemas dictatoriales en la Europa moderna.

- El **intenso deseo de libertad** por parte de la gran mayoría de los españoles, que dan por hecho que el cambio a la democracia es imparable.

Tendencias políticas durante la Transición

Como hemos mencionado al principio, el mérito del gran proyecto que fue la Transición es de los políticos que la hicieron posible, tanto de los conservadores como de los más liberales. A pesar de las dificultades en ponerse de acuerdo, todos olvidaron por un momento sus diferencias y trabajaron juntos para lograr un cambio pacífico en España. Las tres tendencias políticas principales que se observaban durante la Transición fueron las siguientes:

1. **El continuismo.** Esta es la tendencia más conservadora, que también se conoce por el término de *perfeccionamiento*. Está representada por los políticos partidarios de continuar con el sistema franquista, con algunos ajustes y cambios para adaptarlo a la realidad social del momento. La sección más conservadora dentro de este grupo, que se conocía popularmente como *el búnker*, era partidaria de volver al sistema dictatorial. El primer gobierno postfranquista, presidido por Arias Navarro, se encontraba dentro del pensamiento continuista, pero no logró conectar con la sociedad ni consiguió el apoyo del poder político del momento.

2. **La reforma.** Esta tendencia reconocía la necesidad de un cambio de dirección serio hacia la democracia. Sin embargo, se intentaba realizar este proceso de manera progresiva y dentro del sistema legal previsto por Franco. La mayoría de los políticos que apoyaban esta tendencia procedían también del gobierno franquista, pero tenían una ideología mucho más progresista: eran claramente pro-democráticos y críticos con el sistema dictatorial, pero querían evitar cambios bruscos que pudieran dar lugar a una inestabilidad política y social en España. Dentro de este grupo se encontraba el presidente Adolfo Suárez.

3. **La ruptura.** Este es el extremo más radical del espectro político de la época. Los rupturistas eran partidarios de un cambio rápido a un sistema de plenos derechos democráticos. Se buscaba que todos los partidos políticos fueran legalizados, que todas las tendencias políticas estuvieran representadas en el Parlamento y que se hicieran efectivos los

Carlos Arias Navarro, político continuista, fue el presidente del Gobierno tras la muerte de Franco.

derechos humanos con carácter inmediato. Los rupturistas provenían en su mayoría de partidos políticos que habían sido ilegalizados durante la dictadura, y que habían operado en la clandestinidad hasta el momento. Una de las figuras más importantes de esta tendencia era el líder del Partido Comunista, Santiago Carrillo.

Estas tres tendencias políticas hacían en principio difícil lograr una transición pacífica y eficiente hacia la democracia. El poder estaba en las manos de los reformistas, pero ellos se veían en la necesidad de contentar tanto a los defensores del sistema franquista como a la nueva izquierda radical. Al final, el camino acordado por todas las tendencias fue el del **consenso**. Uno de los grandes logros del proceso democrático es que los diferentes políticos pusieran sus diferencias a un lado en favor de una causa común: la democratización del país. Las diferentes negociaciones y pactos terminaron consiguiendo todas las demandas de los rupturistas, pero siguiendo las medidas promulgadas por los reformistas. Fueron estos unos años de ilusión y sincero optimismo ante el profundo cambio que se estaba logrando en España, y es mérito de todas las partes el haber podido trabajar unidas y de manera pacífica en la Transición a la democracia.

Principales figuras políticas de la Transición

El protagonismo de la Transición democrática correspondió en primer lugar al **pueblo español**, que de manera activa reclamaba el cambio de régimen desde la calle. Con la muerte de Franco en noviembre de 1975, los españoles perdieron el miedo a la represión que caracterizaba la dictadura. Comenzaron a salir a las calles a exigir libertad a través de manifestaciones, y a expresar su insatisfacción con el franquismo a través de huelgas, movilizaciones populares y acciones clandestinas por

todo el país, con la ayuda de las cada vez más poderosas organizaciones políticas y sindicales de la izquierda.

Pero entre las actuaciones diarias de millones de españoles anónimos, destacan una serie de figuras cuyo compromiso con la democracia hizo posible el cambio de régimen. Aunque hay muchos políticos destacados, las dos figuras más importantes son las siguientes:

- **D. Juan Carlos I de Borbón, Rey de España.** D. Juan Carlos fue coronado Rey de España dos días después de la muerte de Franco, convirtiéndose así en el sucesor de Franco a título de rey. D. Juan Carlos tenía un pasado estrechamente relacionado con el régimen dictatorial, ya que se había criado bajo la tutela de Franco, y éste había supervisado su educación personalmente. Por lo tanto,

Don Juan Carlos I jura su cargo ante las Cortes como Rey de España.

no es de extrañar que su nombramiento no fuera bien recibido por parte de los políticos democráticos españoles, que lo consideraban un mero sucesor del franquismo y una amenaza al proceso de democratización del país. Sin embargo, y contra todo pronóstico, el Rey se mostró como un gran defensor de la libertad, y su ayuda fue inestimable para garantizar el proceso de democratización. Desde el principio mostró su voluntad de ser el rey «de todos los españoles», como declaró en su discurso de coronación. Sus logros más importantes de esta época son los siguientes:

— Su acertada decisión de elegir a Adolfo Suárez como presidente provisional para cubrir el periodo entre la dimisión de Arias Navarro (1976) y las primeras elecciones democráticas (1977).
— Durante el vacío de poder originado tras la muerte de Franco, hizo un papel de dirigente e intermediario entre las distintas fuerzas políticas de la Transición. Esto facilitó el trabajo común en favor de la democracia. Por este motivo, se dice que el Rey fue el «motor del cambio» del periodo de la Transición.
— Libró al país de una posible vuelta a la dictadura tras el golpe de Estado del 23 de febrero de 1981.
— Actuó de «embajador» para estrechar las relaciones de España con la Unión Europea y con los países de América Latina.

• **Adolfo Suárez:** Fue el primer presidente elegido democráticamente en España tras la dictadura. Adolfo Suárez era un político que provenía del régimen franquista; por lo tanto, su nombramiento como presidente provisional también despertó recelo en el sector democrático, mientras que mantuvo satisfechos a los franquistas y a los militares conservadores. Igual que el Rey, Adolfo

Adolfo Suárez fue el primer presidente elegido democráticamente en España tras la dictadura.

Suárez sorprendió a todos por su compromiso con la democracia. Suárez actuó como «director» de la Transición, gracias a su habilidad negociadora y a su audacia en los momentos más difíciles. Algunos de sus logros más importantes fueron:

— Lograr el *apoyo de los militares* al proceso transitorio, haciendo creer al Ejército que los cambios que proponía eran limitados, aunque en realidad eran reformas drásticas del sistema político vigente.
— Redactar y conseguir que las Cortes aprobaran la *Ley para la Reforma Política*, un programa de total renovación de las leyes españolas que aseguraba el funcionamiento del país como una democracia.
— Aprobar la *amnistía* a los presos políticos.

— Lograr la polémica *legalización del Partido Comunista* en abril de 1977, un factor sin el cual las elecciones de dos meses después hubieran carecido de credibilidad.

La Ley para la Reforma Política (1976)

Este documento era una propuesta que preparaba las bases para el proceso de democratización. En ella se declaraba, entre otras cosas, la soberanía del pueblo español, se garantizaba la aplicación de los derechos humanos básicos y se creaba un Congreso y un Senado con poder para proceder a la creación de una Constitución democrática. Esta Ley, en resumen, establecía el primer paso irrevocable hacia la democracia.

Los principios de esta propuesta tenían un carácter radical para la situación política del país, si consideramos que el final de la dictadura estaba tan reciente. Es difícil entender cómo las Cortes accedieron a aprobarla, ya que estaban formadas en su mayoría por políticos vinculados con el franquismo: la aprobación de la ley suponía un «suicidio político» para los representantes del régimen anterior. El mérito de conseguir la aprobación de la Ley hay que atribuirlo a la habilidad del presidente Suárez, que fue capaz de convencer a las Cortes de la inevitabilidad del proceso de democratización. También se garantizó que no habría represalias para los antiguos franquistas una vez que la democracia entrase en vigor. De esta manera, Suárez consiguió el cambio de manera pacífica y dentro del régimen político vigente, como era su intención.

La legalización del Partido Comunista de España (PCE)

La legalización del PCE era uno de los obstáculos más serios a los que se enfrentaba Adolfo Suárez para consolidar la democracia. Todos los otros partidos políticos habían sido legalizados excepto el PCE, ya que siendo el partido que más desaprobaban los conservadores, tenía un gran número de poderosos enemigos que se negaban a sacarlo de la clandestinidad. Sin embargo, Suárez sabía que su legalización era esencial para que España pudiera ser considerada un país propiamente democrático, y para que las elecciones de 1977 tuvieran credibilidad dentro y fuera del país. Para conseguir este objetivo, Suárez diseñó una complicada estrategia que contó con el apoyo del Rey.

En primer lugar, celebra una **entrevista en estricto secreto con Santiago Carrillo**, líder del PCE. En esta histórica reunión, Suárez expresó su compromiso de legalizar el partido, siempre y cuando Carrillo (que como comunista era republicano) aceptara la monarquía, la bandera española, y que accediera a trabajar con los otros partidos en el proyecto democrático. Carrillo también se compromete a controlar a sus seguidores y evitar excesivas manifestaciones públicas de alegría, para no provocar reacciones violentas por parte del Ejército.

Seguidamente, Suárez elige **anunciar públicamente la legalización del partido en medio de la Semana Santa**, en lo que se conoció como *Sábado Santo Rojo*. Suárez sabía que los militares se encontraban de vacaciones, con lo cual no tendrían tiempo de reaccionar hasta unos días después, cuando los ánimos estuvieran más calmados.

A petición de Suárez, Carrillo hace unas **declaraciones a la prensa** en la que muestra satisfacción por la legalización del PCE, pero en la que también muestra antipatía hacia Suárez, calificándolo de «anticomunista». Con esta astuta táctica, se protegía la reputación del presidente (nadie habría visto con buenos ojos que tuviera «tratos» con comunistas) y se evitaba que perdiera el apoyo del sector conservador en un clima político crispado por la inesperada noticia de la legalización del PCE.

Las elecciones de 1977

Todo estaba preparado para celebrar, por fin, las primeras elecciones democráticas en el país desde el año 1936. Todas las formaciones políticas estaban ahora representadas, por medio de partidos políticos, entre los que destacan:

- Alianza Popular **(AP)**, partido conservador, liderado por Manuel Fraga.
- La Unión de Centro Democrático **(UCD)**, el partido encabezado por Adolfo Suárez y de tendencia centrista.
- El Partido Socialista Obrero Español **(PSOE)**, con Felipe González al frente.
- El Partido Comunista de España **(PCE)**, liderado por Santiago Carrillo.
- Un gran número de partidos regionales, como CiU, PNV, BNG, etc.

Los españoles fueron a las urnas en masa: un total del 78% de los ciudadanos ejercieron su recién recuperado derecho al voto. Terminadas las elecciones, la UCD se proclamó el partido vencedor, con lo que Suárez se convertía en el primer presidente democrático del país desde la Guerra Civil. El PSOE y los partidos regionales tuvieron también un gran éxito; sin embargo, el gran perdedor de la noche fue el partido conservador AP: una prueba del cambio ideológico que estaba experimentando España. La característica principal de la nueva legislatura de la UCD es la continuación del espíritu de consenso. Muchas decisiones políticas importantes se tomaron en colaboración con los otros partidos, de manera que se contribuyó a crear un clima de reconciliación nacional y optimismo que facilitó la difícil tarea de la consolidación democrática.

Los Pactos de la Moncloa

Tras la aprobación de la *Ley de Reforma Política*, la legalización del PCE y la celebración de unas elecciones libres, se puede decir que España había recuperado definitivamente la democracia. Pero todavía había que hacer frente a la grave crisis económica que afectaba al país. Para ello, en 1977 se celebran los *Pactos de la Moncloa*, que reciben ese nombre porque fueron firmados en el Palacio de la

Firma de los Pactos de la Moncloa, 27 de octubre de 1977.

Moncloa, la residencia oficial del Jefe de Estado.

La inestabilidad económica de esta época viene provocada, como vimos anteriormente, por la **crisis del petróleo**, que tiene un fuerte impacto en España debido a su enorme dependencia de este tipo de energía para el funcionamiento del país. La crisis provocó una repentina subida de la inflación y el paro, y trajo consigo un evidente descontento social expresado a través de las recientemente legalizadas huelgas y manifestaciones. Amplios sectores de la población empezaron a asociar democracia con desempleo e inflación, dos problemas que se habían mantenido bajo control durante la dictadura, lo que hacía que con frecuencia se oyera la frase «con Franco vivíamos mejor». El gobierno, demasiado centrado en resolver el proceso democrático, había desatendido las necesidades económicas del país. Los Pactos de la Moncloa son una iniciativa para reconocer el problema y hacer frente a esta situación.

Los principios de estos Pactos se establecieron tras un **acuerdo con la mayoría de los grupos políticos y sindicatos** del momento, y se pueden resumir de la siguiente forma:

- **Medidas para el control de la inflación**, que se había disparado en estos años. Entre otras cosas, se impone una moderación salarial y un control de precios.
- **Medidas para la estimulación del empleo**, ya que el paro había aumentado considerablemente. También se busca extender los subsidios de desempleo a los parados y se intenta mejorar los servicios sociales a los ciudadanos en general.

Aunque los Pactos consiguieron frenar la inflación y estimular la economía, fueron incapaces de solucionar el problema del desempleo, cuya tasa llegaba al 16% en esta época. Sin embargo, cumplieron la importante función de recuperar la confianza de los inversores extranjeros en la economía española, con lo que la situación experimentó una cierta mejoría.

La Constitución de 1978

Las constituciones son piezas legislativas básicas que estructuran el Estado. Son las normas jurídicas más importantes, ya que establecen los derechos y deberes de los ciudadanos y determinan la organización del Estado, entre otras cosas. En el caso español, las leyes recogidas en la Constitución definen a España como un país democrático a todos los niveles, y garantizan el funcionamiento de la nación como tal. Este documento legal recoge importantes reivindicaciones populares de la época, tales como la soberanía popular, la idea de Estado descentralizado o autonómico, la igualdad de todos ante la Ley, la aconfesionalidad del Estado, y, en general, otorga libertades ciudadanas muy amplias.

La Constitución no es el logro de una persona o de un grupo político concreto. Al contrario, un total de siete políticos de ideologías muy diferentes, desde comunistas hasta conservadores, se pusieron de acuerdo para redactar este texto. La principal virtud de la Constitución residía en su **calculada ambigüedad**, que permitía que fuerzas políticas muy diversas la aceptaran y pudieran gobernar bajo sus leyes. Se puede decir que era una constitución abierta, general y no dogmática, lo que permitió que tanto la mayoría de los políticos como de los ciudadanos españoles pudiesen sentirse identificados con ella. Pero esto no quiere decir que tanto la redacción de la Constitución como su aprobación fueran tareas fáciles; en realidad, fue necesario superar un gran número de desacuerdos entre las distintas tendencias políticas. Uno de los puntos más difíciles de solucionar fue la división del territorio nacional en **Comunidades Autónomas** y las **reinvindicaciones de autogobierno** de algunas regiones españolas, en concreto de Cataluña y sobre todo del País Vasco. Este fue un tema muy complejo y de difícil resolución, que no llegó a satisfacer totalmente a las dos regiones, con consecuencias que todavía se arrastran en la actualidad. Este tema

Ratificación de la Constitución de 1978 ante el Rey Juan Carlos.

está tratado más a fondo en el capítulo 13 de este libro.

A pesar de todas sus dificultades, la Constitución está considerada como la obra maestra de la Transición, y fue aprobada de manera masiva por los españoles en el referéndum de diciembre de 1978.

Cambios sociales y culturales

La etapa de cambio que experimentaba España hizo consolidar el movimiento de migración interna del campo a la ciudad, que se había iniciado en los años 60. El aumento de la población urbana, unido al aumento del desempleo, generó la aparición de la **delincuencia y las drogas**. Estos eran problemas que la sociedad española experimentaba por primera vez, ya que el énfasis en el control ciudadano de la época franquista los había mantenido a raya.

En esta época se empieza a notar una **pérdida de los valores tradicionales**, que se

hará más evidente en los años 80. Los cambios principales son los siguientes:

- **La Iglesia** pierde su influencia en la población a pasos agigantados, particularmente debido a su visión anticuada de la moral sexual y familiar. El uso de anticonceptivos se despenaliza y se generaliza su distribución y uso, lo que libera las costumbres sexuales españolas.

- **La mujer** gana en independencia y en acceso al mundo laboral, y comienzan a verse con cierta frecuencia mujeres en profesiones liberales y en puestos directivos.

- **La cultura** se beneficia extraordinariamente del final de la censura. La libertad de prensa se hace efectiva, con lo cual se puede hacer un repaso crítico a la época franquista e incluso al gobierno del momento. Otro efecto que trajo el final de la censura es el fenómeno del «destape», o proliferación de elementos sexuales en las películas e incluso en los anuncios de

El movimiento punk simboliza uno de los cambios culturales de los años 80.

48

los medios de comunicación de la época. El destape puede considerarse un «efecto rebote» de la represión sufrida durante tantos años: el fenómeno desapareció una vez que los desnudos dejaron de ser una novedad.

Los últimos años de la Transición

Después de la euforia de los primeros años post-franquistas, empiezan a observarse signos de inestabilidad y crisis. Los acontecimientos más preocupantes suceden a partir de 1979, y son los siguientes:

- **El terrorismo.** La actividad terrorista es constante durante la transición, experimentando un avance gradual de año en año. El terrorismo que impera es el de la extrema izquierda, que no está satisfecho con los avances democráticos, y los grupos más importantes del momento son FRAP, GRAPO y sobre todo ETA. También hay algunos grupos terroristas de extrema derecha, que aunque son menos activos, cometieron algunos asesinatos de gran trascendencia y que tuvieron serios efectos en el proceso de democratización. La actividad terrorista contribuyó a intensificar la inestabilidad social y fue un serio obstáculo al proyecto de la Transición.

- **La dimisión de Adolfo Suárez.** La UCD (Unión del Centro Democrático) era un partido que había surgido de la alianza entre políticos de sectores muy diversos que tenían en común el proyecto de construir una España democrática. Una vez aprobada la Constitución, y con la democracia consolidada, el partido se vio obligado a concentrarse en los aspectos cotidianos que resultan de dirigir al país. Al ser un partido tan heterogéneo, comenzaron a surgir enfrentamientos entre sus miembros debido a sus diferentes ideologías, como sucedió por ejemplo con la ley del divorcio. El resultado de estas divisiones internas fue que muchos de sus dirigentes y seguidores abandonaron el partido. Adolfo Suárez se vio desbordado por la crisis y pronto perdió el apoyo de un importante sector de su partido, lo que lo llevó a renunciar a la presidencia del gobierno en 1981.

• **El 23-F: el golpe de Estado.** Tras la dimisión de Suárez, los sectores más conservadores de España (especialmente numerosos en el Ejército) vieron en este momentáneo periodo de inestabilidad su última oportunidad para ocupar de nuevo el poder y devolver a España a los valores del franquismo. Los militares estaban particularmente inquietos por las revueltas sociales y las crecientes demandas de autonomía del País Vasco y Cataluña, además del incremento de actividad terrorista de ETA.

El 23 de febrero de 1981, mientras el Congreso elegía a Leopoldo Calvo Sotelo como sucesor de Suárez al frente del gobierno, el teniente coronel Antonio Tejero tomó el edificio con la mayoría de los diputados españoles como rehenes. Todas las figuras políticas del país estuvieron secuestradas en el Congreso durante unas horas, una situación peligrosísima que mantuvo en vilo a los españoles durante la madrugada del día 24. Desde fuera del Congreso, el Rey tomó el control de la situación. Usando su título de Jefe de las Fuerzas Armadas, D. Juan Carlos instó a los militares a permanecer fieles a la democracia a través de conversaciones telefónicas con sus dirigentes, y a través de su mensaje televisado en el que condenaba el golpe en los términos más absolutos. A pesar de que algunos sectores reaccionarios del Ejército apoyaron este golpe, la gran mayoría se mantuvo fiel al Rey y a la democracia.

Aunque a primera vista el intento de golpe de Estado parecía haber perjudicado el proceso transitorio, en realidad tuvo el efecto contrario. La reacción popular de apoyo a la democracia fue enorme, y todos los sectores políticos, desde los comunistas a los antiguos franquistas, condenaron el golpe. El último intento de retroceder a la dictadura había fracasado: la consolidación de la democracia era ya inevitable.

• **El gobierno de Leopoldo Calvo Sotelo,** sucesor de Adolfo Suárez. A pesar de que el 23-F no tuvo éxito, el temor a un nuevo golpe militar se instaló en el gobierno y en la clase política. En consecuencia, la labor de Leopoldo Calvo Sotelo al frente del gabinete fue mucho más conservadora y menos audaz de la que había practicado su antecesor. Esto explica la aprobación de algunas leyes que limitaban los avances previos conseguidos por el gobierno de Suárez, lo que creó una gran decepción en un amplio

El teniente coronel Tejero dirigió el asalto al Congreso de los Diputados.

Leopoldo Calvo Sotelo sucedió a Suárez en la presidencia del Gobierno.

sector de la sociedad española. Al mismo tiempo, la crisis de la UCD empeoraba debido a problemas internos entre sus miembros. Todo esto contribuía a transmitir un clima de inestabilidad, lo que propició un nuevo cambio de gobierno.

La izquierda al poder tras la victoria del PSOE

Como hemos visto en el apartado anterior, el fallido golpe de Estado hizo que el gobierno interrumpiera la tendencia liberal que había seguido hasta la fecha. El pueblo español se sentía defraudado con los cambios conservadores introducidos por Calvo Sotelo por miedo a las reacciones de la derecha. Esto, unido a una fuerte crisis a nivel económico,

hizo que la UCD perdiese el favor popular. El 28 de octubre de 1982 se celebraron nuevas elecciones y el PSOE (Partido Socialista Obrero Español) obtuvo más de 10 millones de votos, consiguiendo la mayoría absoluta y recibiendo un enorme voto de confianza por parte de los españoles. La izquierda, prohibida y castigada durante la dictadura, se puso al frente del gobierno sólo siete años después de la muerte de Franco: una prueba del rápido avance de la democracia en España.

A pesar de la inestabilidad de la última etapa de la Transición, es importante enfatizar que en conjunto fue un gran éxito. Sorprende su carácter relativamente pacífico, teniendo en cuenta que en sólo tres años se pasó de casi cuatro décadas de dictadura a una democracia con todas las libertades de cualquier país europeo.

PREGUNTAS SOBRE EL TEMA 3

1 ¿Qué se entiende por Transición y cuándo ocurrió?

2 ¿Por qué crees que la Transición era inevitable?

3 ¿Cuáles eran las tendencias políticas en España después de la muerte de Franco?

4 La Transición española se considera hoy como el éxito más grande de la historia contemporánea de España. ¿Quiénes fueron los protagonistas más importantes de la misma?

5 ¿Qué importancia tuvo en la Transición la *Ley para la Reforma Política*?

6 ¿Por qué se dice que sin la legalización del PCE las elecciones de 1977 no habrían tenido credibilidad?

7 Uno de los logros más importantes de la democracia fue la Constitución de 1978.

  a) ¿Por qué crees que se conoce como la Constitución de la Concordia?

  b) ¿Cómo define la Constitución al Estado español?

  c) ¿Cuál fue uno de los problemas más difíciles de solucionar durante la redacción de la Constitución?

PREGUNTAS PARA DESARROLLAR

a «La Transición fue un periodo de inestabilidad en la historia de España». Discute esta frase.

b «La dimisión de Adolfo Suárez puso en peligro a España». ¿Estás de acuerdo con esta afirmación?

c ¿En qué sentido se puede decir que Don Juan Carlos fue una figura política ambigua en la época de la Transición?

d Tarea de investigación: Busca información sobre el asesinato de los abogados de Atocha. Escribe un informe sobre el suceso y su significado dentro del proceso democrático.

51

GLOSARIO

Consenso: Voluntad de acuerdo político característica de la mayoría de los partidos políticos de la Transición.

Ley para la Reforma Política: Documento previo a la Constitución, en el que se establecen las bases de España como país democrático.

PCE: El Partido Comunista había formado la oposición más activa contra el franquismo, por lo que contaba con muchos enemigos entre los políticos de la Transición. Su legalización constituyó para muchos la prueba de que la democracia realmente había llegado a España.

Pactos de la Moncloa: Medidas económicas acordadas conjuntamente por los diferentes partidos políticos del gobierno. Su objetivo era lograr la recuperación de la inestable economía española.

La Constitución de 1978: Conjunto de leyes que forman la base legislativa del Estado español, y que garantizan su funcionamiento como país democrático.

ACTIVIDADES DE INTERNET

1. Cambios políticos y sociales de la Transición

http://www.elmundo.es/especiales/2002/06/espana/elecciones/grafico.html

Este reportaje consta de tres secciones tituladas *Hacia las elecciones, Cambios sociales* y *Las elecciones*. Escúchalas con atención y resume su contenido.

2. Protagonistas de la Transición

http://www.elmundo.es/especiales/2002/06/espana/elecciones/protagonistas.html

En esta página puedes ver a varias personas que tuvieron un papel fundamental en la Transición. Elige tres de ellas, preferentemente algunas de las que no hayas oído hablar. Lee la información correspondiente a cada uno y haz un pequeño resumen.

3. Santiago Carrillo

http://www.constitucion.es/escuela/recursos/scarrillo.html

a) Abre esta página web. En la columna de la derecha, haz clic en la presentación sobre Santiago Carrillo, y podrás ver y escuchar un documental sobre su vida y su carrera política. Escribe un breve informe que resuma los aspectos más importantes.

b) En la misma página web, en la columna central, tienes extractos de la conferencia titulada «El Partido Comunista, su legalización y cambios» que Carrillo dio en la Real Academia de Historia. Elige las secciones que más te interesen y analiza las opiniones de Carrillo basándote en lo que sabes sobre la Transición española.

4. La sociedad española durante la Transición

http://www.elmundo.es/especiales/2002/06/espana/elecciones/sociedad77.html

En esta página encontrarás información sobre diferentes aspectos de la vida cotidiana española en esta época. Elige un aspecto que te interese y haz un pequeño trabajo usando esta información como base.

5. Más textos sobre la Transición

http://www.juntadeandalucia.es/averroes/iescasasviejas/cviejas1/cviejas3/transicion/Actxtrncon.htm

Esta excelente página web tiene un gran número de textos históricos sobre la Transición, con actividades. Puedes usar los textos como material de investigación para hacer trabajos, y las actividades como tareas de consolidación.

COMENTARIO DE TEXTO 1

Antes de empezar a leer el texto, busca en un diccionario el significado de las siguientes palabras:

Concisión: _____

Cursar: _____

Suceso: _____

Orden constitucional: _____

Vigente: _____

Aprobación: _____

Declaración de Santiago Carrillo tras la legalización del PCE

«Acabo de conocer la legalización del PCE. La noticia me produce la misma satisfacción que van a sentir millones de trabajadores y demócratas en España. Es un acto que da credibilidad y fortaleza al proceso de marcha hacia la democracia. Ahora lo indispensable es que los demás partidos sean también legalizados y que se llegue a una auténtica libertad sindical. La clase obrera y los trabajadores de la cultura van a poder hablar, por fin, en nuestro país, con su auténtica voz. Yo no creo que el presidente Suárez sea un amigo de los comunistas. Le considero más bien un anticomunista, pero un anticomunista inteligente que ha comprendido que las ideas no se destruyen con represión e ilegalizaciones. Y que está dispuesto a enfrentar a las nuestras, las suyas. Bien, ése es el terreno en el que deben dirimirse las divergencias. Y que el pueblo, con su voto, decida. Para ello hace falta que la legalización de los partidos esté acompañada de auténticas libertades y de un trato no discriminatorio en los medios de comunicación estatales».

Santiago Carrillo, Cannes, *9 de abril de 1977*

Preguntas sobre el texto

1. ¿De qué manera afecta la legalización del PCE al proceso democrático, según Carrillo?

2. ¿Cuál es el siguiente paso para asentar la democracia?

3. ¿Qué opinión expresa sobre Suárez?

4. ¿Qué condición es necesaria para que el pueblo español pueda ejercer su derecho al voto libremente, además de la legalización de los partidos políticos?

COMENTARIO DE TEXTO 2

Antes de empezar a leer el texto, busca en un diccionario el significado de las siguientes palabras:

Fortaleza: _____   Dirimir: _____

Indispensable: _____   Divergencias: _____

Enfrentar: _____

Ahora, lee el texto con atención.

Mensaje televisado del Rey tras el golpe de Estado (23/2/81)

«Al dirigirme a todos los españoles con brevedad y concisión en las circunstancias extraordinarias que en estos momentos estamos viviendo, pido a todos la mayor serenidad y confianza y les hago saber que he cursado a los Capitanes Generales de las regiones militares, zonas marítimas y regiones aéreas, la orden siguiente:

Ante la situación creada por los sucesos desarrollados en el Palacio del Congreso, y para evitar cualquier posible confusión, confirmo que he ordenado a las autoridades civiles y la Junta de los Jefes de Estado Mayor que tomen las medidas necesarias para mantener el orden constitucional dentro de la legalidad vigente. Cualquier medida de carácter militar que en su caso hubiera de tomarse, deberá contar con la aprobación de la Junta de Jefes de Estado Mayor. La Corona, símbolo de la permanencia y unidad de la Patria, no puede tolerar en forma alguna acciones o actitudes de personas que pretenden interrumpir por la fuerza el proceso democrático que la Constitución votada por el pueblo español determinó en su día a través de referéndum.»

Juan Carlos I de España. Madrugada del 24 de febrero de 1981

Preguntas sobre el texto

1. ¿Cuál es el mensaje principal de este texto?

2. ¿Qué acciones ha tomado el Rey para solucionar el golpe de Estado?

3. Localiza una frase literal que refleje el compromiso del Rey con la democracia.

4. Don Juan Carlos expresa que el golpe de Estado es una afrenta al pueblo español. ¿De qué manera lo dice?

   — Lee y escucha el discurso del Rey en el 23-F (comienza en el segundo párrafo).

   http://www.constitucion.es/escuela/bachillerato/normalidad.html
   (columna de la derecha)

Los años socialistas (1982-1996) 4

L a victoria del Partido Socialista Obrero Español (PSOE) marca una nueva etapa en la historia de España. De nuevo surge el optimismo ante la promesa de un mayor crecimiento económico y la consolidación definitiva de la democracia. El PSOE permanecerá catorce años en el poder, con un joven Felipe González al frente y con Alfonso Guerra como vicepresidente durante la mayor parte del mandato: un largo periodo en el que España consolida su joven democracia y moderniza su infraestructura económica.

El PSOE es uno de los partidos más antiguos de España. Fue fundado en 1898 por Pablo Iglesias como un partido de ideología marxista, enfocado sobre todo en defender los derechos de la clase obrera. Durante la dictadura, el partido se vio obligado a operar en la clandestinidad, y tras la muerte de Franco se convirtió rápidamente en un partido clave en oposición a UCD. En las elecciones de 1982, el PSOE consiguió 10 millones de votos, consiguiendo una victoria arrasadora y alcanzando la mayoría absoluta.

El enorme éxito del PSOE en las elecciones de 1982 se debe a los siguientes factores:

- **El carisma de sus dirigentes.** Los miembros principales del partido se caracterizaban por su juventud: ninguno de ellos había vivido la Guerra Civil, y de esta manera se convertían a ojos de muchos ciudadanos en símbolos de una nueva época, distanciándose de un pasado que los españoles querían olvidar. Felipe González y Alfonso Guerra, sevillanos los dos, tenían un fuerte tirón populista y atrajeron a la clase obrera en masa.

Pablo Iglesias, fundador del PSOE.

La industria española se vio seriamente afectada por la crisis del petróleo.

- **La moderación de sus planteamientos.** Esta época post-franquista se destacaba por su carácter político moderado, así que para atraer al mayor número posible de votantes el PSOE decidió moderar su ideología, eliminando la retórica marxista de su programa. De esta manera logró conectar con la mayoría de los votantes, que buscaban un cambio pero no una transformación radical de la sociedad.
- **La promesa de modernizar el país y de crear 800.000 puestos de trabajo,** en un país gravemente afectado por el desempleo y angustiado por la crisis económica.
- El PSOE se benefició también de **la crisis de sus partidos rivales**, la UCD y el PCE.

Situación de España en 1982

El PSOE toma el relevo del gobierno anterior en una situación difícil: España se encontraba sumida en una doble crisis, a nivel económico y a nivel social. Los problemas más importantes del país a principios de los ochenta son los siguientes:

- **La crisis del petróleo:** El crecimiento de la economía española iniciado por Franco en los años sesenta disminuyó a partir de octubre de 1973, debido a que la Organización de Países Exportadores de Petróleo (OPEP) decidió elevar súbitamente los precios del petróleo crudo. Incapaz de mantener la cohesión entre sus miembros debido a las discrepancias y guerras entre los países miembros, la OPEP comenzó una nueva política de subidas de precios que condujo a una segunda crisis petrolera en 1979. Estas crisis tuvieron un fuerte impacto en todos los países occidentales, y este impacto fue aún más acusado en España debido a su fuerte dependencia del petróleo para su industria. Pero además, la recesión internacional creada por estas crisis tuvo un impacto adicional en el país, ya que se redujeron sustancialmente las inversiones extranjeras en España.

- **El desempleo:** En 1982, el desempleo en España alcanzaba al 16,2% de la población, el doble de la media de la CEE. Esto se debe a una serie de factores:

  — El empleo en el *sector primario* continuó el declive progresivo iniciado en los años sesenta ocasionado por la progresiva modernización de la agricultura, que requería mucha menos mano de obra.

  — El *sector secundario* entró en crisis debido a las repercusiones de los altos precios del petróleo. Para empeorar las cosas, España tenía una industria anticuada y poco competitiva, con un grado de mecanización escaso y con una producción insuficientemente adaptada a la demanda del mercado.

  — En el *sector servicios* se interrumpió la tendencia expansiva, debido en parte a la recesión económica internacional.

  Como consecuencia del recorte de puestos de trabajo en todos los sectores, todas las capas de la sociedad se vieron afectadas por el desempleo. De esta manera, se acentuó el descontento social a nivel general. La situación económica, cada vez peor, fue la razón más importante que influyó en el cambio electoral.

- **La inflación:** Los niveles de inflación se encontraban disparados en esta época, llegando a alcanzar el 15% anual. El crecimiento económico, por otra parte, llegaba sólo al 0,5% anual.

A pesar de las dificultades que ofrecía un panorama económico tan inestable, el PSOE cuenta entre sus logros el haber acelerado notablemente el proceso de modernización de España. Sin embargo, el desgaste sufrido a partir de 1992, los casos de corrupción y las divisiones internas oscurecieron la labor de gobierno del PSOE.

1982-1992: la década dorada de los socialistas

El gobierno socialista, presidido por Felipe González y con Alfonso Guerra como vicepresidente en esta etapa, desarrolló una política orientada fundamentalmente a hacer de España un país moderno y equiparable a otras naciones europeas. Para conseguir este objetivo primero era necesario sacar al país del atraso en que se encontraba, de manera que a lo largo de su legislatura se impulsaron una serie de importantes reformas e iniciativas para **sanear la economía** y **mejorar los servicios sociales** del país. Esta primera etapa de gobierno socialista fue muy dinámica y logró una modernización general del país en un espacio de tiempo relativamente corto, lo que permitió crear un nuevo clima de confianza ciudadana en el gobierno.

Otro gran logro del PSOE fue el **acceso a las instituciones internacionales**. González era consciente de la necesidad de que España formara una parte activa en la comunidad internacional para lograr una posición global favorable para los intereses españoles. Con la presencia de España en la OTAN y el acceso a la CEE (la actual Unión Europea), España puso fin a varias décadas de aislamiento económico, político y cultural. El país reforzó también otras dimensiones de su actividad internacional, como el fortalecimiento de sus vínculos con Latinoamérica y los países del Mediterráneo.

El saneamiento de la economía

González sabía que para modernizar el país era fundamental partir de una economía eficiente; por lo tanto, su actuación se centró en solucionar primero sus problemas endémicos, a través de medidas radicales que en muchas ocasiones levantaron gran polémica entre los trabajadores. Su programa de modernización se basó en lo siguiente:

- **Lucha contra la inflación,** a través de la liberalización de la economía y de una política de ajuste de gastos.
- Un fuerte proceso de **reconversión industrial** que creó gran polémica. España había heredado de la época franquista un enorme sector público, que no siempre estaba gestionado de una manera profesional y eficiente. Para mejorar la rentabilidad de las empresas fue necesario, entre otras cosas, hacer fuertes recortes de plantilla y cerrar algunas empresas que tenían más pérdidas. Esto generó protestas y disturbios importantes en las regiones más afectadas.
- **Flexibilización del mercado laboral.** La legislación laboral en esta época era muy rígida, herencia también de los años de la dictadura. La intención de esta inflexibilidad era proteger a los trabajadores, de manera que las empresas no pudieran despedir a sus empleados fácilmente una vez que se les había dado un contrato fijo. Esto hacía que los empresarios fueran reacios a contratar personal. El PSOE liberalizó estas leyes, facilitando los despidos y la contratación a tiempo parcial, con el fin de que las empresas fueran más propensas a generar empleo. Estas medidas generaron una enorme polémica y provocaron una oposición frontal de los sindicatos, que culminó en la huelga general de 1988.
- Por último, los socialistas se concentraron también en la **renovación de las infraestructuras** del país, para así facilitar el desarrollo industrial y al mismo tiempo la expansión del turismo. Un ambicioso programa de modernización de las redes de transportes dio como resultado la construcción de nuevas autovías, la modernización de la red de carreteras y la introducción del tren de Alta Velocidad (AVE).

A pesar de la polémica y descontento creados por algunas de estas medidas, la política reformista del PSOE consiguió los objetivos propuestos y sacaron a España de la crisis.

El principal objetivo del PSOE fue modernizar el país.

Con una economía reformada y un país con unas infraestructuras renovadas, se incrementó la producción industrial y se recuperó la confianza de los inversores extranjeros. Por otro lado, este clima de optimismo contribuyó a mejorar la imagen de España en el exterior y a aumentar los ingresos por turismo, un sector que era importante cuidar debido a los grandes beneficios que reportaba al país.

La reforma de los servicios sociales

Uno de los grandes méritos del PSOE fue la expansión y consolidación del «estado de bienestar», que durante su mandato se extendió a todos los españoles. Los socialistas fueron muy activos en sus reformas sociales, y sus logros más importantes en este campo se produjeron en las tres áreas siguientes:

- **La reforma de la educación** (LOGSE). A través de esta reforma, la enseñanza pública y gratuita se hacía obligatoria hasta los 16 años. Asimismo, tras esta reforma, la educación perdió su dimensión religiosa y se hizo fundamentalmente laica. Los importantes logros de esta reforma se vieron empañados por una falta de financiación apropiada, con lo que algunos de sus objetivos no pudieron cumplirse adecuadamente.

Con la reforma de la educación (LOGSE), la enseñanza se hizo obligatoria hasta los 16 años.

- **El servicio de sanidad pública** se hizo totalmente gratuito y se extendió a toda la población, a pesar del enorme incremento del gasto público que supuso esta medida.
- **Las prestaciones sociales** se incrementaron. Por ejemplo, el subsidio de desempleo se extendió a un porcentaje más amplio de los parados, aunque la cobertura seguía sin ser universal. Otro logro importante fue la Ley de Pensiones, que intentaba incluir a todos los mayores, incluso a aquellos que nunca habían desempeñado un trabajo remunerado.

El acceso a las instituciones internacionales

La permanencia en la OTAN

La posición en cuanto a la OTAN fue una de las estrategias más polémicas del PSOE. En un primer momento (1982), el partido se declaró en contra de la OTAN, a la que percibía como una organización que velaba en exclusiva por los intereses norteamericanos. Sin embargo, en 1986 el PSOE cambió de opinión por razones fundamentalmente económicas: en una reunión con dirigentes de la entonces Comunidad Económica Europea, se hizo clara la necesidad de formar parte de la OTAN para facilitar el acceso a la CEE. El PSOE, que se había comprometido a celebrar un referéndum para decidir el futuro del país en la institución, hizo una fuerte campaña en favor de la permanencia en la OTAN por motivos de seguridad nacional y, como dijimos, para consolidar sus relaciones con la CEE. El «SÍ» ganó el referéndum con un 52% de los votos. España se convirtió en miembro de pleno derecho en la OTAN con las siguientes **características en cuanto a su modelo de participación**:

- No incorporación a la estructura militar integrada.
- El mantenimiento de la no nuclearización del territorio español.
- La reducción progresiva de la presencia militar americana en territorio español.
- La petición de soberanía sobre Gibraltar.

La entrada en la Comunidad Económica Europea (1986)

Bajo las iniciativas del PSOE, España entró a formar parte de la CEE (ahora UE) el 1 de enero de 1986. La entrada de España en la CEE se interpreta como un fenómeno muy positivo para la economía del país. Pero además de las evidentes ventajas económicas, la CEE aportó algo más: la sensación de que por fin España se abría definitivamente al mundo y podía cooperar en la creación de una política europea común. Y por supuesto, la CEE ayudó a eliminar la imagen de la antigua dictadura de la mente colectiva española y de la internacional, ayudando de esta manera a consolidar definitivamente la joven democracia. A pesar de que las negociaciones sobre la entrada en la Comunidad se habían iniciado ya con el go-

La minería fue otro de los sectores más afectados por la reconversión industrial.

bierno anterior, el PSOE consiguió el enorme prestigio de lograr el acceso a este organismo y traer al país una rápida modernización en cuanto a sus aspectos culturales, sociales, económicos y políticos, además de las materias relacionadas con seguridad y defensa.

Debido al acceso a la CEE, la economía española creció con gran rapidez entre 1986 y 1991, y a mayor ritmo que en otros países europeos. A pesar de su dimensión claramente positiva, la entrada en la CEE tuvo una serie de **dificultades** para hacer efectivo su acceso, algo de lo que hablaremos con más detalle en el siguiente capítulo, pero que se puede resumir en estos dos puntos:

- **Aumento de la competencia:** La entrada obligó al país a realizar una serie de adaptaciones, de manera que pudiera hacer frente a la competencia europea sin el proteccionismo que hasta entonces había caracterizado su economía. Se liberalizaron los precios y los tipos de interés, se eliminaron las restricciones para la entrada de inversión extranjera, y en general se abrió la industria a la competencia. Esto generó un periodo muy difícil para las empresas españolas, a las que

les resultaba casi imposible competir con las grandes multinacionales que se instalaban en el país.

- **Impacto en la industria:** La industria española se vio obligada a modernizarse de forma acelerada, debido en parte al aumento de la competencia, y en parte a las regulaciones de la CEE. Las dos medidas más importantes (y más polémicas) del gobierno fueron la reconversión y la incorporación de alta tecnología en las empresas Los capítulos referentes a la industria, la agricultura, la pesca y los temas sociales fueron los más conflictivos.

Estos cambios supusieron enormes dificultades para la industria y el sector primario en España: hubo inevitables recortes de plantilla en muchas empresas, y un buen número de ellas se vieron obligadas a cerrar, incapaces de competir con empresas más grandes y eficientes. Sin embargo, estos cambios obligaron a las empresas que sobrevivieron a modernizarse y a impulsar su competitividad. Con esto se logró que la economía española avanzara rápidamente, alcanzándose un PIB del 5,6% en 1987, sólo un año después de la entrada en la CEE.

La reforma de las Fuerzas Armadas ha reducido el poder de este estamento en España.

Otros logros

- **La reforma de las Fuerzas Armadas,** que seguían siendo un estamento poderoso en el país a principios de los años 80. Los socialistas buscaban el sometimiento de las Fuerzas Armadas al poder civil. Para ello, introdujeron reformas con el fin de reducir el tamaño de este sector, a través de incentivos a los militares como la jubilación anticipada. De esta manera se eliminó la capa de más edad y más conservadora del Ejército, se redujo su influencia en la sociedad y se minimizó la posibilidad de otro golpe de Estado.

- **La lucha antiterrorista.** La actividad del PSOE en su lucha contra ETA fue muy dinámica durante su mandato, aunque también tuvo algunos aspectos polémicos que veremos más adelante. El logro más importante del PSOE en este campo fue conseguir la colaboración de Francia. Hasta entonces, los terroristas etarras se refugiaban en el País Vasco francés protegidos por el estatus de refugiados políticos que les otorgaba el país vecino. Esto se terminó a raíz de las conversaciones entre Felipe González y Mitterrand en 1983, y a partir de este momento la lucha contra ETA se convirtió en una responsabilidad de ambos países.

1992: El gran año de la cultura

En 1992, el PSOE llevaba ya 10 años en el poder. La economía, que tan brillantemente se había comportado en los años anteriores, empezaba a entrar en una etapa de depresión. Sin embargo, el año 1992 es un año simbólico que representa la culminación de la etapa progresiva liderada por el PSOE, y que se caracterizó por tres grandes acontecimientos culturales de ámbito internacional:

— Los **Juegos Olímpicos** de Barcelona.
— La **Exposición Universal** de Sevilla.
— El evento **Madrid: Capital Cultural Europea**.

El gobierno puso mucho empeño y dinero en organizar estos eventos. Debido a su difusión internacional, los ojos del mundo estaban

Expo de Sevilla en 1992.

puestos en España: era el momento de demostrar que se había convertido en un país moderno, con una economía activa y una cultura dinámica. Los tres acontecimientos fueron éxitos espectaculares, y cumplieron el objetivo del gobierno de atraer a un gran número de turistas extranjeros y de reforzar la imagen de modernidad de España.

Sin embargo, a nivel político estos acontecimientos levantaron una oleada de críticas. Se sospechaba que la espectacularidad de los eventos había sido utilizada por el PSOE como

La sociedad española en la época del PSOE

En esta época, se intensifican los cambios sociales que empezaban a observarse durante la Transición. **La Iglesia** pierde cada vez más influencia en una sociedad caracterizada por su creciente secularización. La práctica religiosa cae en picado, así como el número de nuevos sacerdotes que se unen a la Iglesia. La incorporación masiva de **la mujer** al mercado laboral se produce en estos años, lo que unido al uso extendido y habitual de anticonceptivos da lugar a una serie de cambios en la estructura de la familia española: el retraso de la edad de maternidad y la bajada del índice de natalidad son dos de las consecuencias más obvias. Por otro lado, la mejora en el nivel de vida llega a casi todos los sectores de la población, lo que convierte a España en una **nación consumista**, en línea con otros países europeos.

La tolerancia es un valor social que impera en estos años. Las **costumbres liberales** de la época se expresan a través de movimientos culturales modernos, protagonizados en su mayoría por la clase media del país. Uno de los más representativos es **la movida**: un fenómeno cultural eminentemente urbano que comienza en Madrid y se extiende por la mayoría de las ciudades españolas. Está protagonizado por la primera generación que rompía con el conservadurismo imperante hasta entonces, usando la música y el cine como vehículos para transmitir su inconformismo y su desacuerdo con las expectativas burguesas y acomodadas típicas de esos años. Surgieron grupos de música con letras que buscaban la confrontación y el escándalo de las generaciones mayores, y que reivindicaban el derecho al disfrute del sexo o el alcohol. En el cine, el más conocido representante es Almodóvar, que introduce personajes y estilos de vida alternativos que escandalizaron a la sociedad de los ochenta.

Como contrapartida, son estos también unos años en los que el desempleo y el declive de los valores familiares tradicionales incrementan los índices de **delincuencia y consumo de drogas,** ahora ya a un nivel cercano al de otros países occidentales.

una cortina de humo para desviar la atención de los problemas internos a los que se enfrentaba el país. En 1992, España estaba pasando por una **recesión económica** que iba unida a una serie de escándalos por corrupción en el gobierno y en el partido PSOE. Felipe González necesitaba que los Juegos Olímpicos y los otros eventos culturales fueran un gran éxito, para así ayudar a estabilizar su posición en el gobierno y aumentar sus índices de popularidad. El gobierno recibió serias críticas debido al elevado presupuesto utilizado para financiar estos acontecimientos: un fracaso habría supuesto problemas serios para la economía del país y para el PSOE. Sin embargo, es justo decir que estos eventos tuvieron un éxito espectacular, y que sirvieron para mejorar la imagen política del partido y del país tanto en España como en el extranjero.

Fracasos del PSOE

Como hemos visto hasta ahora, los primeros diez años de gobierno fueron una etapa muy dinámica que benefició al país en gran medida. Sin embargo, durante sus 14 años al frente del país, el PSOE sufrió una serie de fracasos que terminaron costándole el poder. La mayoría de los problemas comienzan a finales de los años 80, pero sus efectos se hicieron obvios durante la última etapa de su mandato. Entre sus fracasos más importantes destacan los siguientes:

- **Los GAL.** El famoso caso GAL fue el primero de una serie de escándalos en los que se encontraban involucrados políticos socialistas. Los Grupos Antiterroristas de Liberación (GAL) eran grupos paramilitares clandestinos creados ilegalmente por altos funcionarios del gobierno español para luchar contra ETA. Más tarde, se descubrió que habían sido financiados con fondos reservados del gobierno y protegidos por el Ministerio del Interior de España. Los GAL atentaron contra militantes y simpatizantes de ETA en el País Vasco, principalmente del

lado francés de la frontera. Estuvieron activos de 1984 a 1986, y consiguieron su objetivo de debilitar seriamente a ETA y reducir su actividad terrorista. Los GAL cometieron un total de 23 asesinatos; sin embargo, posteriormente se ha sabido que al menos la tercera parte de sus víctimas habían sido asesinadas por error, ya que carecían de cualquier tipo de relación con el terrorismo. Este periodo es llamado a menudo «la guerra sucia» en la historia de España, y en opinión de muchos analistas políticos, fue un factor importante en la derrota del PSOE en las elecciones de 1996, tras las que Felipe González renunció al liderazgo del partido. No obstante, el PSOE como partido jamás ha reconocido responsabilidad alguna respecto a los GAL, y nunca se demostró la implicación del presidente González en estos hechos.

- **La corrupción.** Los casos de corrupción se generalizaron a finales de los 80, y con-

Actuación de las Fuerzas de Seguridad tras una redada para detener a un comando de ETA.

Manifestaciones obreras en contra de la situación del desempleo.

tinuaron hasta el fracaso del PSOE en las elecciones de 1996. El crecimiento rápido de la economía en esta época provocó un aumento de los gastos públicos, que fue aprovechado por algunos políticos o altos funcionarios del PSOE para desviar dinero público a sus cuentas personales. El Estado fue en ocasiones negligente en su deber de investigar a todas las personas que abusaban del sistema. Ejemplos de estos casos son la dimisión de Mariano Rubio, el gobernador del Banco de España, por acusaciones de corrupción. A esto siguió la dimisión del vicepresidente del gobierno, Alfonso Guerra, en diciembre de 1990, por unas acusaciones de financiación ilegal en el Partido Socialista. Estos y otros casos levantaron indignación entre la sociedad de la época y dañaron seriamente la imagen del PSOE.

- **El desempleo:** El PSOE heredó una situación laboral muy difícil, en un país con un alto índice de paro. Fue famosa su promesa de crear 800.000 puestos de trabajo si el partido ganaba las elecciones de 1982. A pesar de que la situación de desempleo mejoró desde que el PSOE

entró en el poder, el paro continuó siendo un problema, en parte por razones ajenas al partido. Uno de los motivos más importantes es la incorporación masiva de las mujeres al mercado laboral, lo que disparó las cifras de población activa española. Aunque había más empleos, había también más personas que buscaban trabajo, con lo cual los índices de paro no variaron significativamente. Pero también es cierto que las medidas impuestas por el PSOE para sanear la industria provocaron numerosos recortes de plantilla y cierres de empresas. En muchas ocasiones estas medidas afectaban a zonas geográficas muy delimitadas, como ciertos núcleos urbanos del norte de España donde se concentraba el número de parados, dando lugar a peligrosas revueltas sociales. El desempleo tocó fondo en 1993 con el 22% de la población activa en paro.

- **Los desacuerdos con los sindicatos:** Las relaciones entre el PSOE y los sindicatos fueron fluidas en un primer momento, debido a que muchos representantes sindicalistas compartían la ideo-

Victoria del Partido Popular.

vocaron un total de tres huelgas generales en respuesta a las reformas del mercado laboral, que contribuyeron a oscurecer la imagen del PSOE.

Las derrota en las elecciones generales de 1996

Los escándalos por corrupción política y el caso GAL, el altísimo índice de desempleo y el impacto de las huelgas generales desprestigiaron progresivamente al partido. Inevitablemente, esto se tradujo en una pérdida de votos que se hizo obvia ya en las elecciones de 1993, que el partido ganó pero sin mayoría absoluta. En realidad, el hecho de que el PSOE permaneciera tanto tiempo en el poder se debía a que durante los años 80 **no había una alternativa política viable**, debido a las crisis internas del Partido Popular (partido de derechas) y de Izquierda Unida (IU). Pero esto cambió en la década de los 90 tras la reforma del PP, en la que el partido fue «reinventado» como fuerza política de centro y José María Aznar fue elegido secretario general, haciéndose con la presidencia del país en 1996.

Para resumir, se puede decir que la época socialista (1982-96) se caracterizó por un periodo inicial de cambio y reforma que consiguió modernizar España a nivel económico y social, convirtiéndola en una nación dinámica y bien integrada en el panorama internacional. Pero por otro lado, los largos años del PSOE en el poder supusieron una debilitación de su política y favoreció la aparición de la corrupción. A esto se une la campaña de acoso de los partidos de la oposición y los fuertes ataques de la prensa, que exageraban la incidencia de la corrupción en el partido. Todos estos factores generaron en los votantes una fuerte insatisfacción con el partido, y un descontento social general, expresado a través de las múltiples huelgas y manifestaciones en el país. El desprestigio del partido llegó a su punto más álgido a mediados de los años 90, provocando el final de su hegemonía tras las elecciones de 1996.

logía socialista del partido. Sin embargo, con los años el PSOE fue distanciando su política de los intereses de las clases obreras, sufriendo en opinión de muchos un proceso de progresivo aburguesamiento. Los intentos del partido de solucionar el problema del paro a través de la liberalización del mercado de trabajo ocasionaron sonadas disputas con los sindicatos, indignados ante medidas que facilitaban el despido y los llamados «contratos basura» (a tiempo parcial o mal pagados). Entre 1988 y 1994 se con-

1 ¿Cuántos años estuvo el PSOE en el gobierno?

2 ¿A qué se debió que ganaran las elecciones de 1982 con tanto éxito?

3 ¿Dirías que el gobierno anterior, la UCD, había dejado España en una buena situación económica? ¿Por qué?

4 ¿Cuál fue la primera prioridad del gobierno de Felipe González?

5 ¿Por qué el PSOE cambió de opinión con respecto a la posición de España en la OTAN?

6 ¿Qué ventajas supuso para España la entrada en la CEE?

7 ¿Y qué inconvenientes creó?

8 ¿Por qué era tan importante formar parte de las organizaciones internacionales?

9 ¿Por qué el PSOE no fue capaz de solucionar, o al menos limitar, el problema del desempleo?

10 Desde tu punto de vista, ¿cuál fue el problema que perjudicó más al PSOE en esta época?

PREGUNTAS PARA DESARROLLAR

a Describe la estrategia del PSOE para modernizar el país.

b ¿Dirías que el año 1992 fue un año de gran éxito para el PSOE? Explica tu respuesta en detalle.

c «No se puede calificar el caso GAL de *guerra sucia* porque se cumplió el objetivo del gobierno de luchar eficazmente contra el terrorismo de ETA». Discute esta afirmación.

d Tarea de investigación: Busca información sobre la historia del PSOE, y en particular, sobre sus actividades antes de 1982. Escribe un informe de 500 palabras resumiendo tus datos.

e Tarea de investigación: Escribe un pequeño informe sobre los Juegos Olímpicos de 1992 y su significado para España.

GLOSARIO

Felipe González: Carismático líder del PSOE, presidente de España entre 1982 y 1996. Dejó la presidencia del partido tras perder las elecciones de 1996.

Reconversión industrial: Programa de reformas de la industria, llevadas a cabo con el objetivo de sanear el sector y reducir el gasto público.

Prestaciones sociales: Conjunto de servicios gratuitos que ofrece el Estado de Bienestar a los ciudadanos; por ejemplo, prestaciones sanitarias, educativas, por desempleo y otras.

Sindicatos: Asociaciones que defienden los derechos de los trabajadores, y que son independientes del gobierno y de las empresas privadas.

ACTIVIDADES DE INTERNET

1. España en 1982

http://www.constitucion.es/a1978-2003/cronologia/1982c.html

Mueve el cursor hasta el final de la página. Verás que tres de estas secciones tienen un símbolo que indica que hay una grabación.

a) La primera grabación recoge las palabras de Felipe González cuando ganó las elecciones de 1982. ¿Qué pide el presidente a «todos los sectores de la vida pública española»?

b) La segunda grabación recoge las palabras de Santiago Carrillo, líder del Partido Comunista, explicando los motivos de su dimisión. ¿Por qué cree que su dimisión es necesaria?

2. La primera legislatura del PSOE

http://www.elmundo.es/especiales/2002/10/nacional/psoe20/

Esta página web recoge los acontecimientos políticos y culturales más importantes del cuatrienio 1982-1986. Escucha el comentario, ayudado por los subtítulos, y haz una nota de los acontecimientos sociales y culturales que puedas identificar.

3. Textos para resumir

http://www.el-mundo.es/nacional/constitucion/

En esta página puedes ver una selección de las noticias más importantes entre 1978 y 1998. Concéntrate en el periodo socialista (1982-1996). Elige un año y haz un pequeño trabajo resumiendo la información y personajes importantes de la época.

4. Portadas de *Cambio 16*

http://www.cambio16.info/ESPECIAL30/por62-63.pdf

http://www.cambio16.info/ESPECIAL30/por72-73.pdf

Cambio 16 era una de las revistas más influyentes en los años ochenta y noventa. Si haces clic en estos vínculos verás las portadas más importantes de los años 1985-86 y de 1995-96. Con un compañero, intentad analizar qué acontecimientos de la actualidad describen estas portadas.

COMENTARIO DE TEXTO 1

El siguiente texto es un extracto del libro *Presidentes: Veinticinco años de historia narrados por los cuatro jefes de Gobierno de la democracia*, escrito por la periodista Victoria Prego *y* publicado en el año 2000. El texto incluye unas declaraciones de Felipe González hablando de sus impresiones sobre el proceso de reconversión industrial.

Antes de leer el texto, busca en el diccionario el significado de las siguientes palabras:

Movilizaciones: _____   Pasarlo mal: _____

Toma de posesión: _____   Coherente: _____

Reconvertir: _____   Herir: _____

A su costa: _____   Coincidir: _____

Obsoleta: _____

La reconversión industrial

Las movilizaciones contra los planes de reconversión industrial anunciados por el gobierno empiezan a producirse a los pocos días de la toma de posesión de los ministros. La necesidad de reconvertir no es discutida desde ningún ámbito, pero los afectados se niegan a que la operación se haga a costa suya y exigen que la reconversión se haga asegurando al mismo tiempo la creación de empleo alternativo, de modo que no acabe convirtiéndose en un drama social y humano la operación quirúrgica a que ha de ser sometida la obsoleta industria española.

[Palabras de Felipe González] Claro, porque todo el mundo creía que había que hacer, y rápido, la reconversión industrial, que era una cosa urgente, pero todo el mundo quería que empezáramos por otro (...).

Eso es perfectamente explicable, pero yo lo pasé muy mal, muy mal, ¡buf!..., porque desde el punto de vista emocional parecía que estaba haciendo justamente lo contrario de aquello a lo que había dedicado toda mi vida, que era defender a los trabajadores. Yo era un abogado, digamos sectario, en el mejor sentido de la palabra sectario, yo estaba al lado de una secta, que era la de los trabajadores. Y lo pasé muy mal por eso, aunque no tuve que hacer un gran esfuerzo, porque yo sentía también que estaba siendo coherente conmigo mismo. Lo que me hería era la sensibilidad, pero no la coherencia.

Yo tenía absolutamente claro que mi obligación, para lo que me pagaban, era defender los intereses generales del país, no defender mi gusto. A veces me gustaba, claro, pero otras veces lo que había que hacer no coincidía con mi placer o con mis sentimientos, por supuesto.

Preguntas sobre el texto

1. Según Victoria Prego, ¿cuál era la opinión general sobre el proceso de reconversión?

2. ¿Le resultó fácil a Felipe González llevar a cabo la reconversión? ¿Por qué?

3. ¿Cree González que su actuación en la reconversión fue correcta?

COMENTARIO DE TEXTO 2

Antes de leer el texto, busca en el diccionario el significado de las siguientes palabras:

Convocar: _____   Presupuesto: _____

Fomentar: _____   Convocatoria: _____

Recortar: _____   Contrapunto; _____

Prestación: _____   Promulgación: _____

Escaño: _____   Potestad: _____

Desencuentro: _____

Ahora, lee con atención este texto sobre las huelgas que tuvieron lugar durante el gobierno del PSOE.

Las huelgas generales de la democracia

El Correo Digital, 12 de septiembre de 2002

http://www.elcorreodigital.com/vizcaya/edicion/otro_contenido/documentos/
huelgas_democracia.html

27 de enero de 1994

Hace ya más de ocho años que las centrales no veían motivos suficientes para llamar a los trabajadores a una huelga general, desde el 27 de enero de 1994, cuando Nicolás Redondo (UGT) y Antonio Gutiérrez (CC.OO.) convocaron un paro de ocho horas para mostrar su oposición a la reforma laboral aprobada por el Gobierno. La reforma, responsabilidad del entonces ministro de Trabajo, José Antonio Griñán, incluía, entre otras medidas, el fomento de los contratos con bajo salario para los jóvenes, el aumento de la movilidad geográfica y el recorte de algunas prestaciones por desempleo.

20 de junio de 1985

Con la primera huelga general de la democracia, que convocó CC.OO., bajo la dirección de Marcelino Camacho, en protesta por la Ley de Pensiones y que no fue secundada por UGT. No obstante, el secretario general de este sindicato, Nicolás Redondo, que ocupaba un escaño en las filas del PSOE, votó en contra del proyecto legislativo que trasladó al Congreso Joaquín Almunia, en lo que fue el primer gran desencuentro entre partido y sindicato. La ruptura definitiva entre UGT y el PSOE se produjo unos años después, cuando Redondo decidió renunciar a su acta de diputado al considerar «regresivos» en materia social los Presupuestos Generales del Estado para 1988.

14 de diciembre de 1988

El 14 de diciembre de ese año se llevó a cabo, tras la convocatoria unitaria de UGT y CC.OO. -con Gutiérrez ya en la secretaría general de este último sindicato-, una huelga general contra una política económica «liberal» y tras el fracaso consecutivo de varias mesas de negociación entre Gobierno y sindicatos, con Manuel Chaves ocupando la cartera de Trabajo. Esa huelga fue un éxito para las centrales sindicales, que lograron una respuesta masiva de los trabajadores, como reconoció ese mismo día el propio Gobierno, cuyo presidente, Felipe González, hizo una oferta de negociación una semana después a los sindicatos.

1990

En 1990 hubo cuatro paros generales de ámbito regional, en Asturias, Galicia, Cantabria y Cartagena, en protesta contra la desindustrialización progresiva y la ausencia de alternativas para las zonas en crisis.

28 de mayo de 1992

En un año de gran proyección internacional de España, 1992, cuando se celebraron los Juegos Olímpicos en Barcelona y la Exposición Universal en Sevilla, también tuvo el contrapunto en una huelga general de media jornada el 28 de mayo. Con esa medida, las centrales protestaban por el Programa de Convergencia elaborado por el Ejecutivo –Luis Martínez Noval dirigía el Departamento de Trabajo– y reclamaban un drástico cambio de la política económica aplicada. Se oponían, además, a otro recorte de las prestaciones por desempleo y a la promulgación de una nueva Ley de Huelga que, entre otras modificaciones, otorgaba al Gobierno la plena potestad para fijar los servicios mínimos en caso de movilización.

Preguntas sobre el texto

1. ¿Qué son las CC.OO. y la UGT? Busca esta información en Internet si no estás seguro.

2. Explica qué motivos llevaron a la convocatoria de cada una de las huelgas mencionadas en el artículo.

Anagrama de CC.OO.

Anagrama de UGT.

El ingreso en la Unión Europea 5

España entró en la Unión Europea (entonces conocida como Comunidad Económica Europea, o CEE) en 1986, varias décadas después de haber solicitado la adhesión por primera vez. La primera petición de ingreso de España en la UE se hizo en tiempos del general Franco. En aquellos momentos, la solicitud no salió adelante debido a la ausencia de un régimen democrático en España, ya que la UE no podía contemplar la entrada de un país donde los derechos políticos y humanos no estuvieran garantizados. Adolfo Suárez retomó la petición en 1977; y tras largas negociaciones, España (además de Portugal) se convirtió en miembro de la CEE de pleno derecho el **1 de enero de 1986**, durante el mandato de Felipe González al frente del PSOE. Tras la entrada de España en la UE terminaron años de aislamiento, se consolidó definitivamente la democracia y se abrieron nuevos horizontes para el desarrollo económico y social del país. El hecho de que España sea en la actualidad un país moderno y estable es en gran parte consecuencia de su pertenencia a la Unión.

El ingreso de España en la entonces CEE no estuvo exento de dificultades. Por un lado, **hubo que superar el rechazo de algunos países comunitarios**, especialmente de Francia. Francia se oponía al acceso de España,

España entra en la Comunidad Económica Europea en 1986.

entre otras cosas, porque lo veía como una amenaza para sus exportaciones agrícolas, debido a que los productos españoles eran considerablemente más baratos que los franceses. Por otro lado, los restantes países europeos (con la excepción de Alemania) también mostraban una cierta reluctancia a la entrada de España en la Unión: los años ochenta fueron una década de dificultades económicas para muchos países comunitarios, y la presencia de España y Portugal, dos países con una economía poco desarrollada, podía desestabilizar el presupuesto comunitario. Sin embargo, estos obstáculos se superaron, y finalmente se aceptó la entrada de España en la CEE, una vez que se determinaran una serie de compromisos de tipo económico y comercial.

Ventajas de la entrada en la UE

En 1986, España era uno de los países más pobres de la Comunidad: una nación atrasada en comparación con sus vecinos europeos, y que mostraba un desarrollo industrial precario. Era urgente llevar a cabo una profunda modernización de sus infraestructuras para permitir mejorar la industrialización del país. Una de las mayores ventajas de entrar en la UE es que España se convirtió en uno de los principales beneficiarios de su **Programa de Cohesión**: una serie de ayudas destinadas a financiar el progreso de los países menos desarrollados y conseguir que con el tiempo su economía se acercara a la media de los países miembros.

Los dos tipos de ayudas más importantes para España son:

- **Los Fondos de Cohesión:** Estos fondos están destinados al conjunto del país, y su meta es elevar el nivel de desarrollo español para acercarlo al de los otros países. Consisten en ayudas para realizar proyectos relacionados con el transporte y la protección del medio ambiente.

La entrada en la UE aceleró el proceso de modernización de España.

- **Los Fondos Estructurales:** Son ayudas destinadas a las regiones, y su meta es corregir las diferencias entre el nivel de desarrollo de las distintas regiones dentro de un mismo país. Pueden acceder a ellos las comunidades autónomas cuyo PIB no alcance el 75% de la media europea. Estas ayudas van destinadas, por un lado, a la mejora de infraestructuras básicas, como los transportes, las telecomunicaciones y la energía; y por otro lado, a estimular la competitividad regional y la creación de empleo.

Estos fondos, cumplieron el objetivo de incentivar la inversión privada en el país, mejorar su economía y modernizar sus infraestructuras. Son avances que han traído consigo un aumento de empleo y grandes mejoras en los servicios públicos. Sin duda, España es hoy un país muy diferente al que era en 1986 gracias a estos fondos: se puede decir que en la actualidad el país se ha incorporado definitivamente al grupo de países avanzados de la Europa occidental.

Cambios experimentados por España tras la entrada en la UE

El proceso de integración en la UE no fue fácil. Como vimos en el capítulo anterior, España se vio obligada a asumir el compromiso de sanear su economía para equipararla a la de otros miembros. Fue necesario llevar a cabo una serie de adaptaciones a marchas forzadas para hacer la economía más competitiva. Por otro lado, **España tuvo que aceptar unas condiciones considerablemente duras** para garantizar su entrada en la UE. Entre ellas, destacan las siguientes:

- se pusieron **trabas iniciales a la libre circulación de trabajadores** durante cinco años.
- se exigieron **largos periodos transitorios para que pudiera comercializar libremente ciertos productos o servicios** que podían perjudicar intereses de otros países comunitarios.

A cambio, España recibió plazos largos y ayuda financiera para modernizar sus infraestructuras y liberar sus sectores económicos, lo que permitió que sus empresas tuvieran tiempo para adaptarse progresivamente a la apertura del mercado a la competencia.

A continuación veremos los cambios más importantes que sufrió cada sector y las repercusiones que tuvo la entrada en la UE para sus empresas.

La agricultura

En 1986, la agricultura era el sector más importante en España, en términos de exportación y del número de puestos de trabajo que ofrecía. Sus cultivos tradicionales eran, y todavía hoy lo son, los cereales, frutas (sobre todo cítricos) y hortalizas. Aunque los productos agrarios españoles tenían precios muy competitivos, en términos de productividad España estaba por debajo de otros países europeos. Esto se debía a una serie de factores como:

- **El proteccionismo estatal.** El Estado español protegía a las empresas agrícolas a través de subsidios y del control de los precios. Esto tenía un efecto contraproducente, ya que se reducía el incentivo para que estas empresas fueran rentables. Tras la entrada en la UE, España se vio obligada a eliminar su proteccionismo. Muchas empresas no pudieron sobrevivir, así que esta etapa fue testigo del cierre de muchas empresas ineficientes y no rentables.

- **La división de la tierra.** Este era un grave problema que dificultaba la explotación de los terrenos agrícolas. En el sur de España existían grandes latifundios: enormes extensiones de terreno pertenecientes a familias aristocráticas o grandes terratenientes (0,9% de la población). Debido a su gran tamaño, una gran parte de estas tierras permanece sin explotar. El otro extremo del problema son los minifundios, típicos del norte de España. En este caso, las tierras son demasiado pequeñas como para hacer una explotación comercial rentable. Una distribución más adecuada de la tierra era importante para poder hacer de la agricultura un sector económico con beneficios.

En el sur de España existen grandes latifundios.

- **El empleo agrícola.** Debido al bajo grado de mecanización de la agricultura española, se necesitaba una gran cantidad de mano de obra para las labores de siembra y cosecha de cultivos. Esto generaba una alta demanda de empleo, aunque era empleo estacional y precario. Tras la entrada en la UE, la agricultura se modernizó a través del uso de tecnología agrícola. Se hizo por tanto innecesaria la utilización de tantos trabajadores, lo que provocó un aumento repentino del paro en ciertas regiones españolas.

- **La falta de lluvias.** Aunque la tierra es fértil y el clima permite que se cultiven productos de gran demanda en Europa, la escasez de aguas hacía que España no aprovechara todo su potencial. Para paliar este problema, a través de las ayudas financieras de la UE se construyeron un gran número de embalses y se instalaron modernos sistemas de riego, con lo que se mejoró notablemente la producción agrícola de las zonas secas de España.

El ingreso en la UE obligó a España a aceptar la *Política Agraria Comunitaria* (PAC), que veremos en más detalle en el tema 10. Entre otras cosas, la PAC hizo necesario tomar medidas de modernización de forma acelerada, y establecer límites (cuotas) de producción de ciertos productos agrícolas. Asimismo, la UE propició el abandono de las superficies agrícolas poco rentables para mejorar la competitividad del sector agrario en general. Estas medidas generaron un gran número de protestas e insatisfacción por parte del sector ya que produjeron un aumento significativo del paro en las zonas rurales. Sin embargo, a la larga lograron modernizar el sector y hacerlo competitivo dentro de Europa.

La industria

La industria española de los años ochenta se caracterizaba por ser menos dinámica y rentable que la de otros países europeos. Esta tendencia era una consecuencia de la política in-dustrial de la dictadura, que se distinguía por su excesivo proteccionismo y el control del Estado sobre las empresas. Cuando España se unió a la UE, su sector secundario ofrecía las siguientes características:

- España contaba con un **elevado número de empresas públicas**, muchas de las cuales sufrían una gestión defectuosa y tenían una baja rentabilidad, con lo cual suponían una enorme carga económica para el gobierno.

- **Había una escasez de grandes empresas.** En la industria española de la época existía un fuerte dominio de las PYMEs (Pequeñas y Medianas Empresas), en detrimento de las grandes empresas. Esto es común a todos los países europeos, pero es una característica que se encontraba especialmente exagerada en España, y que todavía hoy se mantiene en menor medida. Las desventajas principales del pequeño tamaño medio de las empresas españolas son:

  — La dificultad de competir con las grandes compañías internacionales, una vez que el mercado se libera y éstas pueden competir en igualdad de condiciones con las empresas españolas.

  — La tendencia de las PYMEs a concentrarse en el mercado nacional, con lo cual tanto la actividad exportadora como la expansión al extranjero se ven limitadas.

- **Escasa inversión en investigación y desarrollo (I+D),** en comparación con la media europea. Esto resultaba en empresas atrasadas, poco productivas y con necesidad excesiva de una mano de obra.

Para hacer frente a estos problemas fue necesario hacer una profunda **reconversión in-dustrial**, que se llevó a cabo durante el mandato del PSOE, ya que era vital sanear las empresas y adaptar la industria a los niveles de los otros países comunitarios. Los sectores siderúrgico y naval han sido dos de los más

El euro entró en vigor en enero de 2002.

afectados, debido a que estaban formados por empresas muy ineficientes y que tenían pérdidas millonarias. La reconversión provocó que se cerraran muchas empresas o que se redujera drásticamente su número de empleados, disparando los índices de paro en algunas zonas y dando lugar a brotes de violencia en las ciudades y pueblos afectados. Podrás encontrar más información sobre la reconversión industrial en el tema 11.

Además de la siderurgia y del sector naval, otros sectores industriales se han visto afectados en mayor o menor medida por la entrada en la UE: durante los años ochenta y noventa muchas empresas públicas fueron privatizadas, hubo recortes de presupuestos y de plantilla en muchas otras, y se eliminaron las enormes subvenciones que mantenían abiertas empresas no rentables. Un gran número de ellas tuvieron que reformarse urgentemente o cerrar.

A corto plazo, el proceso de saneamiento de la industria provocó paro y descontento social. Pero a largo plazo, estas medidas han surtido el efecto deseado: gracias a los esfuerzos realizados en esta época, España goza hoy en día de un sector industrial más saneado, más avanzado a nivel tecnológico y más eficiente.

La entrada en el euro

Tras la integración de España en la UE, su economía ha seguido una tendencia mayormente positiva, acercándose cada vez más a la de otros países miembros. La prueba de este desarrollo estable y continuado fue el haber podido cumplir los requisitos de acceso al euro en el año 1998, y por tanto haber podido formar parte del primer grupo de países comunitarios que adopta la moneda única.

El Sistema Monetario Europeo (SME) fue creado para reducir las diferencias de cambio entre las diferentes monedas europeas, y evitar que la fluctuación entre las mismas fuera excesiva. La necesidad de una moneda única fue cobrando importancia a medida que se consolidaba el mercado europeo: con el euro se facilitaban las transacciones comerciales, se aseguraba la transparencia entre los precios de diferentes países y se evitaban gastos de cambio de moneda. Para España, la adopción del euro supuso la eliminación de una moneda nacional (la peseta) que presentaba un comportamiento un tanto volátil. **La moneda única permitió al país equilibrar su tipo de cambio y controlar su inflación**, creando una estabilidad que generaba confianza en las iniciativas empresariales y aumentaba el poder adquisitivo de los ciudadanos.

La moneda única entró en vigor en España y en los otros países de la eurozona el **1 de enero de 2002**. En la actualidad es utilizada por doce países y 300 millones de ciudadanos. Se ha convertido en la segunda moneda del mundo después del dólar, y su utilización como moneda de referencia por terceros países es cada vez más común. El euro, además de impulsar la unificación económica de la UE, ha actuado como un factor de identificación de los ciudadanos europeos, y ha sido acogido con entusiasmo por los españoles. Sin embargo, antes de poder adoptar la moneda única, España tuvo que satisfacer unos criterios que garantizaban la consolidación de su economía: los criterios de Maastricht.

El Tratado de Maastricht

Este Tratado es uno de los pactos más ambiciosos firmados en la UE. En él se describen los pasos necesarios para la adopción de la moneda única por aquellos países comunitarios que cumplan ciertos requisitos económicos. Pero este tratado no sólo se limita a tratar sobre la unión monetaria: los puntos más importantes que se debatieron fueron los siguientes:

- Uno de sus acuerdos más importantes fue el reconocimiento del **concepto de solidaridad** entre las regiones europeas para disminuir las grandes diferencias entre ellas. Para ello, se crearon subvenciones cuantiosas para sufragar los gastos de modernización de las regiones menos desarrolladas. España se benefició en gran medida de estos fondos, ya que su economía, aunque había mejorado mucho, era todavía una de las menos avanzadas de la UE.
- Se otorgaron **mayores poderes al Parlamento europeo y a la ciudadanía de Europa**, con lo que también se avanzaba en el aspecto político (además del económico) de la UE.
- Se establecieron unos criterios y un **calendario para una Unión Económica y Monetaria**; es decir, para la sustitución de las monedas nacionales por el euro. Su introducción se llevó a cabo de manera progresiva, pero con extraordinaria rapidez teniendo en cuenta lo ambicioso y complicado del proyecto: entre la firma del Tratado y la puesta en circulación de las monedas y billetes de euro en los doce países de la eurozona transcurrieron solamente 10 años.

Criterios de Maastricht

La intención de los criterios de Maastricht era nivelar la economía de los países miembros, para evitar que los problemas propios de países individuales afectaran a la fluctuación de la moneda común. Para que un país pudiera optar al euro, debía cumplir los siguientes requisitos:

1. Una **tasa de inflación** inferior a la media de los tres países menos inflacionistas +1,5%.
2. **Tipos de interés** inferiores a la media de los tres países menos inflacionistas + 2%.
3. **Déficit público** inferior al 3% del PIB.
4. **Deuda pública** inferior al 60% del PIB.
5. **Estabilidad del tipo de cambio de la moneda nacional**.

Reunión de políticos europeos con motivo de la firma del Tratado de Maastricht.

Se dio de plazo hasta el año 1998 para que todos los países que quisieran optar al euro cumpliesen estos requisitos. Algunos países que ya cumplían los criterios (como Gran Bretaña o Dinamarca) decidieron no entrar en el euro debido, entre otras cosas, a que tenían una sólida moneda nacional. Los países que sí querían entrar en el euro, pero no podían por incumplir los criterios de Maastricht, se podían acoger a un *estado de excepción*. Cada dos años pueden solicitar la adhesión, siempre y cuando cumplan criterios de convergencia precisos.

En el caso de España, se dudaba inicialmente que fuera capaz de cumplir todos los criterios de Maastricht, debido a los serios problemas por los que pasaba su economía a principios de los años 90. Sin embargo, tras un segundo proceso de saneamiento que comenzó a partir de 1996, España logró satisfacer estos requisitos y formó parte del primer grupo de países adscrito al euro en 1998. El acceso al euro se considera uno de los grandes logros de la historia económica reciente de España, y es un éxito que se relaciona con la gestión gubernamental del PP (Partido Popular), en el gobierno desde 1996 hasta 2004.

Proceso de adaptación al euro: La convergencia nominal

La Convergencia nominal es el proceso de adaptación de la economía de un país concreto a la media de los países de la UE, siguiendo para ello los indicadores económicos especificados en el Tratado de Maastricht. En el caso de España, se hizo un fuerte esfuerzo para afrontar una inflación, déficit y deuda pública muy por encima de la media de la UE en la primera mitad de los años 90.

La **inflación** española es un problema que viene de lejos. Su punto más alto fue en 1975, al comienzo de la Transición, cuando llegó a alcanzar un 24,5%. A partir de los años 80, la inflación comenzó a disminuir progresivamente, una tendencia a la baja que se estabi-

lizó por fin a partir de 1996. El criterio de Maastricht con respecto a la inflación se cumplió definitivamente en 1998. Para conseguir controlar la inflación, el gobierno de José María Aznar tomó una serie de medidas, entre las que destaca la congelación del sueldo de los funcionarios y el control de los gastos de la industria, especialmente de las empresas no rentables.

Déficit público. El control del déficit público fue uno de los criterios más difíciles de cumplir. El alto nivel de déficit se debía al enorme gasto público; en concreto, los gastos más importantes se concentraban en:

- Gastos en sanidad pública y subsidios de desempleo.
- Gastos en empresas públicas no rentables.
- Déficit de las Comunidades Autónomas.
- Alto número de funcionarios.

Deuda pública. La deuda pública española presentaba niveles muy elevados, debido a la necesidad de financiar el gasto público. La deuda española ha experimentado una tendencia al alza a partir de 1970, llegando a su punto más alto en 1995, en la que se alcanzó un 62,5%.

Gracias a un programa de ajuste de la economía, el PP logró cumplir los criterios de Maastricht tras tres años escasos en el poder. Como veremos en el siguiente capítulo, el PP fue especialmente duro con el sector público, que creaba enormes gastos para el Estado. Fue en estos momentos cuando se llevó a cabo un programa extensivo de privatización de empresas públicas, que levantó grandes polémicas entre los sectores políticos y económicos del país. Pero a pesar de estas críticas, lo cierto es que la convergencia nominal se cumplió en el plazo previsto y que la economía española quedó saneada como resultado.

La convergencia real

Al lograr la convergencia nominal según los requisitos expuestos en el Tratado de Maastricht, España logró que sus índices económicos se acercaran a la media de los países de la UE. Sin embargo, el país todavía estaba lejos de los países más ricos de la Unión en materias como desempleo, PIB o la renta per cápita. Esto es lo que se conoce como *convergencia real*, es decir, la equiparación de los niveles de vida entre los países de la UE, que es lo que la Comisión llama «**cohesión económica y social**». Estos indicadores necesitan mucho más tiempo para lograrse, y de hecho en algunos aspectos no se han logrado completamente en la actualidad. Sin embargo, la implantación del euro y la presencia de una política monetaria común han ayudado a igualar los niveles de renta entre España y sus vecinos europeos.

España todavía se encuentra por debajo de la media europea en:

- **Desempleo:** El paro es uno de los problemas más preocupantes de España. En 2005, el país tenía la cifra de desempleo más alta de la UE-15, con un total del 10,6% de la población activa en paro. La media de la UE-15 era de un 8,1%. Sólo algunos de los nuevos países de la UE-25 tienen cifras de paro más altas; en concreto, Lituania, Polonia, Eslovaquia y Bulgaria.
- **PIB per cápita:** De nuevo, los bajos niveles de PIB per cápita en España la distancian de la media de la UE-15. Esto se refleja en unos salarios mucho más bajos de lo que encontramos en otros países europeos, aunque es justo decir que el coste de la vida es también más bajo.

La ampliación de la UE (2004): Consecuencias para España

La UE experimentó el **mayor proceso de ampliación de su historia en mayo de 2004**, cuando diez nuevos países se unieron a los quince miembros anteriores para formar la UE-25. Estos nuevos países (Polonia, Hungría, República Checa, Eslovaquia, Eslovenia, Estonia, Lituania, Letonia, Chipre y Malta) se conocen como **PECOs**, es decir, Países Europeos Centrales y Orientales. Los PECOs pertenecían en su mayoría a la llamada Europa del Este; es decir, eran naciones que provenían de regímenes comunistas y que presentaban economías atrasadas y poco abiertas al exterior en comparación con el resto de la UE, además de sistemas democráticos en vías de consolidación. En muchos sentidos, su situación tanto política como económica presenta muchas semejanzas con la de España en 1986.

Con la ampliación de la UE, se ha procedido a la **revisión de la política de cohesión**, para ayudar a los nuevos países a conseguir niveles económicos cercanos a los otros paí-

Tabla del PIB per cápita de la UE-25 en 2003	
País	**Renta**
Luxemburgo	208
Irlanda	131
Dinamarca	123
Austria	121
Países Bajos	120
Reino Unido	119
Bélgica	116
Suecia	115
Francia	113
Finlandia	111
Alemania	108
Italia	107
España	**95**
Chipre	83
Eslovenia	77
Grecia	79
Portugal	75
Malta	73
República Checa	69
Hungría	61
Eslovaquia	51
Estonia	48
Lituania	46
Polonia	46
Letonia	42
EU-25	100

Fuente: Eurostat

Calendario de entrada en vigor del euro

1 enero 1999-1 enero 2002: El euro se convierte en la nueva moneda, aunque todavía no hay monedas o billetes en circulación. Se adopta definitivamente el tipo de cambio inamovible de la peseta (1 euro = 166,386 pesetas). A partir de ahora, aunque la moneda física que se utiliza en la calle es la peseta, en realidad toda la contabilidad de las empresas, bancos, etc., se realiza ya en euros. Todos los establecimientos comerciales tienen obligación de dar al cliente precios en pesetas y en euros, para que los españoles comiencen a acostumbrarse a la equivalencia de la nueva moneda.

15 diciembre 2001: Se pueden adquirir «euromonederos», o surtidos iniciales de monedas, en las entidades financieras, de modo que los ciudadanos se familiaricen con las monedas y los billetes en euros.

1 enero 2002-28 de febrero de 2002: Por fin a principios de 2002 se ponen en circulación los nuevos billetes y monedas en euros. Pero todavía está permitido utilizar pesetas durante este periodo, para dar a los ciudadanos la oportunidad de agotar sus reservas de moneda nacional. Permanece en vigor la doble contabilidad en pesetas y euros.

1 marzo 2002: Las monedas y billetes de pesetas dejan de tener curso legal. El euro se convierte en la única moneda válida de curso legal en España y en los países de la Unión Monetaria.

El proceso de adaptación al euro se llevó a cabo con gran éxito en España, igual que en el resto de los países de la eurozona. Cabe destacar la entusiasta colaboración ciudadana, que tenía fuertes deseos de adoptar el euro y así reforzar la identificación de España con Europa.

ses miembros. Es aquí donde surgen problemas para España. Si en la UE-15 España se encontraba entre los países más pobres, y por lo tanto era beneficiaria de millones de euros en ayudas comunitarias, en la UE-25 España pasa a convertirse en un país de ingresos medios, y por lo tanto ya no cumple los requisitos para recibir las ayudas. Está previsto que España continúe recibiendo los subsidios hasta el año 2007. A partir de entonces, **España perderá la mayoría de los fondos estructurales**, excepto para las regiones más pobres: Andalucía, Extremadura, Galicia y Castilla-La Mancha. En previsión de esta pérdida de ingresos, España está negociando con la UE la creación de unos fondos transitorios que le permitan continuar con su proceso de desarrollo en el periodo 2007-2013, pero de momento no se ha llegado a ningún acuerdo.

La pérdida de los fondos no se debe exclusivamente a la ampliación de la UE. Muchas regiones españolas han perdido este apoyo financiero porque, al mejorar su situación económica, han dejado de ser regiones pobres. Gracias a los fondos han alcanzado un alto nivel de desarrollo y un fuerte crecimiento de su PIB, lo que les impide optar a las ayudas. Esto puede interpretarse como una buena señal: los fondos que se pierden han cumplido su misión de modernizar España, y ahora es justo que se destinen a zonas más pobres. Pero no podemos perder de vista que otras regiones españolas (como Murcia y Asturias) pierden los fondos porque su renta se ha visto elevada artificialmente debido al **efecto estadístico de la ampliación**.

Además de la pérdida de los fondos estructurales, otra consecuencia para España va a ser el **desvío de inversión empresarial a los nuevos Estados miembros**. Los PECOs pueden ofrecer una mano de obra más barata y tan bien cualificada como la española, ya que el buen sistema educativo de los antiguos países del Este ha generado un amplio número de profesionales bien formados. En consecuencia, España corre el peligro de que muchas empresas, tanto las nacionales como las

Mapa de la Unión Europea.

extranjeras, decidan instalarse fuera del territorio español, con la consiguiente pérdida de puestos de trabajo y de inversión en general que esto generaría. Por otro lado, no hay que olvidar que los nuevos países estarían en una mejor posición para **fabricar productos a precios más competitivos** que los españoles, de nuevo debido a la existencia de una mano de obra sumamente barata.

En conclusión, se puede afirmar que en muchos aspectos **España resulta perjudicada por la ampliación de la UE**. Ha pasado de ser el país de la Unión que recibía una mayor cantidad de fondos de cohesión a perder una gran parte de las ayudas tras la ampliación, y tendrá que afrontar una fuerte competencia de países con una producción más barata en todos los sectores. De cara al futuro, estas tendencias no harán sino aumentar, debido a los planes de una nueva ampliación de la UE en 2007 con Bulgaria y Rumanía, y más adelante con Turquía. España va a tener que avanzar mucho más decididamente hacia una

economía tecnológicamente avanzada y altamente competitiva si quiere sobrevivir en una Europa ampliada y abierta a la UE-25 y a las nuevas potencias globales como China. Todos estos esfuerzos los tendrá que realizar sin el apoyo financiero que había recibido hasta ahora.

Por otro lado, a España, al igual que a los otros países de la UE-15, le conviene que los nuevos miembros mejoren su economía, para así evitar presiones migratorias y potenciales conflictos sociales y políticos. Lo que realmente es prioritario es que España haga las adaptaciones necesarias en su economía para poder afrontar el periodo 2007-2013 de una manera positiva y asegurar que se mantiene su crecimiento. Una de las cosas más importantes es **desarrollar una verdadera mentalidad empresarial independiente**, y fomentar el crecimiento del país basándose en la eficiencia de sus compañías y de su administración pública, en vez de depender pasivamente de los subsidios europeos.

PREGUNTAS SOBRE EL TEMA 5

1 La entrada de España en la UE, ¿fue un proceso rápido?

2 Explica brevemente lo que sabes sobre los problemas de la agricultura española en 1986.

a) Los latifundios.

b) Los minifundios.

c) La mano de obra agrícola.

d) Los regadíos.

e) El proteccionismo del Estado.

3 Explica en pocas líneas cómo cambió la agricultura española tras la entrada en la UE.

4 Nombra algunas dificultades a las que se enfrenta la industria española.

5 ¿Qué son las PYMEs y qué problemas presentan?

6 Explica por qué España ha recibido tanta ayuda financiera de la UE y describe los fondos a los que se acogió.

7 ¿Por qué es positivo el euro para España?

8 ¿A qué se debía el alto nivel de inflación en España en 1986?

9 ¿Por qué España tenía un gasto público tan alto y cuáles eran sus consecuencias?

10 ¿Qué diferencia hay entre la convergencia «oficial» y la convergencia «real»?

11 Con la ampliación de la UE España perderá una gran parte de los fondos estructurales. ¿Es esto algo totalmente negativo?

PREGUNTAS PARA DESARROLLAR

a Resume el proceso de adaptación de la economía española para entrar en la UE.

b Explica qué consecuencias tiene la adopción del euro para España.

c «La ampliación de la UE del año 2004 tendrá efectos devastadores para la economía española». Discute esta afirmación.

d Tarea de investigación: Estudia el impacto que tendrá en España la futura adhesión de Turquía a la UE.

GLOSARIO

Fondos europeos: Subvenciones de la UE para que los países o regiones menos desarrolladas puedan sanear su economía y acercarse a la media de los países comunitarios.

Aranceles: Tarifas que deben pagar ciertos productos por comercializarse dentro de las fronteras de un país o zona económica.

Criterios de Maastricht: Requisitos económicos que deben cumplir los países que deseen formar parte de la eurozona.

Convergencia: Proceso de adaptación de la economía española (en este caso) a la economía de la media de la UE.

ACTIVIDADES DE INTERNET

1. La Unión Europea

Haz clic en:

http://www.constitucion.es/escuela/primaria/ueuropea.html

Escucha el programa «Unión Europea, a saber» y contesta las siguientes preguntas:

- ¿Para qué se formó la UE?
- ¿Qué es el Tratado de Roma?
- ¿Por qué se funda la Unión Monetaria, según el Acta de Constitución?
- ¿Qué países se unen a la UE en 1972, 1982 y 1986?
- ¿Qué es el Acta Única?

2. Juegos para aprender sobre Europa

http://europa.eu.int/europago/welcome.jsp

En esta página verás un dibujo en la parte de arriba. Mueve el cursor sobre el dibujo: puedes hacer clic en varias secciones, donde podrás responder preguntas sobre la Unión Europea.

3. Actividades sobre el euro (en parejas)

Especial de *El Mundo* sobre el euro en la siguiente página:

http://www.elmundo.es/especiales/2001/11/economia/euro/1.html

a) Vete a la sección *Ventajas e Inconvenientes*. Trabaja con un compañero: uno de vosotros lee las ventajas y el otro las desventajas. Una vez que hayáis entendido el contenido, tenéis que explicároslo mutuamente con vuestras propias palabras.

b) Haz clic en la sección *A pie de calle*. Observa la reacción inicial de estas personas ante la introducción del euro, y resume qué puntos les preocupan más.

c) Entra en la sección *¿Euroescéptico o euroentregado?* Esta página es un foro de discusión sobre el euro. Selecciona algunas entradas y coméntalas con tu compañero. Por último, escribe texto también expresando tu propia opinión.

4. La Constitución Europea (en parejas)

http://www.elperiodico.com/info/suplementos/europa/cas/index_04.asp

En esta página podrás leer razones a favor y en contra de la Constitución Europea, que los españoles aprobaron en el referéndum del 20 de febrero de 2005. Uno de vosotros debe leer las razones a favor y el otro las razones en contra. Cuando terminéis, haced un pequeño debate defendiendo la postura que os ha tocado leer.

Sección I. Aspectos históricos

82

COMENTARIO DE TEXTO 1

Antes de comenzar a leer el texto, busca en el diccionario el significado de las siguientes palabras:

Entrar en vigor: _____   Sepultado: _____

Intransigencia: _____   Superávit: _____

Recortes: _____   Recurrir: _____

Grisáceo: _____   Montante: _____

Augurios: _____   Faenar: _____

1985: España entra en la CEE

Larga, tensa, interminable fue la negociación que finalmente permitió que España se integrara en la Comunidad Europea, CE. La firma del Tratado de Adhesión se produjo el 12 de junio de 1985, y sus efectos entran en vigor el 1 de enero del 86. De este modo, se pone fin al aislamiento internacional que había caracterizado la más reciente historia de España y culminaba un proceso de negociación prolongado, coincidente con un periodo marcado por una profunda crisis económica general de la propia Comunidad. (...)

Particularmente severa resultó la negociación de las materias agrícolas, en particular a causa de la inflexibilidad o intransigencia francesa, que ya contemplaba la severa competencia que podría hallar en el campo español. De hecho, Francia consiguió imponer una adhesión española en materia agrícola por fases sucesivas: habrían de pasar cuatro años de seguir como estaba y seis de integración progresiva hasta el momento de poder competir libremente en los mercados europeos. Nuevos recortes impuestos por Francia en el paquete final de las negociaciones agrícolas pesqueras y sociales pospusieron el final feliz hasta que la intervención de alemanes e italianos logró superar las últimas resistencias.

Y entretanto, en el consumo interno, se especulaba con los posibles efectos, no siempre positivos ni felices, que la adhesión iba a procurar a los españoles: se auguraba, por ejemplo, una invasión de productos de los otros países comunitarios y la consiguiente pérdida en el producto interior bruto con el correspondiente mayor paro y descenso de producción propia. (...)

Algunas estimaciones, en efecto, pintaron un panorama más bien grisáceo sobre lo que sucedería no con la integración de España en la CE, sino con la invasión comunitaria de España... Los malos augurios pronto quedaron sepultados por las cifras reales, y el superávit español en las cuentas con la CE fue una primera y feliz consecuencia de la capacidad de reacción de la industria española frente al reto europeo. Pero incluso ya dentro de la Comunidad, no faltaron problemas para los intereses españoles: en el primer medio año después de la adhesión ya se produjeron problemas con las exportaciones españolas y fue preciso recurrir al Tribunal de Justicia de la Comunidad. Los montantes reguladores del vino, la cuota de leche, la negativa francesa a que pesqueros españoles faenaran en sus aguas... En cambio, empezó pronto a ser masiva la llegada de capital europeo, sobre todo en el sector de transformación alimentaria. (...)

A la distancia de seis años desde el ingreso en la Comunidad, Manuel Marín efectuaba su propio análisis. «La economía española se ha normalizado, hemos tenido un crecimiento económico, y los hábitos y los usos europeos se han instalado confortablemente en España. Y hemos entrado en un periodo de adaptación definitiva al esquema comunitario, una vez que las reglas de juego están más o menos definidas. Me pregunto si mucho de lo que ha pasado se podría haber producido con el grado de naturalidad con que se ha hecho si la CE no hubiera existido. Pienso, francamente, que no.»

José Cavero: *http://www.el-mundo.es/nacional/constitucion/1985/historia.html*

Preguntas sobre el texto

1. ¿Fueron fáciles las negociaciones para entrar en la CEE? ¿Cuál fue el sector que provocó más problemas?

2. ¿Por qué Francia puso tantas dificultades para la entrada de España en la CEE?

3. ¿Qué preocupaciones despertaba la pertenencia a la CEE en algunos españoles?

4. ¿Cuáles fueron los primeros problemas que surgieron durante los primeros años en la CEE? ¿Y las primeras ventajas?

5. En opinión de Manuel Marín, ¿cuál fue el efecto de la adhesión a la CEE para la economía española?

COMENTARIO DE TEXTO 2

Antes de comenzar a leer el texto, busca en el diccionario el significado de las siguientes palabras:

Aportar: _____

Legislatura: _____

Estadio: _____

Incentivar: _____

Matriz: _____

Los retos de la ampliación, los fondos estructurales y las reformas estructurales

(...) En resumen, parece que España, ante la ampliación de la Comunidad, haría bien en estar menos preocupada por la eventual pérdida de las ayudas comunitarias y mirar más hacia las posibilidades y retos que la entrada de los candidatos aportarán. En consecuencia, el Gobierno, en vez de consumir dedicación y esfuerzos para hacer pervivir los Fondos de Cohesión, debe seguir en la línea de las reformas estructurales de carácter privatizador y liberalizador que tan buenos resultados dieron en la anterior legislatura y primeros estadios de la actual, ampliándola a todos aquellos aspectos pendientes y que en estas páginas he recordado. Por otro lado, las empresas españolas, tal vez incentivadas fiscalmente o por otros medios, deberían no sólo involucrarse más en el comercio con los países candidatos a la ampliación, sino también decidirse a invertir capital en proyectos industriales en esos países, con lo cual, además de contribuir a su desarrollo y prosperidad, podríamos lograr que se convirtieran en excelentes plataformas para exportar productos de matriz española, tanto a la zona euro como a la extracomunitaria.

Trabajo incluido en el *Libro Marrón 2001* del Círculo de Empresarios sobre «El papel de España en una Unión Europea ampliada».

Preguntas sobre el texto

1. ¿Qué crítica implícita hace el texto a la actitud de España ante la ampliación de la UE?

2. ¿Qué cree que debe hacer el gobierno para mejorar la economía española y prepararla para la entrada de los PECOs?

3. ¿Qué dos cosas deben hacer las empresas españolas ante la ampliación?

El gobierno del Partido Popular **6**

El Partido Popular (PP) llega al poder en las elecciones de 1996 y permanece hasta el año 2004. José María Aznar está al frente del partido, con Francisco Álvarez-Cascos como vicepresidente en la primera legislatura y Mariano Rajoy en la segunda. Su llegada al gobierno pone fin a 14 años de hegemonía del PSOE, un partido que a pesar de sus logros había sufrido un fuerte desgaste tras su larga trayectoria al frente de España, viéndose desprestigiado por una economía en declive y por escándalos de corrupción. El PP comienza su mandato en un momento de desencanto de los ciudadanos con la política española y con la trayectoria de la economía nacional

Uno de los problemas más urgentes que el partido tenía que resolver era **conseguir la confianza de los españoles**. El PP ganó las elecciones por un pequeño margen, una prueba de que no contaba con el apoyo masivo de la población. Su victoria se debió, más que a la convicción de los votantes en sus ideas, a la decepción del país con el PSOE. Es importante entender que el PP fue el primer gobierno conservador de la democracia, y que una buena parte de los españoles todavía asociaba las tendencias conservadoras con el franquismo. No hay que olvidar que el final de la dictadura no estaba tan lejos, y que eran muchos los ciudadanos que temían que el

85

José M.ª Aznar, Mariano Rajoy (actualmente presidente del PP) y Eduardo Zaplana son los políticos más influyentes del PP.

Jordi Pujol fue el presidente del gobierno catalán entre 1980 y 2003.

nuevo gobierno iniciara un recorte de sus libertades, o que al menos se produjera un retroceso de la tendencia modernizadora que España había vivido hasta entonces.

Además de conseguir conectar con la población, era fundamental también hacer frente a la crisis económica en que se encontraba el país. En concreto, las prioridades se concentraban en **controlar la deuda pública**, que había llegado a altos índices durante el gobierno anterior, y **reducir la tasa de paro**, que llegaba a cotas del 22% de la población activa. Cuando el PP gana las elecciones en 1996, había en España unos tres millones y medio de parados, en su mayoría mujeres y jóvenes menores de 25 años.

Características de la primera legislatura del PP (1996-2000)

- **El pacto con los nacionalistas.** Como el PP no consiguió la mayoría absoluta en las elecciones, fue necesario recurrir a alianzas con otros partidos para garantizar la mayoría parlamentaria y poder así sacar su programa electoral adelante. El PP decidió aliarse con los nacionalistas catalanes (CiU) y vascos (PNV), que ya habían pactado con el PSOE en su última legislatura. Tras dos meses de largas deliberaciones, estos partidos accedieron al pacto con el PP. Las conversaciones resultaron difíciles porque los nacionalistas eran reacios a pactar con un partido como el PP, ya que por sus desacuerdos en cuanto a política regional no era un aliado natural. Sin embargo, eran muy conscientes de las ventajas políticas que significaba colaborar con el partido que había ganado las elecciones: de hecho, en estos años consiguieron un gran avance en lo que respecta a sus intereses y a sus reivindicaciones de autogobierno. Es cierto también que el trato preferencial que el PP otorgó a Cataluña y al País Vasco despertó críticas de otras comunidades autónomas, que veían con preocupación el grado de poder que ciertas regiones ejercían en el resto de España a través de su colaboración con el PP.

  La colaboración entre los nacionalistas y el PP acabó al final de la primera legislatura, cuando el partido ganó las elecciones del año 2000, esta vez por mayoría absoluta. Curiosamente, una vez que el pacto termina comienza una etapa de fuertes enfrentamientos entre el PP y los partidos regionales debido a las reivindicaciones nacionalistas, que fueron especialmente difíciles con el PNV.

- **El saneamiento de la economía española.** El primer mandato del PP se caracteriza por su fuerte énfasis en la economía. Desde el primer momento, Aznar se concentra en solucionar la crisis en la que se encuentra el país con un objetivo muy claro: **cumplir los objetivos del Tratado de Maastricht** para que España pueda formar parte del primer grupo de países que adopta el euro. Para ello, Aznar se embarca en un ambicioso plan de liberalización económica, con la esperanza de modernizar las instituciones empresariales españolas y de reducir la deuda pública. Se potenció la iniciativa privada como fuente generadora de riqueza del país: como ejemplo podemos mencionar el gran número de empresas públicas que se privatizaron durante esta

■ Torre Picasso, símbolo de la prosperidad del sector privado.

legislatura, lo que redujo la deuda pública y permitió la flexibilización de la economía. Por otro lado, también puso un gran esfuerzo en controlar la inflación y ponerla a la altura de los demás países europeos.

El resultado de estas medidas es que se logró **un crecimiento económico sostenido y estable**. El PP logró que España se convirtiera en el país de mayor crecimiento en la UE, un logro que muchos economistas han bautizado como «el milagro español». Además, los buenos resultados permitieron que España cumpliera los criterios de Maastricht en 1998, con lo que el país tuvo el paso libre para el acceso a la moneda única.

• **La lucha contra el paro.** El PP introdujo unas medidas de flexibilización del mercado laboral para combatir el desempleo. Durante sus ocho años en el poder,

se crearon unos de 4 millones de puestos de trabajo. Este ritmo de creación de empleo ha permitido reducir el paro a la mitad: del 22% en 1996 al menos del 11% en 2004, aunque a pesar de estos buenos resultados España sigue siendo el país de la UE-15 con mayor índice de paro. Por otro lado, los sindicatos han criticado la baja calidad del empleo creado, que tiende a ser precario, con un predominio de contratos temporales y sueldos bajos.

Gracias a su eficiente gestión, el PP consiguió un grado de apertura de la economía española sin precedentes y consiguió elevar la renta per cápita de los españoles, acercándola a la de los grandes países europeos. Estos logros hicieron aumentar su popularidad entre la población, y contribuyeron a facilitar la victoria en las elecciones del año 2000 por mayoría absoluta.

La segunda legislatura del PP: 2000-2004

Debido a los excelentes logros de la primera legislatura, el PP ganó sin dificultad las elecciones del año 2000, esta vez por mayoría absoluta. En estos cuatro años continúa la **tendencia positiva de la economía** española, en contraste con otros países europeos, que entran en recesión. Estos factores, unidos a la baja incidencia de casos de corrupción en el gobierno, hicieron del PP un partido respetado dentro y fuera de España. Sin embargo, el PP también desarrolló una serie de iniciativas que no contaron con el favor popular, y que como veremos más tarde, contribuyeron factores importantes en su derrota electoral del año 2004.

El objetivo principal de esta segunda legislatura, además de consolidar el crecimiento económico, es garantizar la seguridad de los ciudadanos. En concreto, **la actividad antiterrorista** se convierte en el centro de atención de esta etapa. Aznar concentra mucho esfuerzo y dinero en la lucha contra ETA, y muestra una firme actitud de rechazo frontal y de no diálogo con los etarras. Muchos his-

La profesionalización de las Fuerzas Armadas

Durante su segunda legislatura, el PP anuló el servicio militar obligatorio, conocido popularmente como *la mili*. Fue una medida que tuvo un enorme apoyo popular debido a las pocas simpatías que despertaba esta obligación entre los españoles. *La mili* era un factor tremendamente disruptivo en la vida de los jóvenes, ya que podían ser destinados por todo el territorio nacional, obligándolos a pasar un largo periodo de tiempo alejados de sus familias y su lugar de origen. Además, si no habían cumplido el servicio militar, sus posibilidades de encontrar trabajo eran muy limitadas, debido a que la mayoría de las empresas exigían estar «licenciado» de *la mili*.

El servicio militar obligatorio comenzó nada menos que en 1800, y fue forzoso hasta el año 2002. Durante este tiempo, millones de jóvenes españoles tuvieron que pasar por un periodo de quince, doce o nueve meses, según la época, de entrenamiento militar. En el pasado, *la mili* ofrecía a los reclutas la posibilidad de abrir sus horizontes, conocer otras partes de España y en ocasiones aprender un oficio, pero estas ventajas no eran ya tan válidas para los españoles modernos, que tenían un nivel educativo muy superior.

A partir de 1984 se permitió una alternativa a *la mili* para aquellos jóvenes que, por motivos morales, no querían tener contacto con el mundo militar. Esta alternativa pasaba por hacer un servicio social sustitutorio conocido como **objeción de conciencia**. El número de jóvenes que se acogía a la objeción de conciencia aumentaba enormemente año tras año, y el gobierno tenía serias dificultades para buscarles una colocación. Algo más tarde surgió un movimiento juvenil radical que se negaba a realizar tanto el servicio militar como la objeción de conciencia: eran los **insumisos**. En teoría, los insumisos se arriesgaban a penas de cárcel, pero en la práctica esto sólo ocurría en contadas ocasiones.

La impopularidad del servicio militar, así como la necesidad de modernizar y profesionalizar las Fuerzas Armadas, llevaron al gobierno del PP a eliminar *la mili*. Desde enero de 2002, el Ejército, la Marina y las Fuerzas Aéreas son profesionales.

Las Fuerzas Armadas españolas son profesionales desde 2002.

Las relaciones entre José M.ª Aznar y Jordi Pujol se enfriaron durante la segunda legislatura del PP.

toriadores ven en la insistente actividad antiterrorista una obsesión personal de Aznar, quizás debido a que él mismo fue objeto de un atentado fallido en 1995. Lo cierto es que la lucha antiterrorista dio sus frutos: bajo su mandato la organización etarra sufrió varios golpes que debilitaron seriamente su estructura, como se puede ver a continuación:

- Más de mil terroristas fueron detenidos, se desarticularon varios comandos etarras, y se evitaron multitud de atentados.
- Aznar reforzó la colaboración con el gobierno francés, ya que muchos terroristas se ocultaban o planeaban sus actividades desde Francia.
- Consiguió que ETA fuera incluida en las listas internacionales de organizaciones terroristas.
- Tomó la polémica medida de aprobar una Ley de Partidos que permitió ilegalizar *Batasuna*, el brazo político de ETA.

Los fracasos del PP

En la segunda legislatura, el PP radicalizó sus posturas y fue distanciándose progresivamente de la sociedad. Durante este mandato, el partido tomó una serie de decisiones que levantaron gran polémica en el sector político y

crearon insatisfación entre muchos ciudadanos españoles. Algunos de los problemas más importantes de esos años fueron los siguientes:

- **La actitud ante el problema regional.** Durante la segunda legislatura del PP, Cataluña, y especialmente el País Vasco, habían intensificado sus peticiones de autonomía. Estas reivindicaciones culminaron con el *Plan Ibarretxe* presentado por primera vez en 2002, en la que el Partido Nacionalista Vasco (PNV) pedía competencias autonómicas cercanas a las de una nación independiente (más información en el tema 13). La posición del PP ante estas peticiones fue la de rechazo frontal y confrontación, alejándose de la política de diálogo seguida por gobiernos anteriores. Además, Aznar acusó al PNV de no llevar a cabo una política antiterrorista eficiente, con lo que indirectamente lo acusaba de negligencia en la lucha contra ETA. Los frecuentes altercados con los políticos nacionalistas crearon un clima de crispación y dificultaron la solución pacífica del problema regional.
- **El control de los medios de comunicación.** Una característica de los medios de comunicación públicos españoles es que están fuertemente ligados al Estado. Los

Juan José Ibarretxe, líder del PNV.

directores generales de RTVE (Radiotelevisión Española) son generalmente nombrados por el gobierno, y en consecuencia, no tienen el grado de imparcialidad que existe en otros países europeos. En el caso concreto del PP, su control sobre los medios de comunicación públicos fue especialmente intenso, particularmente sobre la televisión. Esto provocó un aluvión de críticas por parte de la oposición y del público, que calificaban la televisión pública como un medio censurado y parcial: características que estaban fuera de lugar en un país democrático como España.

• **La gestión del desastre ecológico del Prestige.** En noviembre de 2002, el buque petrolero *Prestige* sufrió un accidente cerca de la costa de Galicia, derramando su carga de fuel y provocando una catástrofe ecológica de grandes dimensiones. La gestión del gobierno fue duramente criticada por la población nacional y extranjera, debido a su tardía e ineficaz reacción a la situación. El gobierno parecía centrarse en minimizar la importancia del vertido y rechazar su responsabilidad en

la situación, en vez de intentar detener el avance de la marea negra. Miles de voluntarios de toda España y del extranjero acudieron a las costas gallegas para limpiar las playas, a la vez que hacían claras sus críticas al gobierno. Cuando el PP por fin toma cartas en el asunto, las decisiones tomadas contribuyeron a agravar la situación. Como consecuencia, el *Prestige* permanece hundido a unos 3.000 km de las costas gallegas, y dos años después todavía llegaban restos de fuel a las playas de la región.

• **La conflictividad laboral.** La política del PP en materia laboral se suele considerar un éxito, debido a su reducción del desempleo. Sin embargo, en el año 2002 se introduce una reforma laboral en la que flexibiliza aun más el mercado de trabajo a través, entre otras cosas, de facilitar el despido. Con esto se buscaba que las empresas se sintieran más libres para ofrecer contratos permanentes a su personal, pero en realidad fue una medida que en opinión de los sindicatos desprotegía a los trabajadores. Asimismo, la reforma ponía ciertos límites a las prestaciones de desempleo. La reforma laboral, conocida popularmente como el *Decretazo,* generó enorme polémica y provocó

Un voluntario colabora en las tareas de limpieza de la marea negra ocasionada por el Prestige.

la ruptura de las relaciones entre el PP y los sindicatos, que convocaron una huelga general en el mes de junio de 2002. La intransigencia de Aznar ante las protestas se mantuvo tras la huelga general, una actitud que fue duramente criticada y que le hizo perder el apoyo de un buen número de trabajadores.

Además de los problemas que acabamos de mencionar, uno de los aspectos que más se ha criticado en la segunda legislatura es el autoritarismo de Aznar. Muchos analistas políticos opinan que el hecho de haber conseguido la mayoría absoluta en las elecciones del año 2000 permitió al partido llevar a cabo sus proyectos, sin necesidad de dialogar con partidos de la oposición o de responder a las críticas de los ciudadanos.

La alianza con Gran Bretaña y EE UU creó descontento entre muchos españoles.

La política exterior del gobierno de Aznar

Este es uno de los aspectos del gobierno del PP que ha creado más controversia, y que en opinión de la mayoría fue la causa determinante de su derrota en las elecciones de 2004. En su segunda legislatura, Aznar sorprende a la opinión pública al hacer una política exterior fuertemente basada en una alianza con los EE UU con ocasión de las guerras de Afganistán e Irak. A raíz de este pacto, surgen fricciones con los países que formaban las alianzas tradicionales de España; en concreto, con la Unión Europea y el norte de África.

- La **alianza con los EE UU** en la guerra de Afganistán y sobre todo en la de Irak es el capítulo más polémico de la actividad internacional del PP. España se desmarca de la posición común europea para ofrecer su apoyo a los EE UU y a Gran Bretaña en su lucha contra el terrorismo internacional. Aznar se una a esta nueva alianza a pesar de que, según las encuestas, más del 90% de la población española se muestra en contra de la guerra, y a pesar de las numerosas manifestaciones populares en contra de la acción militar. La invasión y posterior guerra de Irak no contó con el beneplácito de la ONU, lo que a ojos de muchos técnicamente convertía el conflicto bélico en ilegal. Esta guerra, basada en la presunta existencia de armas de destrucción masiva y el peligro potencial que representarían para los países occidentales, comenzó en marzo de 2003. Sin embargo, la existencia de tales armas nunca fue probada, lo que en opinión de un amplio sector de la población invalidaba las bases para la guerra. A pesar de que el número de víctimas españolas en la contienda fue muy reducido, la posición del PP ante la guerra fue recibida con multitud de críticas por prácticamente todos los sectores de la población española. También ofendió a los pueblos musulmanes, que tradicionalmente estaban en buenos términos con España.

- Los **enfrentamientos con Francia y Alemania** en cuestiones económicas y políticas fueron constantes desde la llegada del PP al poder, pero se intensificaron fuertemente en cuanto al tema de las guerras de Afganistán y sobre todo de Irak. El consenso europeo ante la guerra de Irak era de rechazo y de no colaboración; sin embargo, Aznar y otros líderes europeos como Tony Blair rompieron este consenso para ponerse del lado de EE UU, generando desunión en la UE y encendiendo fuertes críticas por parte de estos países. Muchos políticos europeos interpretan la posición española como oportunista, y censuran que su posición contribuyera a la división de la unidad europea. Es importante recordar que por el Tratado de Schengen (1995), los países comunitarios se comprometían a adoptar una política exterior común ante conflictos externos, un pacto que España no respetó al aliarse con los EE UU y no con la UE.

Las elecciones de marzo de 2004

A pesar de las críticas populares por las iniciativas descritas en el apartado anterior, la campaña para las elecciones del 14 de marzo se presentaba positiva para el PP. José María Aznar, como había prometido en 1996, se retiraba de la presidencia del partido en favor de Mariano Rajoy. Rajoy gozaba del respeto popular, y la gran mayoría de las encuestas electorales coincidían en augurar una fácil victoria para el partido. Sin embargo, un trágico acontecimiento hace que la balanza se incline en su contra.

El 11 de marzo de 2004, tres días antes de las elecciones, un **atentado terrorista** de origen islámico en protesta por el apoyo español en la guerra de Irak deja un total de 192 muertos y más de 1.500 heridos en Madrid. Las bombas se colocaron en cuatro trenes que se dirigían a la estación Atocha, con la intención de que estallaran a la vez y provocaran el derrumbe de la estación, multiplicando el número de víctimas. Una serie de imprevistos impidió que estos planes se cumplieran, pero aun así el atentado tuvo un enorme impacto debido al alto número de fallecidos, dejando a los españoles en estado de *shock*.

La reacción instintiva de los primeros momentos, tanto del PP como de otros partidos, fue culpar a ETA del atentado. Sin embargo, pronto empezaron a aparecer **datos que sugerían que el atentado tenía origen islámico**: en la Comisión de Investigación sobre el 11-M, la policía explica que ya desde el primer día sospechaba que Al Qaeda[1] podía estar implicada. Por otro lado, el atentado no tenía las características típicas etarras: en primer lugar, la magnitud del ataque era muy superior a los que solía llevar a cabo ETA. A esto se unía que el atentado no fue ni anunciado ni reclamado por la banda terrorista, y que los explosivos utilizados eran totalmente distintos a los habituales de ETA. Y lo que era aún más significativo: a las pocas horas del atentado se encontró una furgoneta cerca de Alcalá de Henares con detonadores de explosivos y casetes en árabe que indicaban la participación de terroristas musulmanes.

El PP, hasta el día antes de las elecciones generales, seguía afirmando que la autoría del atentado era de ETA y desoyendo sugerencias que indicaban lo contrario. El pueblo español vio en esta postura un intento de **manipular la opinión pública**: si efectivamente el atentado era de ETA, entonces el PP se vería beneficiado, debido a su historia de lucha antiterrorista. Si por el contrario se probaba que el atentado era de origen musulmán, eso tenía consecuencias potencialmente devastadoras para el PP. En ese caso, habría que interpretar el atentado como un castigo de Al Qaeda por la participación española en la guerra de Irak, una guerra en la que los españoles no habían querido participar.

---

[1] Al Qaeda no es una banda terrorista convencional, sino que está formada por comandos independientes unidos por una ideología común: su visión ultraconservadora del Islam y la defensa de la Guerra Santa contra los infieles, a menudo identificados con Occidente. Al Qaeda coordina diferentes grupos islámicos, como el grupo terrorista marroquí que llevó a cabo los atentados del 11-M, en Madrid.

Tributos florales en honor a las víctimas del 14-M.

Las elecciones del 14 de marzo tuvieron lugar en un clima de crispación, en el que la población española todavía se encontraba fuertemente afectada por la tragedia. La victoria, inesperadamente, fue para el PSOE. Se ha dicho que el voto de castigo al Partido Popular fue una reacción puramente emocional y, por tanto, precipitada e irreflexiva. Pero es importante recordar que existía un malestar previo ante la implicación de España en la guerra de Irak, como prueban las manifestaciones de millones de españoles en contra de la guerra de Irak antes de los atentados. Hay además otros factores que contribuyeron a la derrota, y que cobraron importancia tras el 11-M. Entre ellos destacan los siguientes:

- el descontento general tras la mala gestión de la catástrofe del Prestige,
- el desacuerdo del pueblo español en la política laboral del PP, que provocó la huelga general del 20-J,
- la tensión en cuanto al problema de los nacionalismos.

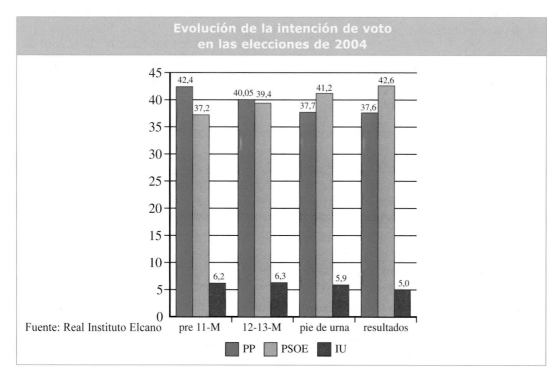

Evolución de la intención de voto en las elecciones de 2004

	pre 11-M	12-13-M	pie de urna	resultados
PP	42,4	40,05	37,7	37,6
PSOE	37,2	39,4	41,2	42,6
IU	6,2	6,3	5,9	5,0

Fuente: Real Instituto Elcano

PP PSOE IU

PREGUNTAS SOBRE EL TEMA 6

1 Tras su victoria en las elecciones, ¿por qué era tan importante que el PP conectara con el pueblo español?

2 ¿Cuál dirías que fue el objetivo número uno del PP durante su primera legislatura? ¿Cumplió este objetivo con éxito?

3 Después de lo que has leído sobre las actuaciones del PP en materia de empleo, ¿crees que ha luchado de manera efectiva contra el paro?

4 La lucha antiterrorista es uno de los grandes logros del gobierno del PP. ¿Pero qué críticas ha atraído?

5 ¿Por qué Francia y Alemania se mostraban tan en contra de la alianza entre España y los EE UU?

6 ¿Por qué estaba el pueblo español en contra de formar parte de la guerra de Irak?

7 ¿Por qué se dice que la derrota del PP en las elecciones fue una sorpresa?

PREGUNTAS PARA DESARROLLAR

a Explica qué diferencias hubo en la relación del PP con los partidos regionales en la primera legislatura y la segunda.

b Haz una valoración de la actuación del gobierno del PP, haciendo un balance de los aspectos positivos y negativos de su gobierno.

c «La decisión de castigar al PP a través del voto fue puramente emocional, y dio a los terroristas lo que buscaban». Discute esta afirmación.

d Tarea de investigación: Busca información sobre la crisis de la isla Perejil, que enfrentó a España y Marruecos en el año 2002. La siguiente página web puede ayudarte:

http://www.plus.es/codigo/noticias/ ficha_noticia.asp?id=164211

e Tarea de investigación: Busca información sobre el comando marroquí culpable de los atentados de Madrid, y escribe un pequeño informe en español para entregar en clase.

GLOSARIO

PNV y CiU: Partido Nacionalista Vasco y Convergencia i Unió (catalán), partidos regionales con los que el PP necesitó pactar en la primera legislatura, ya que no había logrado la mayoría absoluta en las elecciones.

Prestige: Buque petrolero que encalló frente a las costas gallegas en el año 2002, y que provocó una marea negra que afectó gravemente al medioambiente de la región.

Al Qaeda: Organización terrorista islámica que defiende la Guerra Santa contra los infieles. Coordina diferentes grupos terroristas musulmanes y estuvo implicada en los atentados del 11-M en Madrid.

ACTIVIDADES DE INTERNET

1. Primer año del gobierno del PP

http://www.constitucion.es/a1978-2003/cronologia/
1996c.html

Haz clic en el símbolo de la grabación. Podrás escuchar dos temas distintos:

a) Primeras palabras de José María Aznar tras ganar las elecciones de 1996. Escúchalas y escribe la transcripción.

b) Actividad terrorista de ETA: Resume los acontecimientos más importantes de las actividades de ETA en 1997, según esta grabación.

2. Evolución de la sociedad española

http://www.elmundo.es/especiales/2002/06/espana/elecciones
/miradas.html

Este es un especial de *El Mundo*. Veinticinco personas hablan de cómo ha cambiado España desde que se firmó la Constitución hasta el año 2002. Elige varias personas y haz lo siguiente:

a) Primero, averigua quiénes son estas personas, utilizando un buscador de Internet.

b) Haz una lista de las diferencias que ven entre la sociedad de 1977 y la del año 2002.

3. El legado de Aznar

http://www.plus.es/codigo/noticias/especiales/
videos.asp?id=345511&video=346055

En esta página puedes ver un análisis de algunos de los aspectos más destacados del gobierno de Aznar. Elige un vídeo y haz un resumen de su contenido.

4. La actitud de los españoles ante la guerra de Irak

http://www.elmundo.es/documentos/2003/02/internacional/
paz/todos_albumes.html

En este especial de *El Mundo* podrás leer artículos y ver fotografías de las manifestaciones en contra de la guerra de Irak. Después de leer la información, escribe una redacción explicando tus opiniones sobre la participación de España en esta guerra.

5. Atentados terroristas del 11-M en Madrid

http://www.plus.es/codigo/noticias/especiales/
videos.asp?id=352193&video=352702

Aquí puedes encontrar una selección de vídeos sobre los atentados del 11-M en Madrid. Trabaja con un compañero. Cada uno debéis escoger un vídeo diferente y tomar notas breves sobre la información que contiene. Después, debéis compartir la información entre los dos.

COMENTARIO DE TEXTO 1

El siguiente texto son unas declaraciones de Aznar a la periodista Victoria Prego, recogidas en su libro *Presidentes: Veinticinco años de historia narrados por los cuatro jefes de Gobierno de la democracia*, publicado en el año 2000. Aznar explica cómo ve su papel como presidente en España, y qué papel han tenido, en su opinión, los gobiernos anteriores.

Antes de leer el texto, busca en el diccionario el significado de las siguientes palabras:

Derrumbamiento: _____   Asignatura pendiente: _____

Llevar a puerto: _____   Rodar: _____

Padecer: _____   Encarrilar: _____

Constituir: _____   Metas: _____

Adolfo Suárez tuvo una tarea fundamental, que fue hacer la Transición, y tuvo que dedicarse plenamente a hacer que la transición política fuera posible. Y lo hace con éxito.

Leopoldo Calvo-Sotelo tiene que enfrentarse con el derrumbamiento de un partido que está en el gobierno y darle salida, tiene que llevar a puerto al país después de haber padecido un golpe de Estado y tiene que administrar las secuelas de ese golpe.

Felipe González tiene que hacer asumible para la mayoría de los españoles una vuelta de la izquierda al gobierno en España después de tantos años, y hacer que eso constituya un ejercicio democrático normal.

Yo me encuentro en una situación diferente, lo que yo tengo que hacer es dar un paso más en la trayectoria democrática de España y hacer que la alternancia funcione con toda normalidad, con lo que superaremos otra etapa histórica.

(…) la asignatura pendiente de la democracia española desde el punto de vista del funcionamiento democrático institucional es que las cosas ya sean normales y rueden como en todos los países democráticos. Eso requiere un esfuerzo grande de estabilidad, de confianza del país en sí mismo. Así que eso es, desde el punto de vista político, lo más importante que yo tengo que hacer: dejar encarrilladas las cosas para que se produzcan las alternancias normales, como pasa en cualquier democracia madura. Y desde el punto de vista económico y de la posición de España en el mundo, es conseguir nuevas metas para el país, pero partiendo de lo que ya había.

Es decir, yo no tengo ya que decir que nuestra meta está en lograr que haya una democracia en España, ni tampoco en insertar a España en el mundo. A mí lo que me toca decir ahora es: «Hagamos de España uno de los mejores países». Esa es la mentalidad. Es, sencillamente, la normalidad del país hacia el futuro. Claro, esa normalidad es menos emocionante que otras cosas, ¿no?, porque no supone cambios históricos y no es una aventura, pero supone nada menos que la madurez. Pero es que desde la madurez, si tenemos confianza en nosotros mismos, podemos llegar a convertir al país en uno de los mejores del mundo. No digo de Europa, digo del mundo. Esa es nuestra posibilidad, y así es como yo veo las cosas.

Preguntas sobre el texto

1. Explica en tus propias palabras cómo ve Aznar el papel del gobierno de:
— Adolfo Suárez
— Leopoldo Calvo-Sotelo
— Felipe González

2. ¿Cuál cree que es la labor de su gobierno, y en qué se diferencia de los gobiernos anteriores?

3. En el último párrafo dice: «Claro, esa normalidad es menos emocionante que otras cosas». ¿Qué quiere decir con este comentario?

4. ¿Qué planes tiene Aznar para España en el futuro?

COMENTARIO DE TEXTO 2

El siguiente texto es un extracto del discurso de investidura de José María Aznar, tras ganar las elecciones por segunda vez en el año 2000.

Antes de leer el texto, busca en el diccionario el significado de las siguientes palabras:

Investidura: _____

Pluralismo: _____

Esforzar: _____

Legado: _____

Heredero: _____

Pujante: _____

Solicitar: _____

Pleno: _____

Dotado: _____

Pauta: _____

Señora Presidenta,

La nueva etapa que comenzamos requiere seguir mirando al futuro. España se encuentra hoy ante una gran oportunidad. Hemos contribuido a ello desde diversas orientaciones políticas. En un marco de libertades y de pluralismo, los ciudadanos se han esforzado para hacer posible su bienestar personal y el de sus familias. Y, con ello, han hecho posible el progreso del conjunto de la sociedad.

Vivimos un momento de gran creatividad, que enriquece el legado cultural del que somos herederos. Impulsamos iniciativas que hacen que la Unión Europea avance. Contribuimos al fortalecimiento de una comunidad iberoamericana cuya voz se hace oír cada vez más en el mundo. Participamos en la creación de un área de paz y prosperidad en el Mediterráneo.

La pujante realidad de la sociedad española, nuestra historia reciente y la existencia de un mundo más abierto que nunca, hacen que podamos y debamos plantearnos unos objetivos ambiciosos para esta legislatura. Son los que propuse a los ciudadanos durante la campaña electoral y la base del programa de Gobierno para el que solicito la aprobación de esta Cámara:

— Es el momento de trabajar para acercarnos al pleno empleo.

— Es el momento de invertir en educación, innovación, comunicaciones, cultura, medio ambiente, para construir el futuro.

— Es el momento de promover el bienestar de los españoles y la igualdad de oportunidades en una sociedad más solidaria.

— Es el momento de conseguir una Administración moderna, adaptada a un Estado de las Autonomías dotado de un modelo de financiación renovado.

— Es el momento de fortalecer la proyección internacional de España para ser más protagonistas en un mundo abierto.

El diálogo seguirá siendo pauta de comportamiento del Gobierno. Las reformas basadas en acuerdos son más sólidas y duraderas.

Extracto del discurso de investidura de José María Aznar (25 de abril de 2000)

Preguntas sobre el texto

1. ¿Qué papel tienen los ciudadanos españoles en esta nueva etapa, según el primer párrafo?

2. ¿De qué manera está España integrada en la comunidad internacional? ¿Notas alguna discrepancia entre estas afirmaciones y la política exterior de Aznar de la segunda legislatura?

3. ¿Por qué cree Aznar que es buen momento para plantear objetivos ambiciosos?

4. Resume los objetivos del PP para esta segunda legislatura.

5. ¿Qué importancia tiene el diálogo para la actuación del Gobierno?

El gobierno de José Luis Rodríguez Zapatero

Después de 8 años de gobierno del PP, el PSOE gana las elecciones el 14 de marzo de 2004, tres días después de los atentados de Madrid que conmocionaron a los españoles y a la opinión pública mundial. Al frente del partido está José Luis Rodríguez Zapatero, un joven político elegido presidente del PSOE dos años antes, en un intento por renovar la imagen del partido.

Es todavía pronto para hacer una evaluación del nuevo gobierno, ya que a fecha de publicación de este libro el partido llevaba poco más de un año en el poder. Por lo tanto, en este capítulo nos limitaremos a anotar los acontecimientos más destacados que han tenido lugar en este tiempo, y las tendencias que se observan en este momento.

Zapatero comenzó su mandato introduciendo una serie de reformas políticas y sociales que lo distancian de sus predecesores. El nuevo presidente se define a sí mismo como un líder «tranquilo», con afán de diálogo entre las distintas fuerzas políticas del país, y con proyectos sociales de gran alcance y corte liberal. A continuación veremos algunos de los logros o proyectos del PSOE en sus primeros meses de gobierno.

99

De izquierda a derecha: José Luis Rodríguez Zapatero (presidente), Mª Teresa Fernández de la Vega (vicepresidenta), José Bono (ministro de Defensa) y Carmen Calvo (ministra de Cultura).

Reorientación de la política exterior del nuevo gobierno

En cuanto gana las elecciones, Zapatero se pone rápidamente a trabajar en la política exterior que va a adoptar su partido, con medidas que rompen abiertamente con la trayectoria que había llevado el PP hasta entonces. Su actividad en este campo se caracteriza por:

- **La retirada de las tropas españolas de Irak.** En su campaña electoral, Zapatero había prometido que si ganaba las elecciones retiraría las tropas de Irak a finales de junio de 2004, a menos que la ONU prestara su apoyo a la invasión. Esta era una promesa que conectaba con las preocupaciones de muchos españoles, que no deseaban formar parte del conflicto bélico. Tras su inesperada victoria en las elecciones, muchos dudaban de la capacidad del nuevo gobierno para mantener su promesa debido a la fuerte presión que ejercían EE UU y Gran Bretaña. Sin embargo, el PSOE cumplió su palabra y retiró las tropas españolas de Irak dos meses antes de lo que había anunciado, una vez que quedó claro que la ONU no iba a involucrarse en el conflicto iraquí. Esta medida creó una fuerte polémica, sobre todo fuera del país. Muchos comentaristas extranjeros opinaban que la retirada de las tropas equivalía a rendirse ante los terroristas, que habrían conseguido su objetivo con los atentados

de Madrid. Pero por otra parte, la retirada de las tropas ganó el respeto de los españoles y de muchos países de la UE, que también se encontraban en contra del conflicto bélico.

- **Cambio en la dirección de su política exterior.** La decisión de retirar las tropas de Irak rompió las buenas relaciones que se habían desarrollado entre España, EE UU y Gran Bretaña durante el gobierno del PP. El PSOE decidió reorientar sus alianzas hacia los países tradicionales, volviendo al eje UE-América Latina-Norte de África, que había sufrido un alejamiento de España con el gobierno anterior. Las relaciones con estos países se han visto muy mejoradas a través de conversaciones y viajes oficiales del presidente para estrechar lazos, como vemos a continuación:

— El primer viaje oficial de Zapatero como presidente fue a **Marruecos**, un país que había provocado fricciones con España, como los acontecimientos de la isla Perejil, y de donde procedían los terroristas implicados en los atentados del 11-M. Además de normalizar las relaciones entre los dos países, el objetivo de la visita era establecer una colaboración activa para combatir el terrorismo y la emigración ilegal.

— El PSOE también está desarrollando una política de mayor **acercamiento a la UE**, particularmente a Francia y

Reorientación de la política exterior. Visita oficial de Zapatero a Marruecos.

Alemania, países que se habían distanciado notablemente debido a sus diferencias en cuanto al apoyo de España a la guerra de Irak. Sin embargo, actualmente algunos sectores han mostrado una cierta preocupación por la creciente proximidad del gobierno español a estos dos países, y se pide al PSOE que mantenga su independencia tanto de EE UU como de los países fuertes de la UE.

— En cuanto a las **relaciones entre España y América Latina**, se aprecia un claro interés por parte de Zapatero en reforzar las relaciones con Brasil y con su presidente Lula, con el que comparte excelentes relaciones debido a la cercanía de sus ideas políticas. Brasil es un país que puede ofrecer grandes oportunidades para las empresas españolas debido a su enorme población (200 millones de habitantes) y el elevado potencial de desarrollo que presenta.

Las reformas sociales del PSOE

El PSOE ha puesto en marcha un ambicioso plan de reformas sociales de corte muy liberal, que constituye un proyecto al que el partido dedicó mucha energía en los primeros meses de gobierno. Entre los avances sociales que se han llevado adelante destacan los siguientes:

- **Lucha por la igualdad para las mujeres.** El PSOE se declara muy comprometido con mejorar el papel de la mujer en la sociedad y equipararlo al del hombre. Como ejemplo de esta postura, Zapatero ha creado un gabinete en el que 8 de sus 16 ministros son mujeres: un índice del 50%. Asimismo, por primera vez en la historia de España, la vicepresidenta, María Teresa Fernández de la Vega, es también una mujer. Una de las medidas tomadas en este ámbito es la renovación de la **ley de sucesión** de la monarquía: hasta el momento, la sucesión recaía sólo en los hombres. Tras esta enmienda, se contempla que el trono pueda ser heredado por una mujer. Otra iniciativa en el área de igualdad entre los sexos, y uno de los problemas más urgentes de resolver en este ámbito, es la escalada de la **violencia doméstica**, una lacra social que se cobró nada menos que 72 víctimas mortales en el año 2004. Para combatir este problema se ha aprobado la *Ley Integral contra la Violencia de Género*, una reforma legal que impone penas más fuertes para los agresores y ofrece más protección para las mujeres.
- **Propuesta de ampliación de la ley del aborto.** En la misma línea de reformas progresistas y defensoras de los derechos de la mujer se encuentra esta propuesta, que todavía no ha sido aprobada. En la actualidad, el aborto es legal en sólo tres casos: *a)* que el embarazo haya sido resultado de una violación, *b)* que el feto presente serias deficiencias físicas o psíquicas, y *c)* que la salud física o mental de la madre corra grave riesgo. Con el proyecto de ampliación de la ley, se haría legal un cuarto caso: que la madre decida interrumpir su embarazo por motivos personales, sin necesidad de contar

Gabinete de Zapatero con los Reyes.

con la aprobación de un médico. Si esta propuesta se legaliza, el aborto estaría despenalizado en España a todos los efectos. Además, está previsto que se ofrezca como una prestación más de la Seguridad Social, siendo por lo tanto gratuito.

- **La legalización de los matrimonios homosexuales** es uno de los recientes logros sociales del PSOE. Las repercusiones de esta ley son muy amplias y alcanzan a muchas facetas de la vida de los ciudadanos homosexuales: desde el régimen económico de la pareja a su acceso a ayudas para la vivienda familiar, pasando por los derechos a recibir pensión y herencias de sus cónyuges, y a adoptar hijos. Esta polémica ley, aprobada en junio del año 2005, convierte a España en una de las democracias más liberales del mundo y la sitúa en la vanguardia mundial en la lucha contra la discriminación por motivo de orientación sexual. Sin embargo, esta ley ha herido algunas sensibilidades por su carácter extremadamente liberal; en concreto, ha recibido numerosas críticas por parte de políticos conservadores y de la Iglesia católica, aunque según las encuestas la mayoría de la población muestra su apoyo.

Los colectivos gays se manifiestan en favor de la legalización de los matrimonios homosexuales.

- **Reforma de la Ley de Divorcio.** El PSOE pretende agilizar los trámites para facilitar un proceso de divorcio rápido y hacerlo lo menos desagradable posible para las familias implicadas. Con la nueva normativa, a partir de los tres meses de matrimonio las parejas podrán solicitar directamente el divorcio, sin recurrir a la fase previa de la separación como era obligatorio hasta ahora. Si la demanda de divorcio es de mutuo acuerdo, se estima que se puede completar en un plazo de dos meses; si la demanda es presentada por sólo un miembro de la pareja, se calcula que se puede completar el divorcio en seis meses. Con esta reforma se suprime además el requisito de presentación de motivos o de culpabilidad por parte de uno de los miembros del matrimonio, al entenderse que nadie debe verse legalmente obligado a convivir con su pareja si no lo desea. Otro punto interesante de esta nueva ley es que la **patria potestad** sobre los hijos es compartida por igual tanto por la madre como por el padre, excepto en casos de evidencia de violencia doméstica.

El carácter fuertemente liberal de las reformas del PSOE en materia social ha despertado un buen número de críticas de los sectores más conservadores de la sociedad. La Iglesia católica ha sido especialmente dura, a través de declaraciones a los medios de comunicación en los que muestra decepción y desacuerdo por el carácter cada vez más laico del gobierno del PSOE. A pesar de estos reproches, las reformas sociales del PSOE han contado con el apoyo de la mayoría de los españoles. Según varias encuestas, la ley contra la Violencia de Género y la Reforma del Divorcio cuentan con el apoyo de más del 71% de los españoles. Incluso la legalización del matrimonio entre personas del mismo sexo, que es la medida más polémica introducida hasta el momento, cuenta con el apoyo del 62%. Las encuestas parecen confirmar el imparable progreso social de la sociedad española, que se muestra cada vez más abierta y tolerante.

Otras iniciativas del PSOE

- El PSOE ha retomado el **diálogo con los nacionalistas** vascos y catalanes, con la intención de evitar los conflictos entre los gobiernos regionales y el central tan frecuentes del gobierno del PP. Zapatero adopta un tono menos agresivo y más conciliador con los partidos nacionalistas como el PNV y CiU, interpretando los nacionalismos como una característica que contribuye a hacer de España un país más variado y multicultural. Para demostrar su compromiso de diálogo con las regiones, Zapatero ha anunciado que reformará los estatutos de autonomía, aunque siempre dentro de los límites de la Constitución. Aunque esta nueva actitud parece que está empezando a dar fruto, es cierto también que las fuertes demandas nacionalistas, sobre todo las contenidas en el Plan Ibarretxe para el País Vasco, siguen incrementándose de manera preocupante. Su postura dialogante ha atraído críticas por parte de la oposición, que interpretan su actitud como «blanda». Por otro lado, hay que señalar que dentro del mismo PSOE se encuentran actitudes contradictorias de sus políticos en torno al tema: entre los que defienden la unidad del país y la solidaridad entre las regiones, y entre los que defienden los proyectos nacionalistas, como el presidente de la Generalitat de Cataluña, Pascual Maragall.
- **La imparcialidad de los medios de comunicación.** Como vimos en el tema anterior, una característica de los medios de comunicación públicos en España es su dependencia del partido que se encuentra en el poder, ya que el cargo de director general de Radio Televisión Española (RTVE) es una persona afín al partido, y es un puesto que se sustituye cada vez

que hay un cambio en el poder tras unas elecciones generales. Obviamente, este tipo de intervención del poder político en RTVE compromete la imparcialidad de este organismo. Una de las promesas electorales del PSOE fue hacer de RTVE un medio realmente imparcial, y para ello eligió a Carmen Caffarel, una catedrática universitaria independiente, como directora de la entidad. Sin embargo, las intenciones de imparcialidad del PSOE se pusieron en entredicho en febrero de 2005, tras un comunicado de los editores y directivos de los medios de comunicación privados más importantes del país. En este comunicado acusan al partido de mostrar favoritismo con ciertos grupos de prensa y de no expresar los planes para el sector con claridad y definición, generando preocupación entre los profesionales periodísticos.
- **El acceso a la vivienda.** Los elevadísimos precios de la vivienda ponen grandes obstáculos a los jóvenes españoles que quieren comprar su primer hogar, especialmente los que viven en grandes ciudades como Madrid o Barcelona. En la actualidad, las familias españolas tienen unos niveles muy elevados de deuda debido a esta situación. Para solucionar este problema, el PSOE planea poner en marcha un *Plan de Vivienda*, a través del que se ofrecerán una serie de ayudas económicas para facilitar la compra de una vivienda.
- **La reforma educativa.** El PSOE ha anunciado una Reforma Educativa dirigida al sector universitario, con la que el partido intenta corregir los defectos de la ley predecesora, la Ley Orgánica de Educación (LOU). El objetivo de esta reforma es crear un sistema universitario más moderno, que pueda garantizar una enseñanza de mayor calidad y que asegure la formación continua y las condiciones laborales de los profesores. En el año 2005, el PSOE aprobó un incremento de más del 7% en los presupuestos dedi-

El PSOE ha comenzado la construcción de viviendas económicas para jóvenes.

La reforma educativa permitirá que más jóvenes estudien en la universidad.

Actuaciones del PSOE en el terreno económico

Durante el primer año de su gobierno, la actividad del PSOE se centró en desarrollar sus proyectos políticos y sociales, en detrimento de los económicos. Pero lo cierto es que el aspecto económico era menos urgente, ya que el PSOE heredaba del PP un país con una economía estable tras el saneamiento introducido por su predecesor. De hecho, durante su primer año en el poder España experimentó un crecimiento del 2,7%. En febrero de 2005, Zapatero puso en marcha su *Plan de Dinamización* de la economía española, que contiene más de cien medidas para consolidar el buen funcionamiento de la economía, aumentar la productividad del país y mejorar el empleo. Algunas de las iniciativas más importantes que el gobierno ha llevado a cabo en el terreno económico son las siguientes:

- **Subida del Salario Medio Interprofesional.** El PSOE planea introducir una subida del salario mínimo, que sería revisado anualmente. Los empresarios han mostrado satisfacción con esta medida, pero no con la cláusula de revisión, alegando que una subida anual de los sala-

cados a la educación con respecto al gobierno anterior, con lo que se espera poder ofrecer más becas para los alumnos con rentas más bajas y, por otro lado, incentivar la investigación. La reforma, que entra en vigor en el curso 2006-2007, tiene como objetivo adicional rectificar el actual desequilibrio entre las carreras más estudiadas y la demanda laboral. En concreto, se pretende conseguir que un mayor número de alumnos se decante por carreras de Ciencias y Tecnología, y así cubrir las deficiencias del mercado por profesionales de estos campos.

La formación tecnológica mejora las posibilidades laborales de los parados españoles.

rios daría lugar a un aumento de la inflación y a otras consecuencias económicas negativas para el país.

- **Impulso de la iniciativa empresarial,** fomentando la creación de nuevas empresas y especialmente la inversión en Investigación y Desarrollo (I+D). El PSOE pretende cambiar el énfasis de la economía y dirigirla hacia el sector tecnológico, para solucionar las tradicionales deficiencias de las empresas españolas en ese ámbito.
- **Lucha contra el paro de larga duración.** Para ello, el PSOE ha introducido incentivos económicos para los ciudadanos que encuentren empleo tras largos periodos inactivos. En concreto, este tipo de parados recibirán una ayuda económica de 94 euros mensuales además del salario que perciban por su trabajo.

Conclusión

Como apuntamos al princicio de este capítulo, es difícil hacer una evaluación sustancial del gobierno del PSOE debido al poco tiempo que lleva al frente del país. De momento, el partido se ha mostrado muy activo en la primera etapa de su mandato. La avalancha de ambiciosas reformas sociales busca modificar la legislatura española y conectar con las inquietudes de la población. En estos momentos, se puede afirmar que España ha pasado a convertirse en un país con una de las legislaciones sociales más avanzadas del mundo. Sin embargo, aunque los logros en este campo son admirables sin lugar a dudas, hay otros aspectos que aún no han sido abordados con la urgencia que requieren. Por ejemplo, sería deseable ver un crecimiento en el presupuesto dedicado a prestaciones sociales y una cobertura más adecuada del subsidio de desempleo, de manera que el Estado asuma responsabilidades que hasta ahora recaen fuertemente en la institución de la familia, todavía muy fuerte en España.

Tras los logros que hemos mencionado en este capítulo, queda por ver si Zapatero podrá mantener la economía al mismo nivel que el gobierno anterior. Aunque España está desarrollando en estos momentos una trayectoria positiva, y las expectativas de crecimiento son favorables, existen una serie de riesgos que podrían hacer cambiar esta tendencia. Entre otras cosas, conviene saber cómo va a afrontar Zapatero las consecuencias que la ampliación de la UE supone para España, y cómo va a hacer frente a la creciente competencia que nuevas potencias mundiales como China están suponiendo para los productos españoles.

1 ¿Cuál es la diferencia principal entre Zapatero y Aznar en cuanto a sus personalidades políticas?

2 Resume muy brevemente los cambios que introdujo Zapatero en la política exterior del gobierno.

3 ¿De qué manera ha hecho claro el PSOE su compromiso con la lucha por la igualdad entre hombres y mujeres?

4 ¿Qué importancia tiene la *Ley Integral contra* la *Violencia de Género*?

5 ¿Cómo describirías las reformas sociales del PSOE?

6 Explica la actitud de Zapatero ante el problema regional.

7 ¿Cuáles son los objetivos de la reforma educativa introducida por el PSOE?

8 ¿Por qué el PSOE no centró su actividad en el ámbito económico durante el primer año de su legislatura?

PREGUNTAS PARA DESARROLLAR

a «La retirada de las tropas españolas de Irak fue un error porque lanza un mensaje de debilidad a los terroristas internacionales». Discute esta afirmación.

b ¿Qué opinas del interés y entusiasmo que el PSOE ha puesto en sus reformas sociales? ¿Cuál de estas reformas te parece más interesante, y por qué?

c Debate: ¿Es necesario, y correcto, que se legalicen los matrimonios homosexuales?

d Tarea de investigación: Busca información sobre la actuación del PSOE en torno al Plan Hidrológico Nacional (PHN). Escribe un pequeño informe con los datos que hayas averiguado.

GLOSARIO

Francia y Alemania: Dos de los países más fuertes de la UE, con los que el PP tuvo enfrentamientos debido a la guerra de Irak. Con el gobierno del PSOE, España está mostrando una actitud de acercamiento a estos países.

Paridad: Igualdad numérica entre hombres y mujeres en un contexto determinado.

RTVE: Ente estatal que agrupa la radio y televisión públicas en España.

Estatutos de Autonomía: Conjunto de leyes que rigen el funcionamiento de una Comunidad Autónoma. También incluyen derechos de las comunidades en cuanto a su financiación y gestión de servicios públicos, entre otras cosas.

Plan de Dinamización: Un total de más de 100 medidas económicas que el PSOE ha introducido para mejorar el funcionamiento de la economía española.

ACTIVIDADES DE INTERNET

1. Entrevista a José Luis Rodríguez Zapatero

http://www.plus.es/codigo/noticias/especiales/
videos.asp?id=345511&video=347464

Aquí puedes encontrar una lista de vídeos sobre las elecciones de 2004. El vídeo n° 11 recoge una entrevista hecha a Zapatero antes de las elecciones. Dura unos cinco minutos: escúchala y toma nota de los puntos principales que se tratan.

2. Promesas electorales del PSOE

http://www.elmundo.es/elmundo/2004/03/15/enespecial/
1079307927.html

En esta página podrás encontrar las promesas electorales que hizo Zapatero antes de las elecciones del 14-M. ¿Cuáles de estas promesas ha cumplido, según la información que has leído en el libro?

3. Retirada de las tropas españolas de Irak

http://www.plus.es/codigo/noticias/ficha_noticia.asp?id=378668

Escucha las explicaciones que da Zapatero sobre su decisión de retirar las tropas españolas de Irak y resúmelas en un informe escrito en tu idioma.

4. El 11-M, un año después

http://news.bbc.co.uk/hi/spanish/specials/2005/
madrid_1anio/#1

En esta página encontrarás mucha información sobre los atentados y las investigaciones un año después de los hechos. Explora esta página con un compañero y haz una pequeña redacción con tus impresiones sobre la información que hayas leído.

5. Fonoteca de Cadena Ser (emisora de radio española)

http://www.cadenaser.com/fonoteca/

En la parte de arriba de esta página verás un buscador de noticias de esta emisora de radio. Busca las noticias más recientes relacionadas con el PSOE y toma nota de ellas, para después discutirlas en clase con tus compañeros.

COMENTARIO DE TEXTO 1

Antes de leer el texto, busca en el diccionario el significado de las siguientes expresiones:

Derrota: _____   Tirar la toalla: _____

Hacer concesiones: _____   Hacer balance: _____

Tomar nota: _____

Aznar considera un «grave error» que Zapatero quiera retirar las tropas españolas de Irak

MADRID.- El presidente del Gobierno en funciones, José María Aznar, ha hablado por primera vez tras los atentados del 11-M y la derrota electoral de su partido. Aznar espera que la posición de España frente al terrorismo «sea sólida» porque, en su opinión, «no es haciendo concesiones como se gana al terror».

En una entrevista concedida a Telecinco, Aznar ha calificado de «grave error» la promesa de José Luis Rodríguez Zapatero de retirar las tropas españolas de Irak. Según Aznar, se trata de un «error» porque «envía un mensaje de debilidad a los terroristas que no beneficia a nuestra seguridad y debilita la coalición internacional que lucha contra el terrorismo».

Para Aznar, «se ha tomado muy buena nota» de lo que significa el anuncio de retirada de las tropas españolas por parte de «los que se pueden beneficiar del terror o los propios terroristas».

«En la lucha contra el terrorismo, lo que no se puede hacer es tirar la toalla», ha subrayado Aznar. Según el presidente en funciones, Zapatero tiene que saber «qué quiere hacer con las tropas» y qué papel quiere que desempeñe la ONU.

Además de valorar la primera gran decisión anunciada por el Gobierno de Zapatero, Aznar ha hecho balance de los días transcurridos entre los atentados del 11-M y las elecciones del día 14.

En cuanto al resultado electoral, Aznar ha insistido en que «los españoles votan lo que quieren» y en que los resultados «son legítimos y como tal hay que respetarlos». Si bien ha reconocido que tal vez los atentados «han tenido algo que ver en el resultado electoral», Aznar no ha querido valorar cuánto.

El Mundo (23 de marzo de 2004).

Preguntas sobre el texto

1. ¿A qué se refiere Aznar con sus palabras: «no es haciendo concesiones como se gana al terror»?

2. ¿Por qué cree Aznar que la retirada de las tropas de Irak es un error?

3. ¿Qué opina de los resultados de las elecciones del 14 de marzo de 2004?

4. ¿Cual es tu opinión personal con respecto a este tema?

COMENTARIO DE TEXTO 2

Antes de leer el texto, busca en el diccionario el significado de las siguientes expresiones:

Difundir: _____   Prescindir: _____

Laicismo: _____   Acorde a: _____

Encabezar: _____   Apreciaciones: _____

Prelado: _____   Imputar: _____

Cargar contra: _____   Jerarca: _____

Ceder: _____

El Papa critica las reformas sociales de Zapatero

20 MINUTOS. 25.01.2005

«En España se va difundiendo una mentalidad inspirada en el laicismo, que lleva a la restricción de la libertad religiosa hasta promover un desprecio de lo religioso.» Esta denuncia fue realizada ayer por Juan Pablo II durante una reunión en el Vaticano con obispos españoles, encabezados por el presidente de la Conferencia Episcopal, Antonio María Rouco Varela.

Los prelados españoles se encuentran en Roma en visita *ad limina*: la que están obligados a realizar al Papa todos los prelados cada cinco años. Durante el encuentro, el Papa cargó contra las reformas sociales del Gobierno que preside José Luis Rodríguez Zapatero. Volvió a criticar el matrimonio homosexual y el aborto. Además, tras la polémica por el uso del preservativo, pidió de nuevo «respeto de la vida desde el momento de la concepción hasta la muerte natural». «La impronta que la fe católica ha dejado en España es muy profunda para que se ceda a la tentación de silenciarla.»

La educación, clave

Los jóvenes españoles crecen influidos por «la ignorancia de la tradición cristiana y expuestos a la tentación de una permisividad moral». «La educación integral de los jóvenes no puede prescindir de la enseñanza religiosa en la escuela, cuando lo pidan los padres, con una valoración académica acorde a su importancia.»

Bono pide autocrítica a la Iglesia en lugar de acusar al Gobierno

20 MINUTOS, 25.01.2005

El ministro de Defensa, José Bono, dijo el martes que la Iglesia católica debería realizar un ejercicio de autocrítica para analizar las causas del laicismo, un día después de que el Papa dijera que España está sufriendo una actitud de creciente indiferencia religiosa que ponía en peligro su identidad.

«Para mí el Papa es un referente moral (...) aunque en esas apreciaciones estoy radicalmente en contra de lo que dice el Papa, sencillamente porque la fe no es algo que pueda imponer el Gobierno, la fe no es algo que pertenezca al Estado, pertenece a las personas», dijo Bono en Telecinco. (...)

«No se le puede pedir al Gobierno de España ni se le puede imputar ser la causa del laicismo, quizás la iglesia jerárquica debería pensar si no tienen ellos también algo de culpa en que haya un cierto apartamiento de la fe cristiana», declaró Bono.

El ministro aludió a las posiciones de la Iglesia sobre la homosexualidad o al llamamiento a la abstinencia y la fidelidad como las mejoras defensas contra el sida, en lugar del uso del preservativo.

«Algunos jerarcas de la Iglesia católica deberían pensar si sus actitudes excesivamente antiguas no hacen que la gente se aleje (...) convendría hacer un poco de autocrítica (...) y no estar permanentemente mirando al sexo», añadió.

Las relaciones entre la Iglesia y el Gobierno se han tensado desde la llegada al poder de los socialistas en marzo del año pasado.

Preguntas sobre el texto

1. ¿A qué se refiere el Papa con la acusación de que el PSOE difunde el «laicismo»?

2. ¿Qué responde Bono de esta acusación?

3. ¿Qué aspectos particulares critica el Papa de las reformas del PSOE?

4. ¿Qué opina Bono de las críticas de la Iglesia en cuanto a moralidad sexual?

5. ¿Qué recomienda Bono a la Iglesia católica?

Entrevista de Rodríguez Zapatero con el papa Juan Pablo II.

SECCIÓN II

La economía española por sectores

El sector público

Como sucede en todos los países occidentales, la economía española posee un sector privado y un sector público. El sector privado está formado por empresas cuyas actividades empresariales tienen por objetivo lograr beneficios para sus propietarios o inversores. Por el contrario, en las empresas o instituciones del sector público los beneficios no siempre son prioritarios: estas instituciones pueden realizar sus operaciones prescindiendo, hasta cierto punto, del criterio de rentabilidad. A través de estas empresas los gobiernos pueden proporcionar a los ciudadanos servicios necesarios, aunque no sean siempre rentables. Las instituciones públicas se dividen en dos tipos principales:

- Las compañías empresariales estatales.
- Las instituciones que forman parte del llamado «estado de bienestar»; es decir, los hospitales públicos, los centros educativos estatales o los servicios sociales.

Transformación del sector público español

El sector público, al estar ligado al Estado, se ve fuertemente afectado por la situación política del país. En el caso de España, las empresas estatales han experimentado una enorme transformación en los últimos 30 años. Esto se debe a los cambios provocados por el fin de la dictadura y la restauración de la democracia en un primer lugar, y más recientemente debido a la entrada de España en la UE y la globalización de los mercados mundiales. La **trayectoria del sector público** español en los años recientes ha tendido hacia la modernización de sus empresas, que se han saneado, y cuya rentabilidad en general ha mejorado, facilitando con ello el desarrollo económico del país. Esta modernización se ha conseguido en gran medida a través de una fuerte reducción del número de empresas públicas por medio de sucesivas privatizaciones. A continuación veremos las **etapas de la evolución del sector**:

- Durante el **periodo (1939-59)** el sector público español experimenta una fuerte expansión debido a la política de autarquía y autosuficiencia adoptada por la dictadura. En 1941 se crea el *Instituto Nacional de Industria* (INI), inspirado en la equivalente institución italiana llamada IRI, un organismo estatal dedicado a impulsar la débil economía de la época. El

El carácter público de la Sanidad es uno de los pilares fundamentales sobre los que se apoya el llamado «Estado de bienestar».

INI opera a dos niveles: por un lado, nacionaliza algunas empresas de importancia estratégica como RENFE, y por otro lado, crea un gran número de grandes empresas públicas en sectores industriales claves para el desarrollo industrial, donde no existe iniciativa privada. Ejemplos de estos sectores son el energético (con empresas como Endesa), siderúrgico (Ensidesa), automóviles (SEAT, Pegaso), construcción naval (Bazán) o transporte (Iberia, Aviaco). La gestión de estas empresas se caracteriza por:

— Un **exceso de intervencionismo por parte del Estado**, que limita el funcionamiento de sus empresas públicas a través de una estricta política regulatoria.

— La existencia de **numerosas subvenciones estatales** a las empresas no rentables, que ayuda a que se mantengan a flote. Como contrapartida, este intervencionismo económico genera un enorme aumento del gasto público.

— Estas ayudas económicas tienen el efecto negativo adicional de **debilitar la mentalidad productiva del sector**. Las empresas públicas no tienen la necesidad imperiosa de conseguir niveles de rentabilidad óptimos,

ya que tienen su financiación asegurada a través del Estado. Por lo tanto, muchas de ellas no hacen esfuerzos suficientes por ser rentables.

Aunque la actividad del INI no mejoró la rentabilidad del sector público español, tuvo el efecto positivo de generar una gran cantidad de empleo y crear un amplio sector industrial que antes no existía. Muchas de las empresas fundadas por el INI sobreviven en la actualidad, aunque un gran número de ellas se han privatizado recientemente.

• **A partir de 1959,** España entra en un periodo de expansión económica: el gobierno franquista adopta una política cada vez más aperturista, favoreciendo gradualmente la integración de la economía española en el sistema económico internacional. En esta época, el Estado reduce ligeramente su intervencionismo en el sector público, aunque siguen manteniéndose fuertes barreras arancelarias para evitar la entrada masiva de productos y empresas extranjeras. A pesar de que esta etapa supuso el principio de una tendencia expansiva para la economía del país, el desarrollo podría haber sido más intenso con una política aún más aperturista, en la que la inversión exterior no fuera vigilada y regulada tan estrechamente.

- **Los años 70 y principios de los 80** vienen marcados por la inestabilidad económica provocada por la crisis del petróleo. Esta crisis dio lugar a un intenso déficit público y una fuerte subida de la inflación, muy difícil de controlar. Para hacer frente a esta situación, a partir de 1983 se comienzan a adoptar medidas para modernizar el sector público español y hacerlo más rentable. Por otro lado, en preparación a la entrada en la Comunidad Europea, se introducen medidas como la liberalización de los mercados financieros o la reducción de los aranceles, con lo que tanto las empresas privadas como las públicas comienzan a modernizarse en previsión de la entrada de una fuerte competencia extranjera.

- A partir de la **integración de España en la UE** (1986), el sector público consigue adaptarse al entorno europeo, permitiendo que la economía española se acerque a la de los países más avanzados. Para poder cumplir los criterios de convergencia, el sector público tuvo que cambiar de manera drástica. Fue necesario iniciar un proceso de liberalización general de la economía, que vio entrar muchas empresas extranjeras en España. Otra característica de esta época es el alto número de privatizaciones llevadas a cabo: se eliminaron los antiguos monopolios públicos como Telefónica o CAMPSA, para dar paso a la competencia, y se privatizaron también otras grandes empresas públicas como Iberia o Tabacalera. Este programa de liberalización del mercado ha conseguido dos objetivos fundamentales:

  — permitir al país deshacerse de los enormes gastos públicos que creaban las empresas menos rentables del sector;
  — ofrecer productos de mejor precio y calidad, y un servicio más cuidado para el consumidor.

La fiebre de las privatizaciones

La política privatizadora de los últimos 20 años en España viene influenciada por el hecho de pertenecer a la UE. Tras la entrada del país en la Comunidad era prioritario lograr una modernización satisfactoria de la econo-

Repsol es un ejemplo de empresa pública recientemente privatizada.

mía; más adelante, con los requisitos de acceso al euro estipulados en el *Tratado de Maastricht*, fue necesario disminuir el déficit público. Como vimos en el apartado anterior, el alto nivel de déficit español estaba provocado, en gran medida, por una serie de grandes empresas públicas no rentables que generaban pérdidas millonarias para el país. Un paso inevitable fue reconvertir estas empresas, o privatizarlas, para liberar al Estado español del gasto que suponía mantenerlas. Además de reducir el déficit del país, la venta de estas empresas ha generado enormes beneficios para España; en concreto, casi 30.000 millones de euros desde 1982.

- Durante el **mandato del PSOE (1982-1996)** se produjeron las primeras privatizaciones, que fueron de dos tipos. En un primer momento se privatizaron grandes empresas con enormes pérdidas que el Estado era incapaz de mantener a flote, como SEAT y ENASA. A partir de 1988 se inició un tipo diferente de privatizaciones, las de las grandes empresas rentables y con beneficios, que generalmente eran monopolios estatales. Para venderlas se solía utilizar las OPV (Oferta Pública de Venta), es decir, se ponían a la venta acciones de estas empresas al público en general. En estos años el Estado nunca perdió el control de estas compañías, ya que se reservaba un porcentaje de sus acciones, lo suficiente para poder seguir manteniendo un cierto grado de influencia sobre las decisiones de la empresa. Por tanto, las privatizaciones de esta etapa no fueron totales, ya que la gestión de las empresas seguía, al fin y al cabo, en manos públicas. En total se realizaron 66 OPVs de empresas públicas entre 1982 y 1996.
- El resto de las privatizaciones tuvo lugar durante el **mandato del PP (1996-2004)**. Al mes siguiente de que el PP tomara el poder, el presidente Aznar anunció su intención de llevar a cabo un extenso programa de privatizaciones. Este programa supone una importante diferencia con el periodo anterior: antes la privatización se hacía en casos de empresas concretas para las que se creía que la privatización sería beneficiosa, pero a partir de 1996 se privatizan la mayoría de las compañías estatales de manera general. En esto Aznar seguía la tendencia mundial, y en concreto de la UE, que fomenta la liberalización de los mercados. La política de privatizaciones del PP tiene dos características básicas:

— **Afecta a la gran mayoría de empresas que posee el Estado**, excepto las que proporcionan servicios públicos básicos (sanidad, educación, etc.). Hay algunas excepciones, por ejemplo la empresa minera HUNOSA, que a pesar de sus grandes pérdidas se mantiene como empresa pública. Este caso particular se debe al gran número de puestos de trabajo que proporciona en zonas económicamente deprimidas, y por miedo al fuerte descontento social que su privatización, con la consiguiente reconversión que implicaría, pudiera provocar.

— **Se vende el 100% del capital** de la empresa. Por tanto, el Estado se desprende totalmente del control de la gestión, a diferencia de lo que hacía el gobierno del PSOE.

El gobierno de Aznar percibía su política de privatizaciones como un instrumento más de política económica para liberalizar la economía española, buscando que esta liberalización del mercado la hiciera más eficiente y competitiva. En este periodo de menos de ocho años el Estado vendió un total de 48 empresas, entre las que se encuentran las privatizaciones más conocidas: Gas Natural, Telefónica, Repsol, Endesa, Argentaria, Tabacalera, Red Eléctrica Española, Iberia y otras muchas.

Efectos de las privatizaciones

Ventajas:

1. Tras la privatización de las empresas, se mejora la economía del país gracias a la disminución de gastos del Estado y el aumento de sus ingresos a través de la venta de sus empresas públicas. De esta manera, se pudo reorientar el presupuesto nacional a la seguridad, salud o educación.

2. La administración de las empresas privatizadas mejora de manera notable: sus objetivos ya no pueden alterarse para satisfacer intereses políticos, algo que sucedía con las empresas públicas.

3. Las compañías privatizadas adoptan una mentalidad más empresarial para garantizar la obtención de beneficios y optimizar su eficiencia y competitividad en el mercado.

Desventajas:

1. Desaparece la función social de las empresas: su prioridad se convierte en generar rentabilidad en vez de ofrecer un servicio a los ciudadanos.

2. Debido a la extraordinaria velocidad de las privatizaciones, no se ha dado tiempo a la liberalización efectiva del mercado. Por tanto, las antiguas empresas públicas que tenían el monopolio de un producto se han convertido en monopolios privados de hecho. Como consecuencia, a) el consumidor no se beneficia porque no hay una competencia real para estas empresas que les obligue a bajar sus precios, y b) los beneficios conseguidos por estas empresas no pasan al Estado, sino al inversor privado.

3. No todas las empresas públicas se han privatizado. En general, el gobierno ha saneado primero (con los gastos que esto implica) y después vendido las empresas con más potencial para generar ingresos. Pero todavía mantiene empresas que generan elevadas deudas, como HUNOSA.

El ejemplo de la liberalización del mercado energético

El mercado energético está formado por los siguientes sectores: electricidad, gas, productos derivados del petróleo, energía nuclear y energías renovables. En España, el mercado de la energía estaba tradicionalmente dominado por monopolios estatales, como Endesa o CAMPSA, que se han privatizado y liberalizado en los últimos años. La liberalización de este sector responde a la **política energética de la UE**, que busca abrir el mercado a la competencia para conseguir mejorar las condiciones del consumidor. Con la apertura del mercado, **se han eliminado los monopolios públicos**, se han privatizado las empresas, y se ha permitido la aparición de nuevas compañías privadas que compiten ferozmente entre sí.

El objetivo de las empresas del sector, algunas de ellas gigantes como Iberdrola, Gas Natural o Repsol, es retener clientes y consolidar su posición entre los consumidores. Pero en un mercado cada vez más competitivo, las empresas energéticas se ven obligadas a diferenciarse: algo difícil en este sector concreto debido a que los productos que se comercializan, como la electricidad o el gas, son productos de por sí indiferenciados. Para hacerse con un hueco en el mercado, las compañías han transformado su estrategia empresarial, mejorando sus servicios al cliente, su relación con el mismo y expandiendo su gama de productos dentro de lo posible. Por lo tanto, la li-

La mayoría de las empresas eléctricas españolas son ahora privadas.

beralización del sector y el consiguiente aumento de la competencia tienen las siguientes **ventajas para el consumidor**:

- Podrá elegir el proveedor de gas y electricidad que desee.
- El aumento de empresas dentro del sector dará lugar a una reducción de precios.
- El mercado energético se adaptará a la demanda y a las necesidades de los consumidores.
- La competencia en el sector dará lugar a una mejora de la calidad y del servicio al consumidor.
- Siguiendo las normativas europeas, y conectando con la preocupación del público por la ecología, las empresas energéticas deberán minimizar su impacto en el medio ambiente.

La normativa de la UE dicta que la liberalización total del mercado en todos los países comunitarios debe hacerse efectiva antes de julio de 2007. Sin embargo, España se adelantó a este plazo y **se liberó el mercado en enero de 2003**. Desde entonces, los españoles pueden elegir el suministrador energético que prefieran, independientemente del consumo que realicen o de la zona geográfica donde residan.

El transporte ferroviario: un sector en manos del Estado

El transporte ferroviario es **uno de los pocos sectores que siguen siendo públicos** en la actualidad, aunque es muy probable que se privatice en un futuro no muy lejano debido a la política de liberalización de la UE en el área de transporte. De hecho, se ha producido una tímida apertura en el sector de *transporte de mercancías* por ferrocarril, que ya está abierto a la competencia, pero el transporte de viajeros no se liberalizará hasta el año 2010. La principal empresa ferroviaria española es RENFE (Red Nacional de Ferrocarril), aunque hay otras empresas públicas ferroviarias de menor tamaño y alcance regional, como FEVE.

El buen comportamiento de la economía española en los últimos años ha tenido como resultado un robusto crecimiento en la demanda de infraestructuras de transporte, que ha dado lugar a un **incremento de los planes de inversión**. Desde 1996, con la llegada del PP al gobierno, el Estado español ha dedicado un gran esfuerzo a actualizar la red ferroviaria, mediante la creciente inversión en la construcción de nuevas rutas, la modernización del servicio actual y la expansión de las redes de cercanías que circundan las grandes ciudades. España es hoy uno de los países de la Unión Europea más activos en lo que se refiere a la política ferroviaria.

Otra razón que explica los ajustes y reformas que se pusieron en marcha en estos años es la necesidad de cumplir los **criterios de convergencia** económica de la Unión Europea, que tienen por intención igualar el nivel de vida y de desarrollo entre los países comunitarios. Para ello, entre los años 2000-2007 se ha llevado a cabo el *Plan de Estructuras Ferroviario*, una gran inversión para modernizar el transporte por ferrocarril, y que dotará a España de una gran red de 7.200 km de alta velocidad. La modernización es una necesidad imperiosa en España, porque aunque es cierto que las recientes inversiones han traído tecnología puntera al sector, es cierto también que muchas rutas regionales están servidas por trenes anticuados, de velocidad limitada y con múltiples paradas, alargando la duración del viaje entre ciertas provincias de manera innecesaria. El objetivo de este plan es hacer del tren un medio de transporte moderno y eficiente, y conseguir las siguientes finalidades:

- **Incrementar el uso del tren** con respecto a otros modos de transporte. Con la mejora de los servicios de viajeros se prevé elevar la cuota actual del mercado de un 11% a un 30%. Para el año 2007 se espera alcanzar la cifra de 68 millones de pasajeros al año. En el año 2000, la cifra total estaba en torno a los 24 millones de viajeros anuales.

El Talgo 350 alcanza una velocidad de 350 km/h.

- **Mejorar la eficiencia y los servicios del ferrocarril.** Los actuales tiempos de recorrido se reducirán de forma muy notable: todas las capitales españolas quedarán a menos de 4 horas de Madrid y a un máximo de 6 horas y media de Barcelona. Para ello es necesario renovar al menos el 60% de la red ferroviaria, donde la velocidad no supera los 140 km/h.
- **Impulsar la rentabilidad de la explotación ferroviaria,** que pasaría en unos años de tener pérdidas a tener beneficios. A través de este plan se esperan alcanzar unos beneficios importantes, que podrían reinvertirse en el mantenimiento de la infraestructura y en la financiación de los gastos de expansión de la línea ferroviaria.

Los trenes de alta velocidad en España

España ha producido una fuerte apuesta por la gran velocidad para poner el tren español a nivel europeo. El desarrollo de la gran velocidad en España se inició con mucho retraso, con lo que actualmente el país aún sufre un fuerte desfase respecto al servicio equivalente en Europa, estando a gran distancia de otros países de la UE y sobre todo con su vecina Francia. Los proyectos de alta velocidad tienen como objetivo solucionar este problema.

En la actualidad, España dispone de dos tipos de trenes de gran velocidad: el **Euromed**, que recorre la costa mediterránea y alcanza los 220 km/h, y el **AVE**, que conecta Sevilla con Madrid y el noreste peninsular, capaz de sobrepasar los 300 km/h. Estos trenes ofrecen un servicio moderno de gran rapidez y eficiencia. Los trenes de alta velocidad española, a pesar del pequeño número de rutas que cubren y su escasa infraestructura, están consi-

derados como los mejores en Europa en cuanto a su servicio.

Euromed: Es un tren de grandes prestaciones que cubre el recorrido de la costa este española, entre Barcelona y Alicante. Aunque es un tren rápido, su velocidad de 220 km/h no lo pone en la misma categoría que la Alta Velocidad del AVE y de otros trenes europeos. Sin embargo, ofrece un servicio frecuente, cuidado y relativamente rápido, por lo que se considera uno de los grandes trenes españoles de la actualidad.

AVE: En octubre de 1986 se decide construir una ruta de alta velocidad ferroviaria para conectar Madrid y Andalucía, con planes de extenderse más adelante hasta otras ciudades importantes como Barcelona y Valencia.

El AVE unirá todas las capitales de provincia españolas.

Mapa con las líneas del AVE.

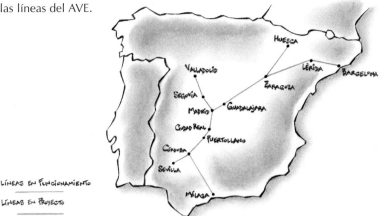

LÍNEAS EN FUNCIONAMIENTO

LÍNEAS EN PROYECTO

Desde el principio se decidió adoptar el ancho de vía europeo y no el tradicional de RENFE (más estrecho que el resto de Europa), ya con vistas a enlazar las rutas españolas con el resto de vías europeas. La velocidad máxima del AVE español es de 300 km/h, aunque gran parte de su recorrido lo hace a 270 debido al difícil relieve geográfico español. El 21 de abril de 1992 marcó el inicio de la explotación comercial del AVE con la ruta Madrid-Sevilla, con motivo de la inauguración de la Expo92, la Exposición Internacional de Sevilla. Actualmente, el AVE se ha extendido hacia el noreste peninsular y tiene las siguientes rutas.

TALGO 350: Actualmente, este proyecto de Talgo se encuentra en fase experimental. El Talgo 350, como su nombre indica, viaja a una velocidad de 350 km/h, aunque se cree que puede alcanzar los 385. Este tren puede circular tanto por la vía exclusiva del AVE como por las vías tradicionales españolas.

El único inconveniente obvio del ferrocarril de alta velocidad española es que **el precio de sus billetes resulta muy elevado** para el ciudadano medio español. Debido a eso, el tipo de clientes principales en trenes como el AVE suelen ser personas en viajes de negocios. La mayoría de los particulares opta por utilizar su coche particular en vista de estos precios, con lo cual se produce una pérdida importante de clientes y no se consigue el objetivo de impulsar el trasporte público frente al privado.

El futuro: Proyecto Europeo para el Tren de Gran Velocidad 2010-2020

Como hemos visto anteriormente, para el futuro se proyecta un ambicioso plan de expansión de la Alta Velocidad, basado en la creación de cinco grandes rutas que conectarán todas las capitales de provincia españolas en cuestión de horas, y que a su vez unirán estas ciudades a Francia y a Portugal. Este proyecto cuenta con el apoyo de la UE, y pretende facilitar la fluidez de comunicaciones entre los diferentes países europeos.

La Unión Europea tiene previsto invertir unos 15 millones de euros entre 2010 y el 2020 en la construcción de vías férreas de gran velocidad. El objetivo de este esperado plan es:

- conectar las capitales europeas a través de un servicio ferroviario rápido, eficaz y ecológico.
- reducir el tráfico de la saturadísima red de autopistas europeas.

Se construirán un total de 70.000 km de vías, de las cuales unos 22.000 km serán rutas europeas de gran velocidad. Este proyecto pondrá en marcha la liberalización del sector ferroviario (actualmente un sector público en España), con la consiguiente llegada de nuevos operadores y la creación de nuevas infraestructuras para interconectar las redes de transporte.

PREGUNTAS SOBRE EL TEMA 8

1 Define cuáles son las prioridades de las empresas públicas.

2 ¿En qué consistía el intervencionismo estatal propio de la dictadura?

3 ¿Por qué se dice que el intervencionismo tuvo un impacto negativo en el sector público?

4 ¿De qué manera afectó al sector público del país la entrada de España en la UE?

5 ¿En qué se diferencian las privatizaciones iniciadas por el PSOE de las iniciadas por el PP?

6 ¿De qué manera se vieron afectados los antiguos monopolios energéticos tras el proceso de liberalización?

7 ¿Es el sector ferroviario español totalmente público en estos momentos? ¿Qué tendencia se espera para el futuro?

8 ¿De qué manera el hecho de que España forme parte de la UE ha afectado al desarrollo del sector ferroviario?

9 ¿Por qué el *Plan de Estructuras Ferroviarias* es tan necesario para España?

10 ¿Está la Alta Velocidad española al mismo nivel que la europea?

PREGUNTAS PARA DESARROLLAR

a ¿Crees que las privatizaciones han sido positivas para el desarrollo de España?

b ¿Qué sabes del *Plan de Estructuras Ferroviarias* 2000-2007?

c Tarea de investigación: Averigua qué es la SEPI y haz un pequeño informe sobre esta sociedad. La siguiente página web puede ayudarte:

http://www.sepi.es/default.aspx?cmd=0001&IdContainer=5

GLOSARIO

INI: Organismo público que agrupaba las empresas públicas españolas, supervisándolas y ofreciendo apoyo económico en caso necesario. Se creó en 1941 y desapareció en 1995.

Subvenciones: Ayudas económicas que el gobierno ofrece a ciertos sectores económicos en crisis.

Liberalización: Apertura de un determinado sector económico a la competencia general.

Privatizaciones: Proceso de venta de las empresas públicas españolas, que generó grandes ingresos para el país y ayudó a reducir el déficit público.

ACTIVIDADES DE INTERNET

1. La crisis de Izar

http://www.lavozdegalicia.es/especiales/2004/izar/index.jsp

Izar es la empresa de astilleros públicos españoles. Utiliza la información del especial de *La Voz de Galicia* sobre este tema y escribe un informe sobre la situación del sector naval público en España.

2. Los trenes de alta velocidad

http://www.altavelocidad.org

Esta página incluye información sobre los trenes de alta velocidad en España. Puedes hacer dos tareas:

a) En la barra de la izquierda, haz clic en *la definición*. En grupos de tres, tenéis que leer tres preguntas y respuestas cada uno. Cuando terminéis, poned la información en común oralmente.

b) Vuelve a la barra de la izquierda, y haz clic en la sección *la ecología*. Lee esta información y resume muy brevemente qué impacto ecológico tienen los trenes de alta velocidad en España.

3. Liberalización del mercado energético

http://www.endesaonline.com/Canal_Comercial/portada.asp?url=/

Esta es la página web de Endesa, una empresa de origen público que se ha privatizado recientemente. En la columna de la izquierda, haz clic en «¿Te conviene el mercado liberalizado?». Haz un informe sobre las consecuencias de la liberalización del mercado energético para el consumidor español.

4. Fonoteca de la Cadena Ser

http://www.cadenaser.com/fonoteca/

Utiliza el buscador de esta página web para encontrar noticias relacionadas con el sector público español.

COMENTARIO DE TEXTO 1

Antes de leer el texto, busca en el diccionario el significado de las siguientes palabras:

Asegurar: _____   Activos: _____

Logotipo: _____   Plantilla: _____

Con vistas a: _____   Jurídico: _____

Otorgar: _____   Implantar: _____

Tasa: _____   Adjudicación: _____

Fomento garantiza que Renfe no se privatizará con la liberalización
El País, 14-12-04

La ministra de Fomento, Magdalena Álvarez, aseguró ayer que la liberalización del sector ferroviario y la entrada de la competencia privada, que se iniciará el 1 de enero próximo, no supondrá en ningún caso abrir la puerta a la privatización de Renfe. La empresa, que presentó el nuevo logotipo que lucirá como empresa de transporte, invertirá 2.500 millones de euros en los próximos cuatro años en la compra de trenes.

Tiempos de modernización, pero no de privatización. Ese es el mensaje que quiso lanzar ayer la ministra de Fomento ante los principales ejecutivos de Renfe, reunidos en Madrid con motivo de la XIII Convención de Calidad de la Empresa. «Apostamos por un ferrocarril público y de calidad», indicó la ministra, que defendió el proceso que se ha llevado a cabo para preparar a la compañía con vistas al nuevo escenario de un mercado en competencia, basado en dos empresas públicas: el Administrador de Infraestructuras Ferroviarias (Adif) y la nueva Renfe operadora.

A partir del 1 de enero, el Adif estará encargado de la construcción y mantenimiento de las líneas y de las estaciones, y también de la gestión del tráfico ferroviario, otorgando los permisos de ocupación de la vía a las diferentes empresas que deberán pagar una tasa por el uso de las mismas. Renfe operadora se convertirá en una mera empresa de transporte de viajeros y mercancías.

Para ello, será preciso reasignar los activos y el personal que se destinarán a una y otra empresa. En principio se estima que el Adif asuma hasta la mitad de la plantilla y activos por 7.000 millones de euros. De aquí al 1 de enero, el Gobierno debe aprobar aún los reglamentos de desarrollo de la Ley del Sector Ferroviario y los estatutos jurídicos de las dos empresas. La liberalización se realizará en varias fases, de acuerdo al calendario marcado por Bruselas. El 1 de enero se liberalizará el transporte de mercancías. Renfe no entrará a competir con otras compañías para transportar viajeros en algunas líneas hasta enero de 2008. Todos los mercados deben estar completamente liberalizados en 2010.

Por lo pronto, Renfe ya tiene nuevo logotipo: el nombre en minúsculas en color malva. Se abandona el símbolo del cruce de vías que, con algunas modificaciones, llevaba implantado desde 1971. El coste del diseño del nuevo logo ha sido de 29.400 millones, y su implantación costará 180.000 euros. El presidente de Renfe, José Salgueiro, anunció que la empresa invertirá 2.500 millones en compra de trenes en los próximos cuatro años. Por su parte, Antonio González Marín, que asumirá la presidencia de Adif, indicó que aumentarán los controles en las adjudicaciones de líneas de AVE.

Preguntas sobre el texto

1. ¿Cuáles son los planes para Renfe a partir del 1 de enero, según el primer párrafo?

2. ¿Por qué es necesario mejorar la calidad del ferrocarril, según la ministra de Fomento?

3. ¿Qué es el Adif, y de qué manera va a transformar las competencias de Renfe?

4. ¿Qué impacto va a tener el Adif en el personal de transporte ferroviario?

5. ¿Qué sabes del proceso de liberalización del transporte por ferrocarril?

6. ¿De qué manera se ha modernizado Renfe, según el último párrafo?

COMENTARIO DE TEXTO 2

Antes de leer el texto, busca en el diccionario el significado de las siguientes palabras:

Despilfarrar: _____

Contribuyentes: _____

Disparate: _____

Poner el grito en el cielo: _____

Excluyente: _____

Sabio: _____

Ejecución: _____

Endeudamiento: _____

Contención: _____

Ajuste o privatización
El País, Opinión, 11-05-2004

La televisión pública española se ha comportado hasta el momento como una máquina de despilfarrar dinero de los contribuyentes, hasta acumular una deuda de 6.600 millones de euros, y de competir de forma impropia con las televisiones privadas en captación de publicidad. En términos de modelo, se ha convertido en un disparate: dinero público garantizado y, al mismo tiempo, una insana avidez por captar publicidad que, como consecuencia indeseada, ha sumergido sus contenidos en el magma de la telebasura. (...)
Durante la campaña electoral, Rodríguez Zapatero se comprometió a cambiar el modelo de la televisión pública según las recomendaciones de una comisión. Ahora, el secretario de Estado de Economía, Miguel Ángel Fernández Ordóñez, acaba de sugerir la idea de que puede ser privatizada, al menos en parte. A pesar de las protestas de los sindicatos, que han puesto el grito en el cielo porque consideran que la privatización «no era el modelo del PSOE», lo cierto es que ambas propuestas no son excluyentes. Parece lógico suponer que las recomendaciones del comité de sabios dibujen los contenidos de una televisión pública y las líneas de relación institucional con el Gobierno. Cosa bien distinta es que el Gobierno decida que no puede seguir manteniendo dos canales públicos debido a su enorme coste económico.
No hay razón para excluir del debate la hipótesis de que la televisión pública pueda privatizarse, total o parcialmente. La privatización, de entrada, sería de difícil ejecución, debido al colosal endeudamiento de RTVE [Radio Televisión Española] y a su desmedida plantilla (en torno a 9.000 empleados). Es una hipótesis extrema, pero no debiera excluirse. Y es más plausible definir un modelo económico-financiero y de contenidos que goce de acuerdo mayoritario en el Parlamento, no alarme a los sindicatos y acabe con la cultura inveterada del despilfarro. Ese modelo,

que implicaría una contención drástica del gasto y nuevos métodos de gestión, quizá sea menos espectacular que una amplia privatización, pero también exigirá un coste elevado en empleos y salarios.

Preguntas sobre el texto

1. ¿Es la televisión española un organismo rentable, según el texto?

2. ¿A qué se debe que el contenido de los programas de televisión sea de una calidad tan baja?

3. ¿Qué opinan los sindicatos sobre una posible privatización de la RTVE?

4. ¿Por qué resultaría difícil privatizar la RTVE?

5. ¿Qué es necesario tener bajo control para sanear la RTVE?

Interior de un estudio de RTVE, un organismo público.

El sector privado español está caracterizado por el dominio de las PYMEs (Pequeñas y Medianas Empresas), algo común en las economías europeas, pero que se encuentra más acentuado en España. Para ser exactos, el 99,87% de las empresas del país son PYMEs. El **tamaño medio de las empresas** en los países de la UE es de 6 empleados, en España sólo es de 4, similar al de Italia y Portugal pero lejos del más alto índice en Holanda, cuyas PYMEs tienen 10 empleados de media. La distribución de estas empresas no es uniforme en el territorio español: el

Tipos de empresas en cuanto a su tamaño + porcentaje del total

a) Microempresas (93,94%): de 0 a 9 trabajadores.

b) Pequeñas empresas (5,17%): de 10 a 49 trabajadores.

c) Medianas empresas (0,75%): de 50 a 249 trabajadores.

d) Grandes empresas (0,13%): más de 250 trabajadores.

127

La mayor parte de las empresas españolas tienen menos de 9 trabajadores.

tamaño medio de las empresas españolas es mayor en Madrid, Asturias y Cantabria, mientras que disminuye en Cataluña y en la Comunidad Valenciana.

Como se puede observar, **en España hay una escasez de grandes empresas**. La presencia de las compañías de gran tamaño sólo se nota en ciertos sectores, como el energético, financiero y en algunos de servicios que hasta hace poco eran monopolios estatales. En el sector industrial, en el que hasta ahora eran relativamente frecuentes las grandes empresas, se tiende a una disminución de éstas a favor de las empresas de menor dimensión. Esto se explica por el proceso de reconversión industrial, que obligó a las empresas a hacerse más competitivas a través de medidas como la especialización de sus actividades y externalización (*outsourcing*) de sus tareas productivas. Esto lleva en ocasiones a la creación de nuevas empresas o a la subcontratación de actividades a otras de menor tamaño. Pero a pesar de todo ello más de la tercera parte del empleo en España depende todavía de las grandes empresas.

Las PYMEs

La mayoría de las PYMEs ejercen su actividad en el sector servicios, aunque en los últimos años el mayor crecimiento se está produciendo en el sector de la construcción. En el periodo 1995-2003, las PYMEs experimentaron un crecimiento de más del 22%: unas cifras que sitúan a España por encima de la media de la UE en cuanto al nacimiento de nuevas empresas, aunque es cierto que el número de cierre de las empresas es también mayor.

A continuación veremos qué ventajas e inconvenientes conlleva el reducido tamaño de las PYMES.

Inconvenientes: El alto número de PYMES en España ha sido considerado como una desventaja debido a los siguientes motivos:

- Su pequeño tamaño limita la productividad.
- Su presencia en mercados extranjeros es mínima, debido a las dificultades y gastos generados por la expansión.
- Tienen menos capital para invertir en I+D.
- Tienen que afrontar más **obstáculos para conseguir financiación**. Este es sin duda uno de los problemas más difíciles de solucionar: en general, cuanto mayor es la empresa, mayores son las probabilidades de ser considerado cliente preferente por la banca. Para la empresa pequeña, los gastos de los préstamos y otros servicios bancarios son mucho más altos; y con una financiación ineficiente estas compañías

El buen funcionamiento de las pequeñas empresas es fundamental para la economía española.

tienen problemas para mantenerse competitivas en el mercado. La UE ha puesto en marcha ayudas económicas para compensar esta situación y así impulsar el desarrollo de las PYMEs, consciente de la importancia de estas empresas en la economía de los países europeos.

Ventajas: No todo son inconvenientes para las PYMEs: su reducido tamaño puede a veces reportar **ventajas**. El hecho de ser una PYME no es necesariamente un obstáculo para desarrollar actividades económicas con gran éxito, incluso en sectores dominados por multinacionales, en los que tienen un importante papel en **tareas auxiliares** como distribución, producción de envases, servicio de mantenimiento, etc. Un dato revelador es que en la actualidad, el 90% de las empresas españolas realiza algún tipo de *outsourcing*; sobre todo en actividades relacionadas con los Recursos Humanos, que representa el 58% de los servicios auxiliares demandados. Asimismo, las empresas de menor tamaño pueden aprovecharse de ciertas oportunidades del mercado que no son viables para empresas grandes. Al contar con infraestructuras más pequeñas, las PYMEs **son más flexibles** y por lo tanto tienen una **mayor capacidad de adaptación**. Las empresas de menor tamaño están especialmente indicadas para cubrir los siguientes sectores, entre otros:

- Actividades artísticas y creativas en general.
- Tendencias efímeras del mercado o industrias de creciente creación, cuyo mercado todavía no está consolidado.
- Sectores altamente especializados.

Las PYMEs en España dan empleo a más del 75% de la población activa.

Investigación y desarrollo (I+D)

Impulsar el buen funcionamiento de las PYMEs es una prioridad para la economía nacional, teniendo en cuenta que constituyen más del 99% del total de las empresas del país, y que emplean a más del 75% de la población activa. Esta importancia económica y social debe reflejarse en un esfuerzo por mantenerse competitivas en un mundo cada vez más global: para ello, el uso de I+D es absolutamente esencial. Por desgracia, **en España la inversión en I+D es muy baja**, un dato que constituye una de las características más negativas de las PYMEs españolas. Por ejemplo, según datos del INE (Instituto Nacional de Estadística), en 2002 sólo el 3,4% de las empresas españolas había realizado al menos una actividad de I+D. En el gráfico siguiente, con datos del año 2003, observamos limitado alcance de la tecnología informática en la PYMEs españolas:

Tamaño de empresa (%)	Ordenador personal (%)	Internet (%)	Banda ancha (%)	Página web (%)
Grandes	99,9	99,1	85,5	73,5
Medianas	98	93,4	74,2	57,1
Pequeñas	94,4	79,4	59,4	35,8
Microempresas	78	61	36	18

El escaso nivel tecnológico de muchas PYMEs españolas es responsable de la pérdida de competitividad de estas empresas en el contexto internacional. Los motivos que explican la reluctancia de las PYMEs a ponerse al día con las nuevas tecnologías son los siguientes, según un estudio del Ministerio de Industria de 2004:

- El desconocimiento y la falta de formación en nuevas tecnologías.
- Esta falta de conocimiento crea una sensación de que las tecnologías no son necesarias para el negocio. Muchas PYMEs argumentan que las tecnologías no son útiles ni se adaptan a sus necesidades.
- Otras empresas mencionan el alto coste de las nuevas tecnologías.

El gobierno está promoviendo la inversión en I+D a través de la divulgación de información sobre nuevas tecnologías, favoreciendo el acceso a cursos de formación y asesorando a las empresas sobre cómo mejorar su negocio. Solucionar la falta de recursos tecnológicos de las PYMEs comienza a verse como una prioridad. De hecho, la inversión en I+D, aunque todavía es baja, se ha incrementado notablemente en los últimos años. En los Presupuestos Generales del Estado de 2005 se acordó invertir 5.000 millones de euros en

I+D, un incremento de más del 16% respecto al año anterior. Y por parte de la UE, se han puesto en marcha iniciativas para fomentar el impulso de la I+D, con el objetivo de que los países comunitarios alcancen una inversión en esta área del 3% del PIB antes de 2010.

A pesar del interés tanto del gobierno español como de la UE, lo cierto es que en estos momentos el gasto en I+D es todavía muy escaso en comparación con la mayoría de los países desarrollados. Debido a esto, España tiene una **fuerte dependencia tecnológica del exterior**. Como la producción de tecnología es mínima, se gastan cada año más de 900 millones de euros en derechos de patentes extranjeras. Como consecuencia, es necesario enfatizar una vez más que la inversión en I+D es esencial para alcanzar el nivel empresarial de Europa y reducir la dependencia del exterior, y de esa manera impulsar el desarrollo del país.

Las grandes empresas españolas y la globalización

A pesar del predominio de las PYMEs, España también cuenta con una serie de grandes empresas que están extendidas no sólo por el territorio nacional, sino también por todo el

130

Grandes empresas españolas.

mundo. El desarrollo de las multinacionales españolas es un fenómeno relativamente nuevo, producto del creciente desarrollo económico del país: el haber pasado de ser una nación receptora de inversión extranjera a ser un país emisor de inversión en otros países es sin duda una prueba del progreso de su economía. En estos momentos, **España es el octavo país del mundo en cuanto a inversión en el exterior**, muy lejos de su situación en los años 60 o 70, cuando su inversión en el extranjero suponía sólo un 0,1-0,3% del total mundial.

El sector servicios es el que ha experimentado una expansión más fuerte en el extranjero: es el segmento económico con mayor penetración fuera de las fronteras del país y el que tiene mayor potencial de cara al el futuro. Las empresas más activas internacionalmente son las dedicadas a la energía, transporte, comunicaciones, turismo y finanzas. En concreto, las compañías más grandes corresponden a:

- Los **antiguos monopolios públicos** que han sido privatizados recientemente. Telefónica, Iberia o Repsol son algunos de los casos más importantes.
- También destacan **grandes bancos**, como el BBVA o el BSCH, que a través de una política de fusiones y adquisiciones han ampliado su tamaño, para poder competir en un mercado internacional cada vez más competitivo.
- Por último, destaca la creciente importancia del **sector textil** y de la moda: España cuenta con empresas punteras en este sector que se han establecido por todo el mundo. Las compañías más conocidas son Zara y Mango.

La mayoría de estas empresas ha experimentado un extraordinario crecimiento en los últimos años. Esto se puede explicar en parte debido al proceso de apertura y liberalización de los mercados, pero también se debe a la tendencia a la **globalización** que experimenta la economía mundial. En este sentido, el aumento del tamaño de las empresas es esencial para sobrevivir ante la competencia de las grandes compañías extranjeras. Últimamente, debido a la mejora de los salarios en España, las empresas españolas han abierto fábricas en países extranjeros donde la mano de obra es más barata (especialmente países asiáticos o de América Latina). Con la reciente ampliación de la UE-25, está previsto que muchas empresas españolas trasladen su producción a los antiguos países del Este, y así poder reducir sus gastos de producción y ofrecer productos más baratos al mercado.

Las multinacionales españolas están firmemente instaladas en los países de América Latina.

La expansión en la UE y América Latina

Las multinacionales de origen español centran sus operaciones fundamentalmente en dos zonas geográficas: la UE y América Latina. Las **relaciones comerciales con la UE** se vieron intensificadas tras la entrada de España en el Mercado Común (1986) y sobre todo tras la entrada en vigor del euro en enero de 2002. Este flujo comercial va en aumento, de manera que las empresas españolas están reorientando sus estrategias y productos para adaptarlos a las necesidades de los consumidores europeos. La creciente ampliación de la UE en 2004 presenta un enorme potencial para las empresas españolas, ya que se incorporan países con un menor grado de desarrollo económico y con mercados no saturados, que ofrecen grandes oportunidades de la expansión para las compañías extranjeras.

América Latina representa otro mercado lleno de posibilidades. Las empresas españolas tienen una trayectoria de expansión en estos países desde hace ya muchos años, debido a las tradicionales relaciones económicas y culturales entre Latinoamérica y España. A partir de 1986 se produce un notable incremento de la inversión en estos territorios, sobre todo con empresas de comunicaciones como Telefónica. Pero es a partir de 1994 cuando esta actividad expansiva se intensifica, particularmente en países como Argentina y Brasil. La expansión en América Latina resulta muy atractiva para las empresas españolas, siendo una inversión que se considera segura a medio y largo plazo por los siguientes motivos:

- **Menor grado de desarrollo de estos países,** con la consiguiente escasez de ciertos productos y servicios que sus propias empresas no pueden facilitar. Las empresas españolas pueden aprovecharse de esta situación para hacerse con un segmento del mercado latinoamericano con relativa facilidad.
- **Reciente proceso de apertura de la mayoría de las economías latinoameri-** canas. Esto permite el fácil acceso de las empresas extranjeras, en mercados donde la competencia es mínima y las posibilidades de éxito son óptimas.
- **Un mercado en expansión,** en contraste con el mercado ya maduro de España que se encuentra saturado o semi-saturado en algunos sectores.
- **Un idioma y unos lazos culturales comunes** que facilitan las relaciones comerciales.

Sin embargo, la inversión en América Latina no está exenta de riesgos. Uno de los problemas más serios que presenta esta zona es la inestabilidad política que a menudo afecta a estos países, y que puede repercutir negativamente en la economía. Un ejemplo de esto fue la crisis de Argentina de 2001, que provocó un caos económico en el país, y durante la que muchas empresas españolas sufrieron grandes pérdidas.

El caso de Inditex

Inditex (Industrias de Diseño Textil) es uno de los grupos empresariales más importantes y de mayor crecimiento de España. En la actualidad, cuenta con un total de nueve cadenas textiles, la mayoría de ellas especializadas en prendas de vestir. La cadena más conocida del grupo es **Zara**, que en estos momentos es la tercera empresa textil más importante del mundo, detrás sólo de las multinacionales Gap y H&M.

Inditex comenzó su andadura de manera muy humilde y a pequeña escala en La Coruña, una ciudad de la región gallega con poca tradición industrial. Su fundador, Amancio Ortega, comienza su actividad empresarial en 1963 con la creación de una pequeña fábrica de productos textiles que se especializaba en batas. En 1975 decidió expandir su negocio hacia la moda femenina, abriendo una primera tienda que se llamaba Zara en un local de una céntrica calle comercial de La Coruña. La tienda fue un éxito y a

Escaparate de Zara en Nueva York.

los pocos años Zara comenzó a extenderse, primero por Galicia y después por el resto de España. A partir de 1988 comienza su expansión internacional al abrir su primera tienda en Portugal. El imperio de Amancio Ortega ha sido imparable desde entonces, con una velocidad de crecimiento extraordinario. En estos momentos Inditex cuenta con nueve cadenas textiles, de las que Zara es todavía la más importante; se encuentra presente en más de cincuenta países y emplea a más de 40.000 personas en sus 2.200 tiendas repartidas por todo el mundo.

Las cadenas de Inditex presentan un comportamiento empresarial atípico en muchos sentidos, ya que rompen muchas de las normas básicas de funcionamiento de la mayoría de las multinacionales. Algunas de sus características más inusuales son las siguientes:

- **No utilizan publicidad** para dar a conocer la empresa o sus productos, ex-

cepto en épocas de rebajas. Para conseguir atraer clientes, Inditex se basa en el «boca a boca», que hasta ahora le ha traído un gran éxito. Otra técnica que utiliza es asegurarse que sus tiendas se ubican siempre en las mejores calles o centros comerciales de las ciudades donde están presentes. También tiene una importancia fundamental el diseño de sus escaparates y la decoración del interior del local, que se realiza con un cuidado exquisito para proyectar la imagen de la marca de forma impactante.

- **Estructura vertical.** Inditex gestiona todos los aspectos del negocio; desde el diseño, la producción y la distribución de la empresa. También posee las tiendas de la empresa en propiedad, utilizando franquicias sólo en casos excepcionales. Las ventajas de este sistema son fundamentalmente dos: el ahorro de costes y la facilidad de comunicación entre las diferentes secciones del negocio, que permiten una mayor adaptabilidad de los productos. Con la estructura vertical, los comentarios de los clientes en las tiendas llegan rápidamente a los diseñadores, que pueden adaptar los modelos a las demandas de los consumidores y evitar que se acumulen en *stock* productos que no se venden bien.

- **Flexibilidad y renovación constante de sus productos:** debido a la estructura vertical de la empresa, las empresas de Inditex pueden diseñar, distribuir y vender nuevos modelos en un plazo de diez a quince días, en contraste con los dos meses que necesitan la mayoría de las empresas del sector. Esto es vital para tener siempre las últimas tendencias de la moda a la venta. Esta rapidez permite que los modelos se renueven muy frecuentemente, ofreciendo variedad y diseño de última hora. Además, como hemos visto antes, hace posible incorporar la reacción de los clientes a los nuevos modelos, discontinuándolos si no se venden bien o adaptándolos según sus gustos. Esta renovación constante tiene la ventaja adicional de crear en el cliente la necesidad de compra inmediata, ya que saben que los modelos cambian con rapidez en las tiendas y que se pueden retirar de una semana para otra.

- **Concentración de la producción.** En el caso de Zara, por ejemplo, la producción está localizada en Arteixo, un pequeño pueblo cerca de La Coruña. Aquí se encuentra la sede central de Zara y su gigantesco centro de producción, desde donde se fabrican todas las prendas de Zara y se gestiona el funcionamiento de la empresa. Se utiliza la tecnología más avanzada para así evitar tener que instalar diferentes centros de producción en países en vías de desarrollo, como sucede con otras empresas del sector. Hasta 2003, el centro de Arteixo también se encargaba de la distribución, pero a partir de ese año se creó la Plataforma Europa en Zaragoza, desde donde se distribuyen las prendas de Zara a todos los países donde la empresa se encuentra presente.

- **Personal mayoritariamente femenino.** En su página web, Inditex se enorgullece de que casi el 90% de las personas que trabajan en sus empresas son mujeres, y que éstas desempeñan más del 60% de los cargos directivos. Otra característica de su personal es su joven edad, que ronda la media de los 26 años. En cuanto a su origen, el 50% es español y un 38% más proviene de países europeos, que es donde Inditex tiene una mayor implantación.

Todas estas características, que en principio chocan con las reglas tradicionales del buen funcionamiento de las empresas, han hecho de Inditex un gran gigante de la moda mundial. Su combinación de modelos de última moda, su gran capacidad de adaptación a la demanda de los consumidores y una ex-

celente relación calidad/precio han resultado ser una fórmula de gran éxito para el gigante gallego.

La inversión extranjera en España

Igual que las grandes empresas españolas se han expandido por el extranjero, otras empresas internacionales se han instalado en España. Esta tendencia es especialmente notable en la actualidad, y no hay más que observar los parques industriales de las grandes ciudades españolas, donde la presencia de firmas extranjeras es tan frecuente. Uno de los atractivos de España para la inversión extranjera se basa en su situación geográfica: es un enclave a medio camino entre Europa y África, con el beneficio añadido de las excelentes relaciones comerciales que mantiene con América Latina. Los países con más tradición de inversión en España son los EE UU, y más recientemente, los países de la UE

España es un país con características óptimas para recibir inversión extranjera. Su principal ventaja es que es un país con unas infraestructuras modernas y desarrolladas, con una situación económica estable y con una legislación que fomenta la inversión en el país. A todo esto se unen unos costes todavía bajos, lo que da al país una ventaja competitiva ante países más baratos pero sin la estabilidad política o sin las infraestructuras necesarias para las empresas. A pesar de esto, hay un grupo de países que pueden constituir una amenaza en este sentido; son las nuevos naciones de la Ampliación de la UE. Estos son países que al formar parte de la UE pueden ofrecer una estabilidad política, y que pronto contarán con unas infraestructuras modernizadas, así que potencialmente se puede desviar inversión hasta esta zona.

La inversión extranjera en España ha experimentado un bajón desde el año 2001. Esto responde a una tendencia global: el clima actual de incertidumbre política mundial genera cautela en las empresas a la hora de pensar en expandirse a otros países. Sin embargo, a pesar de esta ralentización, el ritmo de inversión extranjera en España se ha triplicado en los últimos diez años, lo que el 2003 convirtió al país en el sexto mayor receptor mundial de inversión extranjera. En cuanto a los sectores que reciben más interés del exterior, el más importante es el sector del automóvil, que está fuertemente dominado por las empresas extranjeras. Otros sectores que atraen inversión son el sector químico, alimenticio y de hostelería.

Valoración de la inversión extranjera en España	
Ventajas	**Inconvenientes**
• Impulsa el crecimiento económico español: crea el 8% del PIB y crea un enorme número de puestos de trabajo directos e indirectos. • Ayuda a mejorar la balanza de pagos a través de los ingresos que proporciona al país. • Facilita el acceso y la importación de tecnología. • Favorece la modernización de los métodos de dirección de empresas a través de las nuevas técnicas de gestión y producción que traen las compañías extranjeras.	• Se crea una competencia muy fuerte para las empresas españolas, que habían estado muy protegidas por el régimen anterior y ahora encuentran difícil competir con los gigantes extranjeros que se instalan en España. • El gobierno español no tiene control sobre estas empresas, lo que ha dado problemas cuando deciden hacer reducción de plantilla o cuando abandonan España. • Se crea dependencia de la tecnología importada que aportan las empresas extranjeras, y por la que hay que pagar un alto precio en licencias, patentes y derechos de uso. • Contribuyen a la concentración de la industria, ya que las empresas extranjeras se instalan en regiones ya muy industrializadas para aprovecharse de su infraestructura. Esto favorece los desequilibrios regionales.

El sector del automóvil está dominado por las empresas extranjeras.

PREGUNTAS SOBRE EL TEMA 9

1 Nombra dos características del sector privado español.

2 ¿Por qué es un inconveniente que España tenga un número de PYMEs tan elevado?

3 ¿Qué sabes sobre las PYMEs en otros países de la UE?

4 España tiene una inversión en I+D por debajo de lo deseable. ¿Qué impacto tiene esto en el desarrollo económico del país?

5 ¿Qué tipo de empresas españolas suelen ser multinacionales?

6 ¿Qué posibles riesgos puede traer la expansión en América Latina?

7 ¿Cómo afecta la ampliación de la UE a la expansión de las multinacionales españolas?

8 Inditex apenas utiliza publicidad. ¿De qué otras maneras da a conocer su marca y sus productos?

9 ¿Por qué la flexibilidad de Inditex es un factor tan positivo para sus ventas?

PREGUNTAS PARA DESARROLLAR

a Explica cómo el proceso de globalización mundial que experimentamos en la actualidad ha afectado a las grandes empresas españolas.

b ¿Por qué se dice que Inditex es una empresa atípica?

c Tarea de investigación. Haz clic en www.inditex.es y busca información sobre las otras marcas de Inditex.

d Tarea de investigación: Busca información en Internet sobre la implantación de Telefónica en América Latina y escribe un informe para entregar en clase.

GLOSARIO

Balanza de pagos: Registro contable de las transacciones comerciales y financieras de un país con el resto del mundo.

Deslocalización: Traspaso de actividades empresariales a otro país, que normalmente tiene costes laborales más bajos.

Externalización: Contratación de servicios de una empresa a otra. También se conoce por su término inglés, *outsourcing*.

I+D: Inversión de las empresas o países en desarrollo tecnológico e investigación.

ACTIVIDADES DE INTERNET

1. Información sobre empresas españolas

http://www.antena3.com/a3n2004/

En la columna de la izquierda, selecciona la opción *Especiales*. Verás una lista de temas: dentro de *Economía*, haz clic en *Grandes empresas*. Esta página tarda un poco en descargarse, pero contiene materiales muy interesantes sobre diferentes empresas. Escoge una empresa española que te interese y podrás ver el vídeo y leer la transcripción en el artículo que lo acompaña.

2. Las franquicias: una buena forma de expandir la empresa

a) En la página http://www.tormo.com/franquiciados/informacion/abc/ventajas.asp verás las ventajas y desventajas de las franquicias como forma de expandir una empresa. Anota los puntos que te parezcan más importantes.

b) http://www.tormo.com/franquiciados/informacion/videoguia/index.asp
En esta página podrás ver unos vídeos con información sobre las franquicias: elige dos o tres y haz un resumen sobre su contenido.

3. Noticias sobre las PYMEs

http://www.pcpyme.es/Actualidad/La_semana

En esta página encontrarás las noticias más importantes de la semana relacionadas con las PYMEs españolas.

4. Estudio sobre Mango

http://www.tormo.com/franquiciados/actualidad/exito/mango/index4.asp

Haz un análisis sobre la empresa de moda con la información ofrecida en la página web que se indica.

5. Elabora un plan de empresa

http://www.ipyme.org/planempresa/

Este es un trabajo de grupo, al que le tenéis que dedicar tiempo fuera de la clase. Debéis crear una empresa ficticia y elaborar un Plan de empresa, según las indicaciones de esta página web (columna de la derecha).

COMENTARIO DE TEXTO 1

Antes de leer el texto, busca en el diccionario el significado de las siguientes palabras:

Rendimiento: _____

Trasladar: _____

Rozar: _____

Sobrepasar: _____

De sol a sol: _____

Quitar el sueño: _____

Matiz: _____

Ceder: _____

Proveedor: _____

Fijarse en (algo): _____

Suministrador: _____

Cese: _____

Asignar: _____

Prescindir: _____

La deslocalización, una nueva forma de hacer negocios
Pcpymes.es, 22-04-2005

El *outsourcing* y la deslocalización se presentan ante las empresas como una magnífica oportunidad de mejorar sus negocios. Se puede lograr el mismo rendimiento con costes mucho más bajos. Lo único que hay que hacer es trasladar parte de la producción a otra empresa, que bien puede encontrarse en la misma ciudad, en otra distinta o incluso en otro país. En el caso de que se trate de otro país, suele ser uno de economía emergente, con salarios muy bajos, sin derechos sociales para sus trabajadores y con un sistema laboral que unas veces roza la esclavitud y otras la sobrepasa claramente. No cuesta lo mismo pagar el salario a un padre de familia occidental que a un niño de doce años que trabaja de sol a sol por poco más de un euro al día. Tanto el *outsourcing* como la deslocalización se presentan como dos de las grandes preocupaciones que quitan el sueño a los responsables de los sindicatos de los países industrializados, que ven como la producción se traslada a otros países con menores costes sociales. En muchas ocasiones, las diferencias entre uno y otro lugar son abismales e insuperables.

Quizá podríamos hacer una pequeña diferencia entre *outsourcing* y deslocalización, aunque, en todo caso, se trata de una diferencia de matices. El *outsourcing*, palabreja inglesa que significa externalización, se produce cuando una empresa cede parte de su producción a otra para abaratar costes o conseguir alguna mejora de gestión o de cualquier otro tipo. Este *outsourcing* no implica que la empresa contratada esté en un país o región diferentes que la empresa contratante. Sin embargo, la deslocalización es algo más compleja porque lo que se hace es trasladar ese proceso productivo, ya sea todo o parte de él, a otros países, generalmente del sudeste asiático, mucho más baratos a la hora de producir. Y, precisamente, esa deslocalización es lo que se ve con temor en la sociedad occidental que no puede competir con esos bajos costes laborales.

Uno de los sectores en los que se utiliza el *outsourcing* con mayor profusión es el tecnológico. Esta nueva forma de hacer empresa está calando entre las compañías españolas, que demandan esta fórmula para aumentar la calidad del servicio, reducir costes, ser más flexibles y concentrar sus esfuerzos en áreas de mayor valor añadido. Además, a la hora de elegir proveedor, las empresas españolas se fijan, sobre todo, en la confianza y la experiencia que le otorga el suministrador, y no tanto en el precio.

Una buena definición de lo que es la deslocalización la facilita Javier Quintana, director del Servicio de Estudios del Instituto de Empresa Familiar (IEF), que afirma que «consiste en el cese y traslado total o de una parte de las actividades que forman parte de la cadena de producción de las empresas a otra región o país». Y como en la mayoría de las ocasiones, el primer problema al que debemos enfrentarnos es la situación de las personas. A veces las empresas reciclan al personal que asumía la función ahora externalizada, asignándole nuevos destinos. En otros casos, el personal es incorporado a la compañía que asume la función externalizada. Y otras veces, la inmensa mayoría, se prescinde de esas personas a las que no se facilita ninguna salida profesional y se las envía a la cola del paro.

Preguntas sobre el texto

1. ¿Por qué la deslocalización resulta más rentable para las empresas occidentales?

2. ¿Te parece que en algunos casos puede resultar moralmente discutible?

3. ¿Por qué preocupa tanto a los sindicatos?

4. ¿Cuál es la diferencia entre *outsourcing* y deslocalización?

5. ¿Por qué el *outsourcing* tecnológico es tan popular entre las empresas españolas?

6. ¿Qué problema genera la deslocalización para los trabajadores?

COMENTARIO DE TEXTO 2

Antes de leer el texto, busca en el diccionario el significado de las siguientes palabras:

Marca: _____

Recurrir a: _____

Dueño: _____

Paliar: _____

Impulsar: _____

Destacar: _____

Pesar: _____

Enseña (sustantivo): _____

Facturación: _____

Rondar: _____

Nombrar: _____

Designar: _____

España se hace un hueco
El País, 16-01-2005

Zara, Telefónica o El Corte Inglés no necesitan presentación en España; pero no lo tienen tan fácil cuando compiten con grandes firmas de EE UU, Alemania o Francia. La marca España vende aún menos. (...) No hace mucho tiempo que algunas empresas españolas tenían que recurrir a nombres extranjeros para vender sus productos. La situación ha cambiado mucho, sobre todo desde la entrada de España en la Comunidad Económica Europea a mediados de los años ochenta, cuando la salida de firmas españolas al extranjero se aceleró. Pero las empresas no están contentas.

«En estos momentos la imagen que tiene España fuera no se corresponde con la realidad», resume el sentir de muchas de ellas Antonio Abril, secretario de Inditex –el grupo dueño de Zara– y vicepresidente del Foro de Marcas Renombradas Españolas (FMRE), un órgano creado en 1999 por el Gobierno y algunas grandes compañías para intentar paliar esta desventaja comercial.

Lo cierto es que en muchas ocasiones en el extranjero se sigue asociando el país con su pasado, más que con el desarrollo económico de los últimos años. Una encuesta a directivos que trabajan en el extranjero impulsada por el citado foro y elaborada por un equipo de la Universidad Carlos

III de Madrid concluía que el grado de notoriedad de las marcas españolas es «escasa» en relación a sus competidores directos –Alemania, Estados Unidos, Francia e Italia–. Este trabajo destacaba también que aún pesan en la opinión de los consumidores de otros países prejuicios, como el escaso peso internacional del país o la supuesta falta de calidad de sus productos, resume Miguel Otero, director general del FMRE.

El resultado es que, a pesar del avance vertiginoso de los últimos años, las enseñas españolas aún están lejos de las primeras del mundo. En la última clasificación de la consultora Interbrand de las 100 mejores marcas globales, que publica la revista *Business Week*, no aparece ni una sola española. Y eso que ya son muchas las que hacen buena parte de su negocio en otros países. Entre las 67 compañías asociadas al foro de marcas, la facturación media en el exterior ronda el 35% y en algunos casos es muy superior.

Para Antonio Abril no sólo es cuestión de dinero, de hacer grandes campañas publicitarias como aquella de *Spain is different*, sino de una estrategia a largo plazo. Dentro de esa estrategia, el foro de las marcas renombradas ha nombrado esta semana siete *embajadores honorarios* de la excelencia española por su actuación destacada en su ámbito de actividad. Esta designación viene a reconocer la contribución de tales personas y empresas al reforzamiento de la marca España en otros países. Desde el golfista Severino Ballesteros al científico Valentín Fuster, el cocinero Ferrán Adriá, el ex presidente del Comité Olímpico Internacional, Juan Antonio Samaranch, el tenor José Carreras, el diario *El País* y, por supuesto, el empresario Amancio Ortega, *padre* de Zara, han demostrado que en España se pueden hacer las cosas igual de bien que en otros países.

Preguntas sobre el texto

1. ¿Cómo ha cambiado la percepción de las empresas españolas en los últimos años?

2. ¿Por qué se dice que la imagen de España en el extranjero no se corresponde con la realidad?

3. ¿Por qué se dice que los productos españoles están en desventaja por el hecho de ser españoles?

4. Según el cuarto párrafo, ¿qué factor ilustra la falta de reconocimiento internacional de las grandes empresas españolas?

5. ¿Qué se puede hacer para cambiar esta situación, según Antonio Abril?

6. ¿Qué papel tienen los embajadores honorarios de la excelencia española?

El sector primario 10

El sector primario tiene una gran relevancia económica en España, a pesar de que su importancia ha disminuido considerablemente en los últimos años debido al auge del sector terciario. El sector primario engloba las actividades productivas destinadas a la obtención o extracción de los productos de la naturaleza, comprendiendo los siguientes subsectores:

- Sector agrario, dividido en agricultura, ganadería y explotación forestal.
- Sector pesquero.
- Sector minero.

En este tema nos vamos a concentrar en el sector agrario y pesquero, que son los que tienen más importancia para la economía española. El sector minero tuvo una gran relevancia en el pasado e incluso ahora España es uno de los países europeos con mayor riqueza mineral. Pero lo cierto es que en la actualidad ha perdido mucho dinamismo, y que es un sector mucho menos importante para la economía española que el agrario o pesquero.

EL SECTOR AGRARIO: la agricultura

141

En este apartado vamos a ver las actividades relacionadas con la agricultura y la ganadería.

El sector primario tiene una gran relevancia económica en España.

El sector primario ha experimentado una rápida evolución a lo largo del último siglo. En la actualidad, supone un 3% del PIB español y proporciona el 8% del empleo, cifras que sitúan a España entre los 4 países de la UE en las que el sector agrario tiene mayor peso. Desde la entrada de España en la UE, el sector ha estado reglamentado por la *Política Agraria Comunitaria* (PAC), de la que hablaremos más adelante.

La producción agrícola española se caracteriza por ser muy diversa, como consecuencia de las variadas condiciones climáticas de las distintas zonas del territorio nacional. Se cultivan desde especies propias del clima templado hasta especies tropicales, pasando por los cultivos típicos mediterráneos: viñedo, olivos, cítricos hortalizas, etc. La **producción hortofrutícola** (frutas y hortalizas) supone aproximadamente la mitad de la producción agrícola española, con una gran variedad de productos, muchos de los cuales se producen casi en exclusiva para la exportación. Asimismo, tienen notable importancia el **viñedo** y el **olivar**. La producción agrícola final española significa alrededor del 12% de la del conjunto de la UE-15, lo que convierte a España en el cuarto productor agrícola de esta zona económica. Con la ampliación de la UE en 2004, se incorporan una serie de países con una producción económica fuertemente basada en la agricultura, lo que puede repercutir en la posición de liderazgo española.

Etapas del desarrollo del sector agrario en España

La evolución de la agricultura en España se puede resumir en una sola palabra: mecanización. El sistema agrario ha sufrido una transformación drástica, pasando de explotaciones tradicionales con técnicas relativamente primitivas a una agricultura moderna, más profesional y mecanizada en la actualidad. A pesar de este avance, los niveles de tecnología agrícola todavía no están al mismo nivel que otros países europeos, como consecuencia de la insuficiente inversión tecnológica característica de España. A continuación veremos las distintas etapas del desarrollo agrícola español.

Características de la agricultura tradicional.

El cultivo tradicional de las tierras se mantuvo hasta mediados del siglo xx, y presentaba las siguientes características:

- **Escasa mecanización** y técnicas de explotación anticuadas que limitaban la producción. Se aprovechaba la gran abundancia de mano de obra barata para realizar las labores agrícolas, aunque eso no compensaba la escasez tecnológica.
- **Oferta y demanda de productos muy limitada,** acompañada de una producción baja. Los mercados de esta época se limitaban a cubrir las necesidades de la población local o regional. Esto se debía a dos factores: por un lado, a las dificultades en el transporte, que hacían que el alcance de los productos fuera muy restringido. Por otro lado, el bajo nivel de vida típico de esta época hacía que la dieta mayoritaria de la población fuera muy poco variada, con lo cual la producción también lo era.

La agricultura a partir de los años sesenta

Esta época se caracteriza por el proceso de industrialización de España, que provoca un éxodo de la población del campo a la ciudad. El resultado es un progresivo abandono de los pueblos:

- **La mano de obra comienza a escasear,** y al estar más en demanda aumenta el salario de los agricultores. Se empieza a considerar al agricultor como un empleado en igualdad de condiciones que los de otros sectores, por lo que también se iguala su nivel de vida.

- **Comienza el proceso de modernización** de la agricultura, a través de su progresiva mecanización y el uso de nuevas tecnologías. Al mismo tiempo, las explotaciones agrícolas comienzan a hacerse intensivas: estas características hacen que aumente el nivel de productividad y la gama de productos del sector. Sin embargo, tanto el grado de mecanización como la productividad están a una gran distancia de otros países europeos.

Características de la agricultura española en la actualidad

A partir de 1986, el sector primario español (igual que los otros sectores económicos) se vio beneficiado por la financiación recibida por la UE para asegurar su modernización. Por lo tanto, el proceso de mecanización de la agricultura se intensifica a partir de este momento: la inversión de maquinaria va en aumento (véase el gráfico de esta página), la agricultura se vuelve cada vez más competitiva, y la variedad de productos se va ampliando rápidamente. Algunas técnicas de cultivo nuevas, como los invernaderos, logran que se puedan obtener ciertos cultivos en España antes que en el resto de Europa, lo que dispara el nivel de exportaciones. Se crea la *Ley de Modernización de las Explotaciones Agrarias*, con una serie de incentivos económicos para favorecer la evolución del sector

y para fomentar la agricultura entre la gente joven. Otras características son:

- Las **ventas están cada vez más relacionadas con las actividades externas**. Por ejemplo, se observa una necesidad de proporcionar materias primas para la alimentación ganadera, con lo cual la producción de ciertos cereales de consumo animal aumenta. También se introducen nuevos cultivos para satisfacer la demanda del creciente mercado turístico.
- Se utiliza **menos mano de obra** y más productos intermedios y capital.
- La **exportación pasa a ocupar una parte fundamental** de la producción agrícola. La producción ya no se limita al mercado nacional, por lo tanto se hace una reorientación de los cultivos para satisfacer la creciente demanda exterior por productos agrícolas españoles. De esta manera, los productos más cultivados son los hortofrutícolas, muy apreciados en los mercados internacionales, y que prácticamente se producen para la exportación.
- **Aumenta la productividad** y con ello los salarios y los beneficios, lo que lleva a un aumento del nivel de vida para las personas que trabajan en este sector.

La Política Agraria Comunitaria (PAC)

La integración de España en la UE supuso la eliminación de la política agraria nacional y la adopción de la *Política Agraria Común*

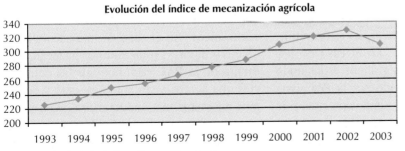

Evolución del índice de mecanización agrícola

340
320
300
280
260
240
220
200

1993 1994 1995 1996 1997 1998 1999 2000 2001 2002 2003

Fuente: Ministerio de Agricultura, Pesca y Alimentación

Evolución del índice de mecanización agrícola.

(PAC). La PAC se considera una de las políticas más importantes de la UE, y su financiación absorbe una gran parte del presupuesto general para la UE. La Política Agraria pretende garantizar dos objetivos fundamentales. Por un lado, se encarga de asegurar el **abastecimiento de los países europeos** con productos agrícolas a precios razonables. La otra prioridad es **garantizar el nivel de vida de los agricultores**. Para cumplir estos objetivos, la PAC destina una serie de ayudas económicas a los diferentes países europeos, según su necesidad.

Los objetivos de la PAC se implementan a través de los principios de unidad del mercado, preferencia comunitaria y solidaridad financiera.

— **Unidad de mercado.** Implica una completa liberalización del comercio entre los Estados miembros, a través de la eliminación de los aranceles y otros obstáculos a la exportación: es decir, se establece un mercado libre dentro de la Unión. Existen además reglas comunes de competencia, y precios mínimos comunes fijados por la UE para asegurar el nivel de vida de los agricultores.
— **Preferencia comunitaria.** Este principio garantiza la protección del mercado europeo frente a las importaciones a bajo precio de terceros países. Es decir, que el principio de mercado libre que hemos visto en el apartado anterior no se aplica fuera de las fronteras de la UE.
— **Solidaridad financiera.** Este es probablemente el principio más importante de la PAC. Los ingresos y los gastos que ocasiona la PAC se inscriben dentro del presupuesto de la UE. Cada país contribuye al presupuesto según sus posibilidades económicas. En el caso de España, ha sido hasta ahora el segundo país más beneficiado por la PAC después de Francia, y un receptor neto de financiación. Es previsible que esto cambie en 2007 tras la incorporación de los nuevos países de la UE-25 a la PAC.

A pesar de sus logros, la PAC no es ni mucho menos una política perfecta. Es cierto que esta política ha cumplido sus objetivos de garantizar el abastecimiento de la UE con creces. Sin embargo, la producción agrícola ha aumentado tanto que ha generado el problema contrario: la creación de **enormes excedentes agrícolas** que superan con mucho las necesidades de los países comunitarios, lo que ha obligado a establecer cuotas de producción para los diferentes países.

Otro de sus problemas principales se deriva precisamente de las ayudas financieras que tanto han ayudado a España. La consecuencia de proteger ciertos cultivos a través de subvenciones es que los agricultores tienen menos presión por conseguir explotaciones agrarias eficientes, ya que en caso de existir pérdidas éstas se ven compensadas por las subvenciones. Es decir, la política de ayudas **no fomenta el desarrollo de una mentalidad propiamente empresarial** en la agricultura. Otro problema relacionado con lo anterior es el carácter excesivamente burocrático de la PAC, que hace difícil investigar todas las reclamaciones de los agricultores, haciendo que sea relativamente **fácil abusar del sistema y cometer fraude** para recibir las ayudas. Una de las acciones ante estos problemas ha sido reducir drásticamente el presupuesto de la PAC y reorientarlo de manera que la financiación sea más efectiva.

AGENDA 2000

La Agenda 2000 está formada por una serie de disposiciones para hacer frente a las consecuencias de la ampliación a la UE-25, con normas que se aplican a todos los sectores económicos. En el caso de la agricultura, el objetivo de la Agenda 2000 es hacer una **reforma de la PAC** para corregir las deficiencias que hemos visto anteriormente y conseguir un sector más moderno, rentable y que fomente el desarrollo sostenible.

La Comisión Europea ha presentado **presupuestos para la reforma de la PAC** con el objetivo de conseguir un sector agrario más moderno y sostenible. La Agenda 2000 propone:

- **Reducir la protección de los precios agrícolas** para estimular la competitividad. Se considera prioritario mejorar la rentabilidad de las explotaciones agrarias, de manera que se pueda competir en los mercados internacionales sin necesidad de grandes ayudas financieras por parte de la UE. En la misma línea, está prevista la retirada progresiva de las ayudas económicas a la agricultura, que se harán efectivas en el periodo 2007-2013. Con esta medida, España perderá una enorme fuente de ingresos, por lo tanto es vital que ponga todos sus esfuerzos en modernizar al máximo sus empresas agrícolas para así poder sobrevivir sin las ayudas de la UE.
- **Reducir la superficie de tierras cultivables,** ya que como hemos visto antes la producción agrícola es demasiado alta y es necesario reducirla. Para ello, se va a favorecer el abandono de un cierto número de extensiones agrícolas y su transformación en zonas de bosque. De esta manera, se contribuye a mejorar el equilibrio de la producción y se consigue una explotación más ecológica. La Agenda 2000 ha puesto en marcha medidas para facilitar el progreso económico de las zonas rurales en las que los agricultores hayan decidido abandonar la actividad agrícola, proporcionando empleo a la población local y evitando la emigración a las ciudades.
- **Contribuir a la conservación de los recursos naturales** y la belleza paisajística. Los agricultores recibirán ayudas directas por introducir prácticas respetuosas con la naturaleza: con esta medida se pretende que tomen responsabilidad por el cuidado de su entorno. La protección del medio ambiente es un tema de

La agricultura española en el futuro: intensificación *versus* ecología

Como hemos visto antes, la UE planea reducir gradualmente sus ayudas financieras a la agricultura, que finalizarán en el año 2008. Para poder sobrevivir en un mercado competitivo sin protección económica, habrá cada vez más presión por conseguir cultivos económicamente rentables y obtener productos baratos. Esta presión por conseguir rentabilidad obligará a que los procesos de cultivo sean intensivos, y que estén concentrados en grandes extensiones de terreno. En resumen, la tendencia que se observa es un **modelo de agricultura intensiva y de precios mínimos** para los productos agrícolas, aunque obviamente observando siempre los requisitos de calidad de la UE.

A pesar de que esta tendencia está claramente en marcha, en los últimos años se está observando un fenómeno paralelo: el **auge de la agricultura ecológica**. Este modelo de agricultura tiene por objetivo fundamental la obtención de alimentos de máxima calidad a través de una utilización cuidadosa de los recursos naturales y respetuosa con el medio ambiente, evitando el empleo de productos químicos y a la vez procurando un desarrollo agrario sostenible. Aunque la superficie de cultivos ecológicos en la UE-15 sólo supone un 3,5% de la superficie agraria útil, la agricultura ecológica se ha convertido en uno de los modelos productivos más dinámicos de la UE, con un índice de crecimiento anual del 26%. La Unión ha lanzado iniciativas para fomentar el mercado de estos alimentos y mejorar las normas de calidad.

El desarrollo de la agricultura ecológica en España ha sido notable, ya que se multiplicó por 200 desde 1993. España reúne unas condiciones favorables para el desarrollo de este modelo productivo. Su rápido crecimiento es un reflejo del creciente interés de los consumidores por la alimentación sana y la protección del medio ambiente, en un clima en el que comienzan a cuestionarse los modelos productivos de carácter intensivo.

La protección del medio ambiente es un tema importante en la política agrícola.

creciente importancia en la política agrícola de la UE. El énfasis de la Agenda 2000 en los temas ecológicos responde al interés de los ciudadanos comunitarios: nada menos que un 89% de la población cree que el cuidado de la naturaleza debe ser una prioridad de la UE.

• **Ofrecer una gran variedad de productos de calidad** que se adapten a las exigencias del consumidor. Se hace un gran énfasis en la calidad de los productos, especialmente después de los graves problemas ocasionados por la enfermedad de las vacas locas o la fiebre aftosa.

Consecuencias de la ampliación de la UE para la agricultura española

Las perspectivas financieras tras la ampliación se harán evidentes en el periodo 2007-2013. Debido a los planes de reducir financiación para la PAC, está previsto conservar los mismos fondos que ahora se destinan a la UE-15 y repartirlos entre los 25 países de la nueva UE. Esto significa una cantidad mucho menor por país. Pero además hay que tener en cuenta que los nuevos países presentan una situación agrícola mucho más atrasada que la española, y por tanto están en situación prioritaria para recibir un porcentaje mayor de financiación. Se calcula que España dejará de recibir millones de euros en ayudas económicas a partir del año 2007.

Pero no todo es negativo: la ampliación también puede ofrecer oportunidades comerciales para España. Además, el país no verá amenazada su posición de liderazgo en la exportación de los productos más competitivos (como los cítricos y productos típicos mediterráneos), debido a que el clima de la mayoría de los nuevos países es muy diferente del español. Pero lo realmente positivo es que España presenta un gran potencial para abrirse paso en un nuevo mercado y poder instalar empresas españolas en los nuevos países comunitarios.

La ganadería en España

En el sector agrario español la actividad ganadera tiene menos peso que la agrícola, aportando el 40% de la producción agraria final. España contribuye el 9,5% de la producción ganadera de la UE-15, mientras que la aportación de la agricultura es del 12%. Pero aunque otros países europeos tienen una producción mayor, en ciertos sectores España tiene un puesto relevante: es el tercer productor de carne, cuarto de huevos y sexto de leche de la UE.

Las características climáticas, razones históricas y económicas determinan una distribución muy diversificada de la ganadería en España:

• Un tercio del vacuno lechero se asienta en las provincias de la costa norte española: en estas Comunidades Autónomas el peso de esta producción es muy elevado.
• Cataluña y Madrid destacan por su producción porcina (cerdos) y avícola (gallinas y pavos).

- En la zona interior de España domina la ganadería orientada a la producción de carne.

Exportaciones. La expansión y desarrollo de las exportaciones españolas de productos de origen animal es relativamente reciente, aunque ha evolucionado con gran rapidez. Las exportaciones tanto al mercado de la UE como a países terceros han ido incrementándose de manera constante, y hoy representan una parte muy importante de la producción nacional. El resultado es que en pocos años los sectores ganaderos han pasado de exportar sus productos sólo de manera ocasional a tener una actividad exportadora muy dinámica, ya que el nivel de producción supera con mucho el consumo interno del país. En estos momentos se están realizando esfuerzos para enfocar claramente la actividad ganadera hacia la internacionalización y, muy en especial, para incrementar la presencia de los productos ganaderos españoles fuera de la UE. Esto hace necesaria la puesta en marcha de iniciativas para ayudar a los ganaderos a exportar sus productos, proporcionándoles información sobre el proceso de exportación y aportando ayudas económicas para incentivar las exportaciones fuera de la UE.

Las cuotas lecheras

La PAC puso en práctica un límite para la producción de ciertos alimentos, tanto agrícolas como ganaderos. Vamos a concentrarnos en las cuotas lecheras porque estas han sido las que han tenido un mayor impacto en España. La producción de leche y productos lácteos en la UE había llegado a límites excesivos, de manera que se habían creado enormes excedentes a los que no se podía dar salida en el mercado. Para evitar este problema, la UE estableció unas cantidades máximas de producción láctea para cada país, llamadas **cuotas**, que si se excedían obligaban al país a pagar penalizaciones. España a su vez gestionó su

cantidad máxima con respecto a su número de ganaderos, de manera que cada uno de ellos tenía su cuota láctea individual. Aunque en teoría no estaba prohibido exceder la producción de la cuota, en la práctica no tenía sentido hacerlo debido a las penalizaciones, con lo cual se logró estabilizar la producción de lácteos en el país.

Las cuotas entraron en vigor en España en 1992, seis años después de la entrada de España en la UE, con lo que el país tuvo tiempo para prepararse. Desde ese año, las cuotas para España **han experimentado varios aumentos**, el último de ellos aprobado a través de las disposiciones de la Agenda 2000. El incremento de las cuotas no se aplicó a todos los países comunitarios, sino sólo a aquellos que, como España, habían implementado el sistema de cuotas de manera ejemplar.

A pesar de las dificultades iniciales en implementar el régimen de cuotas en España, a la larga ha tenido un **impacto muy positivo** para la ganadería del país. Debido al límite de producción impuesto en los otros países de la UE, esto significó que los productos lácteos extranjeros permanecían en sus países y no entraban en España, en un momento en el que la leche española tenía precios demasiado altos. Es decir, que el sistema de cuotas actuó en esos momentos

El sector lechero se ha visto muy afectado por las normas de la PAC.

como una medida de protección al sector lechero español. Además, este sistema permitió llevar a cabo una efectiva reestructuración del sector, ya que las granjas pequeñas fueron cerrando y la producción se concentró en granjas de mayor tamaño y más competitivas. En total, se calcula que el número de pequeños ganaderos ha disminuido en un 83%: algo positivo para el desarrollo del sector pero enormemente negativo para los miles de pequeños granjeros que perdieron su trabajo y su forma de vida.

En la actualidad, el sector lácteo ha experimentado un extraordinario desarrollo, siendo en estos momentos muchísimo más moderno, rentable y competitivo que antes de la entrada en la UE.

La pesca

España es un país de larga tradición pesquera debido a la fuerte presencia del pescado en la dieta alimenticia del país. Desde hace siglos, se ha realizado una activa explotación de los importantes caladeros nacionales, aprovechando la riqueza marina española, y también de las aguas internacionales. La actividad pesquera en España es una de las más dinámicas dentro de la Unión Europea; y dentro de España, Galicia cuenta con la flota más grande y con el mayor número de personas dedicadas a actividades relacionadas con el sector.

En los últimos años, **la pesca ha entrado en una crisis** que está haciendo peligrar la viabilidad de la pesca como forma de vida para muchas familias costeras. La pesca española, a pesar de ser una de las fuentes de riqueza tradicionales del país, atraviesa serios problemas debido a las restricciones introducidas por la UE en su **Política Pesquera Común**, que España tiene obligación de acatar. En concreto, una gran parte de los problemas surgen de la necesidad de introducir estrictas **cuotas pesqueras** en las aguas de la UE. El motivo es fundamentalmente la necesidad de garantizar la sostenibilidad de los recursos marinos, como veremos a continuación:

- Es esencial **cuidar los bancos pesqueros y garantizar su regeneración**: algunas especies marinas están en serio peligro y eso amenaza la actividad pesquera a largo plazo.
- **La enorme flota pesquera española es excesiva** para las posibilidades de las aguas comunitarias; simplemente, no hay suficiente pescado para tantos pescadores. La UE ha impuesto unas medidas de reestructuración que pretenden disminuir sustancialmente el número de barcos pesqueros. Todo esto representa una seria amenaza para la economía de varias regiones, especialmente para Galicia debido al alto porcentaje de población empleada en el sector.

Aunque el sistema de cuotas es necesario, su impacto en los pescadores y la industria pesquera es muy perjudicial. Los pescadores españoles no se han tomado bien los límites impuestos por la Política Pesquera Comunitaria, y muchos de ellos **han intentado saltarse las reglas** en varias ocasiones. Por ejemplo, han comprado barcos en otros países para pescar bajo una bandera extranjera, y así poder aprovecharse de la cuota pesquera de otros países. También en algunos casos han obstaculizado el paso de barcos pesqueros de otros países europeos a las aguas españolas, a pesar de que tenían derecho a pescar en esos caladeros. Por último, han surgido conflictos debido a los derechos de los españoles a pescar en ciertas zonas geográficas, como en Marruecos y el Norte de África en general, aunque la zona de Norteamérica y Canadá también presenta problemas. Todas estas actuaciones han provocado enfrentamientos internacionales en los que se ha puesto en entredicho la profesionalidad del sector pesquero español. Pero esta actitud desafiante no es más que un fiel reflejo de la fuerte crisis que padece el sector y la situación desesperada que viven los pescadores.

Los fondos IFOP para el periodo 2000-2006

La UE distribuye su ayuda económica a través de un total de cuatro Fondos Estructurales. Uno de ellos es el IFOP (Instrumento Financiero de Orientación de la Pesca) que existe desde 1993. Tiene como funciones, en primer lugar, **garantizar la reestructuración del sector** impuesta por la Política Pesquera Comunitaria, y, en segundo lugar, **fomentar el desarrollo de las zonas costeras** en las que la pesca es una actividad económica fundamental, buscando actividades alternativas para la población local. De esta manera, el IFOP busca paliar el impacto de la Política Pesquera Comunitaria en regiones como Galicia. El IFOP tiene los siguientes objetivos:

- Velar por una explotación sostenible y a la vez rentable de los recursos de la pesca.
- Mejorar la competitividad de las empresas pesqueras.
- Ofrecer al consumidor europeo una amplia gama de productos pesqueros de alta calidad.
- Ayudar al sector a hacer frente a los retos de una situación en declive de la pesca.

El IFOP hace hincapié en el **respeto al medio ambiente** en las actividades pesqueras para conseguir un equilibrio duradero entre las reservas marinas y su explotación. Sus medidas intentan modernizar el sector, pero es esencial destacar que en ningún caso pueden contribuir al aumento de la capacidad pesquera, debido a su situación de peligro de las especies marinas.

Conclusiones

El sector primario español ha experimentado un desarrollo extraordinario tras la entrada de España en la UE. Las ayudas financieras de la Unión han servido para financiar la modernización y reestructuración del sector, y como resultado el país es ahora más productivo, eficiente y competitivo en esas áreas económicas. Ha habido algunas dificultades durante el proceso, como las limitaciones impuestas a la producción a través de las cuotas, y más recientemente, el difícil proceso de reestructuración por el que está pasando el sector pesquero. Sin embargo, la financiación europea ha ayudado en gran medida a paliar las consecuencias para los trabajadores del sector primario, ayudándoles a reorientar su actividad profesional hacia otros campos.

Todavía quedan retos que afrontar en el futuro. Uno de ellos es la necesidad de cuidar el medio ambiente y mantener la abundante producción que ofrecen las actuales reservas agrarias y marinas durante muchas generaciones. Es necesario que los españoles adopten una mentalidad de respeto hacia el medio ambiente: una actitud que todavía no está tan consolidada en España como en otros países europeos. Por último, queda ver cuál será el impacto final de la ampliación de la UE. A pesar de las posibilidades de expansión que ofrecen los nuevos países, también hay que tener muy presente la posible competencia que sus bajos precios pueden suponer para ciertos productos agrarios españoles. Y lo que es más importante, España debe prepararse para afrontar un futuro en el que el sector se verá desprovisto de un buen porcentaje de las ayudas financieras que tanto han ayudado a desarrollarse en los últimos años.

PREGUNTAS SOBRE EL TEMA 10

1 ¿Por qué es tan variada la producción agraria española?

2 ¿Cuáles eran las características de la agricultura española antes de su modernización?

3 Explica cuál fue el impacto del proceso de industrialización de los años 60 en la agricultura.

4 ¿Por qué se dice que hay un exceso de tierras cultivables?

5 ¿Qué es la PAC, y cuáles son sus dos objetivos fundamentales?

6 ¿Por qué se dice que existe un mercado libre de productos agrícolas dentro de la UE, pero no fuera?

7 Nombra los problemas más importantes de la PAC.

8 Describe brevemente la actividad internacional de las empresas ganaderas españolas.

9 ¿Por qué fue necesario establecer cuotas lecheras?

10 ¿Por qué hay cuotas pesqueras, y quién las impone?

11 Define las funciones del IFOP.

12 ¿Por qué es necesario hacer una reestructuración del sector pesquero?

PREGUNTAS PARA DESARROLLAR

a Explica qué esfuerzos está haciendo la UE para proteger el medio ambiente en el entorno agrícola.

b Resume de qué manera la explotación agrícola actual difiere de la tradicional.

c Tarea de investigación: Busca información en Internet sobre la «guerra del fletán», un desacuerdo de la flota pesquera española en cuanto a su derecho a pescar en aguas canadienses. Escribe un informe en español para entregar en clase.

d Tarea de investigación: Elige uno de los productos agrarios españoles más exportados y averigua en qué regiones se cultiva, qué países lo importan y cualquier otro dato de interés.

GLOSARIO

PAC: Conjunto de leyes de la UE referentes a la gestión del sector agrario de los países comunitarios. Sustituye a la política agraria nacional de cada país.

PPC: Normas comunitarias sobre la explotación de los recursos pesqueros, que todos los países de la UE deben cumplir. Sustituye a la política pesquera nacional de cada país.

Cuotas: Límite que impone la UE a la producción de determinados alimentos, o a la explotación de los recursos pesqueros.

Excedente: Exceso de producción agraria o pesquera de un país.

1. El impacto ecológico de la pesca

http://www.wwf.es/mares_pesca_polit.php

Esta es la página web de WWF/Adena. Hacia el final de la página verás un vínculo que puedes pinchar para ver una película titulada *La locura de la pesca*. Después de verla, haz una lista de los problemas principales que la pesca intensiva ocasiona en las reservas marinas.

2. Impacto de la reforma de la PAC para España

http://www.agroprofesional.com/poll/popup.php?action=results&poll_ident=7

Mira el recuadro donde aparecen los resultados de esta encuesta. Haz clic en la sección *Mostrar comentarios* y haz una lista de los motivos a favor y en contra de la reforma. Podéis usar esta información como base para hacer un debate en clase.

3. Agricultura ecológica: ventajas e inconvenientes

http://frutas.consumer.es/documentos/ecologica.php

Debate para hacer en parejas. Uno de los dos está a favor de la agricultura ecológica, y el otro está en contra. Haced una discusión intentando convencer al compañero de vuestra posición, utilizando la información contenida en esta página.

4. Alimentos transgénicos

http://www.greenpeace.org/espana/campaigns/transgenicos

En esta página web de Greenpeace España podrás averiguar información sobre los alimentos transgénicos y su producción en el país. Lee la información y resume su contenido.

151

COMENTARIO DE TEXTO 1

Antes de leer el texto, busca en el diccionario el significado de las siguientes palabras:

Paulatinamente: _____   Cosecha: _____

Inexorable: _____   Finca: _____

Cesar: _____   Incipiente: _____

Gestión: _____   Concatenación: _____

Impedir: _____   Otorgar: _____

Sobremanera: _____

Lee este artículo y resume en tu idioma los puntos más importantes.

¿Quién trabajará en el campo?
Manuel Pimentel. (*Cinco Días*, 15-12-2004.)

La dificultad que ya existe en todas las regiones españolas para encontrar trabajadores agrarios se incrementará paulatinamente a medida que pase el tiempo, hasta llegar a convertirse en una de las principales limitaciones estructurales de nuestro mundo agrario. Esta desertización laboral agraria será progresiva e inexorable, si a mano de obra española nos referimos. Sin embargo, la agricultura española tiene posibilidades y futuro. No comparto la visión pesimista acerca de nuestra economía agraria. En muchos sectores seríamos competitivos aunque cesaran las ayudas, siempre que exista mano de obra disponible para realizar los trabajos.

La segura escasez de personas para faenas agrarias viene motivada por dos razones. En primer lugar, que los jóvenes prefieren otros trabajos con más expectativas y reconocimiento social. En segundo lugar, porque la mano de obra joven se irá convirtiendo en un recurso progresivamente escaso, y por tanto caro.

(...) Nos preguntamos, entonces, ¿quién trabajará en el campo? Pues en un alto porcentaje, inmigrantes. Pero la gestión de la inmigración no es la única salida de nuestra agricultura. Tenemos cinco campos posibles de actuación.

El primero, y más urgente, la correcta gestión de la inmigración. Que puedan venir legalmente aquellos trabajadores que necesitemos. Nuestra actual Ley de Extranjería impide la gestión de los flujos migratorios, lo que dificulta sobremanera el equilibrio razonable y justo entre oferta y demanda.

El segundo campo sería el de las estructuras agrarias. Se deberá tender a incrementar la unidad media de explotación, para racionalizar la gestión agraria. No es lo mismo repartir gastos generales entre diez hectáreas que entre cien. Permite un adecuado uso de maquinaria y de ordenación de cosechas.

El tercero es el más obvio. Continuar con la imparable tendencia de mecanización de todas las faenas agrícolas posibles. Con la reciente mecanización completa del olivar, tenemos como reto las frutas y muchas de las hortalizas, así como el complejo mundo ganadero, que no conoce de noches ni de días, ni de fines de semana o vacaciones. Tenemos el reto de disminuir la dependencia del campo de la mano de obra.

El cuarto, la necesaria creación de una potente red de servicios agrarios, que provea de mecanización y mano de obra a los agricultores, o de gestión de fincas a aquellos que poseyendo tierras no puedan cultivarlas. El sector de servicios agrarios, todavía incipiente, tendrá un importante desarrollo en estos próximos años.

Por último, una adecuada gestión de la mano de obra, garantizando la concatenación de campañas, con una adecuada intermediación laboral que otorgue estabilidad a los trabajadores. En resumen, que la limitación de la mano de obra será una dificultad más para nuestra agricultura, que podrá ser superada con imaginación, gestión y esfuerzo. Como desde siempre se hizo.

COMENTARIO DE TEXTO 2

Antes de leer el texto, busca en el diccionario el significado de las siguientes palabras:

Caladero: _____   Manglar: _____

Exponencialmente: _____   Esquilmado: _____

Salvaje: _____   Jaula: _____

Barco de altura: _____   Atajar: _____

Antaño: _____   Pienso: _____

Criadero: _____   Al margen de: _____

Alabanza: _____

Acuicultura, las granjas azules del futuro
Entornosocial.es 5 de abril de 2005

La Agencia para la Agricultura y la Alimentación de Naciones Unidas (FAO) considera que el 70% de los caladeros mundiales están sobreexplotados y la población mundial crece exponencialmente año tras año. La clave para encontrar proteínas y vitaminas de calidad procedentes del pescado puede estar en las granjas marinas, que se extienden imparablemente por todos los países industrializados. La acuicultura es una actividad que requiere un alto grado de tecnología e inversiones previas. Reproducir las condiciones de temperatura, alimento disponible, mareas y corrientes marinas de la pesca salvaje no es fácil, pero tampoco es sencillo para los barcos de altura seguir capturando al mismo ritmo que antaño.

Se calcula que para 2050 casi la totalidad de la pesca será procedente de granja, pues la salvaje correrá peligro de extinción. De hecho, ahora mismo la Unión Europea está desaconsejando la captura de merluza, cigala o bacalao, porque están muy amenazadas. Pronto también los centollos o el pulpo serán de criadero, que vendrán a añadirse a la larga lista de especies –como la lubina o la dorada, dos de los peces con mayor producción en España– que ya comemos.

Concretamente en España, se calcula que consumimos un 30% de pescado de granja y que doblaremos esta cifra hacia 2020. Y ello a pesar de ser nuestro país uno de los primeros en cuanto a mayor flota pesquera se refiere. (...)

No todo son alabanzas

Los ecologistas protestan contra los langostinos, que se crían en manglares tropicales –por sus aguas cálidas– cada vez más esquilmados, y los mejillones, muy comunes en las Rías Gallegas. Estos últimos provocan, según los verdes, un problema: ante su gran concentración en jaulas filtran y consumen hasta el 80% de los nutrientes de estas zonas, por lo que para otras especies se hace muy difícil la supervivencia.

Los ecologistas sospechan, además, que la concentración de peces en las jaulas provocan enfermedades que los acuicultores atajan con, según estas fuentes, excesiva cantidad de medicamentos, cosa que los interesados niegan, al igual que la misma acusación pero respecto al pienso:

«Echar excesiva comida o medicación sería tirar el dinero, nosotros somos los principales interesados en que los fondos marinos permanezcan limpios». «Producimos un buen producto, sometido a muchos controles, y no nos podemos arriesgar a que nos quiten la concesión después de las enormes inversiones que hacemos». Pero, al margen de las críticas de los ecologistas, lo cierto es que la acuicultura ha hecho bajar los precios del pescado en los países industrializados, hasta unas cuatro veces desde 1990 en algunas especies.

Preguntas sobre el texto

1. Antes de empezar, explica qué es la acuicultura.

2. ¿Cuál es la situación de las reservas pesqueras mundiales?

3. ¿Qué alternativas hay a la pesca tradicional?

4. ¿Cuál es la situación de la acuicultura en España en la actualidad, y cómo se espera que evolucione en el futuro?

5. ¿Qué problema presenta la cría de mejillones?

6. ¿Qué otros problemas ven los ecologistas en la acuicultura?

Se calcula que para 2050 casi la totalidad de la pesca procederá de granjas.

El sector secundario 11

El sector secundario puede definirse como un conjunto de actividades económicas que tienen el fin de obtener bienes materiales a través de la transformación de materias primas. Es un sector de importancia fundamental para el desarrollo económico de cualquier país, debido a su elevada productividad, al nivel de financiación que necesita y al importante número de puestos de trabajo que genera. Por lo tanto, su buen o mal funcionamiento suele tener un serio impacto en otros sectores y en la economía del país en general.

El sector secundario español se caracteriza, entre otras cosas, por la **concentración de su actividad** en una serie de zonas geográficas: el norte de España, Valencia y Madrid, mientras que el sur y el interior de España presentan unos niveles industriales mínimos. Esto se debe en gran medida a que la industria suele necesitar un tipo de instalaciones determinado, en zonas con buenas infraestructuras y un servicio de comunicaciones desarrollado; por lo tanto, las nuevas empresas suelen asentarse en áreas en las que ya existe una importante concentración industrial.

Dentro del sector secundario encontramos tres tipos de industrias principales:

- **La industria pesada,** que se encarga de trabajar con materias primas pesadas (como minerales) y convertirlas en pro-

El sector industrial tiene gran importancia en la economía española.

155

ductos semielaborados. Ejemplos de este tipo de industria son el **sector siderúrgico** y la **industria química** cuya actividad es muy dinámica en España. Las empresas dedicadas a estas actividades necesitan instalaciones de gran tamaño, grandes inversiones de capital y emplean a un alto número de trabajadores. Se suelen instalar en las grandes ciudades industriales como las del País Vasco y Cataluña. Este tipo de industria es la que presenta más problemas debido a los enormes costes que generan, que se traducen en deudas millonarias cuando la rentabilidad se ve afectada.

- **Las industrias de equipo** tienen dos subsectores fundamentales: la industria de la **construcción**, que es muy dinámica y genera un alto número de ingresos en España, y la **industria metalúrgica** de transformación.

- **La industria ligera** produce bienes de consumo particular, es decir, productos destinados directamente a los consumidores individuales. Ejemplo de este tipo de industrias son los sectores **automovilista, textil** y de **electrodomésticos**, todos ellos de gran importancia en el país.

Etapas de crecimiento del sector secundario

Este sector está caracterizado por tener un desarrollo tardío, debido al retraso histórico que sufrió la consolidación de la industria en España. Su crecimiento presenta las siguientes etapas:

1939-1959

En los primeros años de la dictadura, el gobierno franquista adoptó una política de autosuficiencia y de aislamiento con el exterior. Su prioridad era iniciar un proceso de industrialización que permitiera al país prescindir

de las importaciones, pero para eso era prioritario activar la actividad industrial, que estaba sumida en el atraso. Se tomaron medidas como la creación del Instituto Nacional de Industria (INI) en 1941, a través del cual el Estado participaba en las empresas industriales y les facilitaba ayuda económica. El resultado de esta etapa autárquica es que la industria se orientó muy fuertemente hacia el mercado nacional, produciendo para los españoles prácticamente en exclusiva. Además, no se fomentaba el avance tecnológico, ya que el país contaba con una abundante mano de obra barata que suplía la falta de equipamiento técnico moderno.

1959-1970

En esta etapa desarrollista se dio un impulso a la liberalización de la industria española y se comenzó una **política de apertura** hacia el exterior. El *Plan de Estabilización* de 1959 tuvo un papel determinante en este aspecto, facilitando el crecimiento de la industria y generando cambios positivos en la economía española. Para estos cambios fue fundamental también la entrada de capital extranjero y la modernización tecnológica.

Más adelante se crearon los tres *Planes de Desarrollo* (1964-67, 1969-72, 1973-75), que pretendían corregir el desequilibrio industrial entre las diferentes regiones españolas. En esta época, la industria presentaba altos niveles de concentración en regiones como Madrid, Barcelona, el País Vasco y en menor medida Valencia, mientras que otras zonas de España eran desiertos industriales. Los Planes no consiguieron solucionar este desequilibrio, pero sí lograron regenerar la actividad industrial en España. En este sentido se puede decir que los Planes tuvieron un gran éxito, ya que gracias a ellos se consiguió alcanzar un PIB anual del 7%.

La expansión en la industria se vio impulsada por el fuerte incremento de la demanda nacional, que se había intensificado con la mejora del nivel adquisitivo de la población.

Las ramas industriales que más se desarrollaron fueron los bienes de consumo (productos textiles, alimentación, calzado), y la industria automovilística, gracias a la buena trayectoria de grandes empresas como SEAT y Pegaso.

A pesar de esta expansión de la industria, quedaban **serios problemas** por resolver:

- El alto número de empresas de gran tamaño pero no rentables, como ciertas empresas siderúrgicas o astilleros navales.
- La fabricación de productos poco competitivos y con escasa demanda.
- La escasa preparación tecnológica de las empresas.

1975-1986

España comenzó la década de los 70 sumida en una **grave crisis económica** provocada por el aumento de los precios del petróleo. Como hemos visto en otros temas, la crisis del petróleo tuvo repercusiones en todo el mundo, pero tuvo un mayor impacto en España debido a la fragilidad de su economía, y a que la inversión procedente de los países extranjeros disminuyó por motivo de la recesión que sufrían sus economías. La industria se vio fuertemente afectada por la subida de los precios del petróleo, que ocasionó una subida de los costes de producción. Esto a su vez generó una disminución de la demanda, de la inversión y de la producción, y a la vez un incremento del desempleo. La grave situación económica se vio empeorada porque el gobierno no intentó solucionar estos problemas de manera inmediata. Pero tenía una buena excusa: a finales de los años 70 todas las energías del país estaban volcadas en hacer posible la Transición, con lo que los problemas económicos perdieron prioridad ante la urgente situación política del país.

A partir de los años 80, y con el PSOE en el poder, comienza un profundo programa de **reconversión industrial** que tiene por finalidad renovar los sectores industriales que habían entrado en crisis debido a su tecnología obsoleta, sanear sus deficientes sistemas de producción y modernizar sus anticuadas estructuras empresariales. En un entorno cada vez más internacional, era vital hacer las empresas más competitivas y adaptar los productos españoles a las demandas del mercado. Los sectores más afectados por la reconversión fueron las industrias pesadas, como la siderúrgica y la naval. Este saneamiento de la industria creó un gran descontento entre los trabajadores, ya que fue necesario cerrar algunas empresas y reducir plantilla en otras, creándose grandes bolsas de paro y un serio deterioro económico en las regiones afectadas. Para intentar paliar el problema, en 1984 el gobierno puso en marcha las *ZUR* (Zonas de Urgente Reindustria-

Evaluación de la reconversión industrial	
Aspectos positivos	**Aspectos negativos**
- Saneamiento financiero de la industria y mejora de su rentabilidad. - Adaptación de la producción a la demanda del mercado y ajuste de la capacidad de producción de cada sector. - Modernización del sector con tecnología desarrollada. - Recorte de los gastos industriales.	- Aumento del paro, de hasta el 20% en los sectores industriales más afectados. - Algunas de las regiones no se beneficiaron de las medidas paliativas introducidas por el gobierno y su situación sigue siendo precaria hoy en día. - Algunas empresas no se sanearon adecuadamente, y por lo tanto siguen siendo no rentables. - Las medidas de reconversión fueron insuficientes.

lización), con el objetivo de intentar reactivar la actividad industrial en las zonas perjudicadas y de ayudar económicamente a los trabajadores que habían quedado en paro. Algunas de estas zonas eran Ferrol, Vigo, Bilbao y Sagunto.

1986-presente

La entrada en la UE en 1986 supuso un **nuevo periodo de ajuste** del sector secundario en España. De nuevo, la industria tuvo que adaptar su producción y mejorar su rentabilidad para ajustarse a las exigencias europeas. Por otro lado, la eliminación de los últimos obstáculos a la entrada de empresas extranjeras facilitó la llegada de muchas multinacionales, que constituían una feroz competencia por su mayor tamaño y mejor equipamiento tecnológico. Se hace necesario, por tanto, plantear nuevas estrategias de producción. Estos esfuerzos dan su fruto, y el sector industrial recupera su papel protagonista en la economía española. A pesar de que algunas ramas industriales continúan en permanente crisis, y, por tanto, en permanente estado de reconversión (industria siderúrgica y naval), otras presentan una tendencia expansiva, como el sector automovilístico y las telecomunicaciones. A partir de los años 90, muchas de estas empresas se privatizan, como CAMPSA o Iberdrola, y otras muchas son absorbidas por multinacionales extranjeras, como sucedió con la compra de SEAT por el grupo alemán Volkswagen.

Características del sector industrial español en la actualidad

Los esfuerzos de saneamiento de la industria española llevados a cabo en los últimos 30 años han tenido el efecto deseado, y en la actualidad es un sector competitivo y con un nivel de rentabilidad aceptable. Sin embargo, hay una serie de problemas que todavía no se han solucionado adecuadamente:

- **Bajo nivel tecnológico,** un problema endémico no sólo de la industria sino de la economía española en general.
- **Falta de recursos energéticos,** al carecer de reservas de hidrocarburos y otras materias primas.
- **Excesivo predominio de las PYMEs.** En un mercado cada vez más globalizado como el actual, las empresas españolas necesitan aumentar de tamaño para poder competir con las grandes multinacionales, y para aprovecharse de las economías de escala. Además, el tamaño es un factor que condiciona las posibilidades de expansión en el extranjero.
- **Fabricación de productos con demanda débil.** Aunque en los últimos años la fabricación industrial se ha adaptado a la demanda actual en gran medida, todavía persiste la tendencia a concentrarse en productos tradicionales, y a mostrar poca iniciativa para explotar nuevas posibilidades o para adelantarse a la demanda. La producción es baja en comparación con los países más desarrollados de la UE.

Como consecuencia de todo lo anterior, y a pesar del claro avance experimentado en los últimos años, la producción industrial española no es todavía todo lo alta que debería ser. Los costes de fabricación de los productos son altos, lo que se traduce en un precio más elevado para el consumidor, y en consecuencia, es una pérdida de competitividad en el mercado. **El aumento de la inversión en I+D** es vital para remediar este problema.

El impacto de la industria en el medio ambiente

Tras la entrada en la UE, España se ha visto obligada a cumplir una serie de requisitos ecológicos para asegurar la protección del medio ambiente de los posibles efectos noci-

La importancia de la inversión en I+D

La inversión en I+D es esencial para impulsar la rentabilidad de la industria española y garantizar la competitividad de sus productos. Con estos objetivos en mente, el gobierno desarrolló un *Plan de Investigación Científica* (2000-2003), con el que se fomentaba la innovación tecnológica en varias ramas industriales, como en la informática y las telecomunicaciones. Se crearon además un gran número de Parques Tecnológicos por el territorio nacional para atraer a las empresas tecnológicas. Estos parques ofrecen instalaciones de alta calidad, con una amplia selección de servicios y con buen acceso a las comunicaciones.

A la vista del éxito de estas iniciativas, en 2003 se aprobó el *Plan Nacional de I+D 2004-2007*, creado en colaboración con expertos de amplios sectores de la sociedad (universidad, empresa, centros tecnológicos, organismos públicos, etc.). El objetivo del nuevo Plan es aumentar la capacidad tecnológica española a través del aumento de personal científico y de la mejora de sus condiciones laborales, potenciar la investigación, fortalecer el contacto con el extranjero y facilitar el trasvase de las nuevas tecnologías a la sociedad. Para ello, se elevó el presupuesto destinado a I+D de manera notable, y se espera que en el futuro se revise este presupuesto a la alza. Con esta medida, el gobierno reconoce la importancia de la I+D para el avance de la economía y la industria españolas.

vos de las explotaciones industriales. Los problemas medioambientales más importantes en estos momentos son los siguientes:

- En primer lugar, **la contaminación del suelo y de la atmósfera** causada en gran parte por los vertidos industriales. Un caso especial son las centrales nucleares, que necesitan emplazamientos adecuados y sistemas de eliminación de residuos muy regulados.
- **La explotación excesiva de los recursos** y las materias primas.
- **La degradación estética del paisaje** debido a la instalación de fábricas y otros edificios industriales en zonas naturales.

La Dirección General de Medio Ambiente es el organismo dedicado a tratar estos problemas. Sus actividades se concentran en mantener un estricto control de los vertidos de las empresas, y eliminar los residuos de manera que no perjudiquen al medio ambiente. Es un organismo cada vez más dinámico, lo que refleja la creciente importancia de las preocupaciones ecológicas para los españoles y las instituciones del país.

El ejemplo de la industria automovilística española a través de SEAT

La industria del automóvil es uno de los sectores industriales más importantes y dinámicos de España. Su impacto en la economía es notable, debido a su gran capacidad de generar empleo e ingresos para el país. A continuación aparecen los datos principales del sector en la actualidad:

- España es el tercer fabricante de automóviles de Europa y el séptimo del mundo, según los datos del año 2004.
- El sector automovilístico es la primera industria española en cuanto a los ingresos producidos por exportaciones. Sus productos representan el 22% del total de las exportaciones españolas. España es el mayor productor y exportador de vehículos industriales de la UE, y uno de los mayores productores de turismos.
- En la actualidad existen unos 12 fabricantes de automóviles, cuya producción total es de 2,8 millones de vehículos, de los cuales se exportan más del 80%.

- El sector del automóvil genera alrededor del 6% del PIB y el 10% del empleo en puestos de trabajo directos e indirectos.

En cuestión de un par de décadas (de los años 50 a los 70), España pasó de ser un país prácticamente desmotorizado a uno de los principales productores de vehículos del mundo. La producción automovilística española **comenzó en 1950 con la creación de SEAT** (*Sociedad Española de Automóviles de Turismo*), una empresa pública creada con capital estatal, aportación económica de diferentes bancos españoles y participación de la empresa italiana FIAT. SEAT fue creada en línea con la política autártica del gobierno de la época: fue una solución para prescindir de las importaciones de vehículos extranjeros. Tenía las características típicas de las empresas públicas franquistas, es decir:

- Un fuerte apoyo por parte del Estado, acompañado de una alta dosis de intervencionismo.
- Un mercado fuertemente protegido, con lo cual la competencia era nula.
- Una mentalidad empresarial poco desarrollada, ya que en la gestión de la compañía no entraban seriamente en consideración aspectos básicos como los costes o la calidad del producto.

A pesar de eso, la empresa tuvo un gran éxito desde el principio. Ya en esta primera etapa se vio claro que el desarrollo de la industria automovilística tenía un potencial extraordinario en España. Pronto **empezaron a establecerse empresas extranjeras en el país**, atraídas por su mano de obra abundante y barata. Renault se instaló en Valladolid en 1951 y poco después Citroën lo hizo en Vigo. A partir de los años 70, con la apertura de la industria y el final de la dictadura, se instalan otras muchas multinacionales extranjeras, como Ford en Valencia o General Motors en Zaragoza. Inicialmente, la actividad automovilística desarrollada en las plantas del país era relativamente limitada, reduciéndose al montaje de coches. Las diferentes partes de los vehículos eran traídas de las fábricas italianas de FIAT, o de las francesas de Renault, y al llegar a España se ensamblaban.

El coche emblemático de la primera etapa de desarrollo del sector automovilístico es el **SEAT 600**, que salió al mercado en 1957. Su precio era asequible en comparación con los coches extranjeros, lo que permitió a multitud de familias españolas adquirir su primer vehículo. Este modelo ayudó a motorizar a la sociedad española de forma general en la década de los sesenta, una década en la que la demanda de turismos excedía con mucho la oferta. El éxito de SEAT se debe en gran me-

Imágenes de diferentes modelos SEAT.

Los 10 mayores fabricantes de automóviles		
País	**Producción 2003**	**Producción 2004**
1. Estados Unidos	12.114.971	11.989.387
2. Japón	10.286.218	10.511.518
3. Alemania	5.506.629	5.569.954
4. China	4.443.686	5.070.527
5. Francia	3.620.066	3.665.990
6. Corea del Sur	3.177.870	3.469.464
7. España	**3.029.826**	**3.011.010**
8. Canadá	2.552.862	2.710.683
9. Brasil	1.827.791	2.210.062
10. Reino Unido	1.846.429	1.856.049

dida a las **transformaciones sociales** por las que estaba pasando el país: España estaba cambiando de un país rural a una nación urbana y consumista, y el *Seiscientos* se convirtió en el símbolo de esta transformación. La producción de SEAT se incrementó espectacularmente para acomodar esta demanda, y con ello creció el empleo en el sector del automóvil.

Las exportaciones al extranjero comienzan en los años 70. En estos momentos SEAT ya era la octava empresa productora de turismos del mundo. Sin embargo, arrastraba **problemas** importantísimos como su enorme plantilla, que excedía con mucho las necesidades reales de la empresa. Esto y los elevados costes industriales hicieron que las deudas se acumularan hasta extremos casi insostenibles. Pero como era típico de las empresas públicas de esta época, la rentabilidad era hasta cierto punto secundaria, dándose prioridad a la capacidad de la compañía de generar empleo. Ante la deuda contraída, FIAT, que para entonces ya contaba con el 50% de la empresa, decidió deshacerse de su participación. Por lo tanto, el Estado pasa a hacerse cargo en exclusiva de las pérdidas de SEAT, lo que supone una carga económica que contribuye a aumentar el déficit del país. Ya en los años ochenta,

el gobierno socialista privatiza la empresa, que es finalmente adquirida por el grupo Volkswagen. Con esto, el Estado se libera de las deudas de la empresa, y a la vez SEAT consigue sanearse y convertirse en una compañía rentable.

En la actualidad, **el sector automovilístico español disfruta de buena salud**, con un crecimiento en constante aumento y un nivel de exportación muy dinámico. Esta situación se debe a dos aspectos fundamentales:

- La alta capacidad productiva de las fábricas españolas.
- El buen funcionamiento de la industria auxiliar de componentes de automóvil.

A esto ha contribuido la reciente inversión en I+D en varios centros de desarrollo tecnológico de este tipo de industria, que suelen estar financiadas en gran medida por las propias empresas, como es el caso de Renault y Citroën. Pero este desarrollo es todavía escaso para cubrir las necesidades del sector. Otro problema que presenta la industria automovilística es el exceso de personal en ciertas áreas: en la actualidad, existe una clara tendencia hacia la robotización, con lo cual se necesita menos mano de obra.

PREGUNTAS SOBRE EL TEMA 11

1 ¿Por qué fue positiva la entrada de capital extranjero para el desarrollo del sector industrial español?

2 Explica por qué la crisis del petróleo, que afectó a la economía mundial, tuvo un impacto especialmente intenso en la industria española.

3 Se dice que el excesivo número de pequeñas empresas es una desventaja para la economía. ¿Pero por qué para ciertas empresas grandes, como los astilleros navales, su gran tamaño puede ser un inconveniente?

4 ¿Qué sabes sobre la concentración de la industria española?

5 ¿Por qué el gobierno no intentó solucionar inmediatamente la crisis económica de mediados de los años 70?

6 ¿Qué fue la reconversión industrial, y qué aspectos positivos y negativos tuvo para el sector?

7 ¿Qué dificultades sufrió la industria española tras la entrada de España en la UE?

8 ¿Cuál es el problema más urgente por resolver en la industria española actual?

9 ¿Cuál es la importancia del sector automovilístico para la economía española?

10 ¿Por qué se dice que el SEAT 600 es un coche emblemático?

PREGUNTAS PARA DESARROLLAR

a Explica los pros y los contras de la entrada de España en la UE en cuanto al proceso de industrialización del país.

b Tarea de investigación: Busca información sobre el papel del INI en la industria desde su creación hasta su cierre. Escribe un informe sobre este tema para entregar en clase.

c Tarea de investigación: Estudia el caso de la reconversión naval en España, desde los años 80 hasta la actualidad.

GLOSARIO

Astilleros: Empresas dedicadas a la construcción naval, que han estado en permanente situación de crisis desde los años ochenta.

Siderurgia: Industria de transformación de metales, y que trabaja fundamentalmente con el acero. Ha sido un sector que ha experimentado fuertes crisis a lo largo de la historia.

Recorte de plantilla: Proceso de reducción del personal de una empresa en un intento de reducir gastos. Fue parte del proceso de reconversión de muchas empresas españolas en crisis.

SEAT: Compañía de fabricación de automóviles. Originalmente era una empresa pública española, que tuvo un gran protagonismo entre los años 50 y 80. Sus bajos precios permitieron el acceso de los españoles de la época a vehículos motorizados.

ACTIVIDADES DE INTERNET

1. Noticias sobre la industria

http://www2.mityc.es/es-ES/index.htm?cultura=es-ES

Esta es la página del Ministerio de Industria, Comercio y Turismo. En la portada, verás algunas noticias importantes de la semana. Elige una de ellas, que esté relacionada con la industria, y haz un resumen en tu idioma.

2. Empresa Acerinox

http://www.acerinox.es/

Acerinox es una importante empresa fabricadora de acero. Busca información sobre la compañía en su página web y escribe un informe con los datos que hayas averiguado.

3. Industria química

http://www.feique.org/

Aquí podrás encontrar datos básicos para saber más información sobre la industria química en España. Si tienes tiempo, mira el interesante «museo virtual» de esta federación:
http://www.fundacionquimica.org/portada.htm

4. Soluciones a la crisis industrial: el caso de Ferrol y Newcastle (Gran Bretaña)

http://www.lavozdegalicia.es/reportajes/
noticia.jsp?CAT=130&TEXTO=3206891

Aquí podrás leer un reportaje sobre el papel de las subvenciones para solucionar la crisis industrial de dos regiones: Ferrol (en Galicia) y Newcastle (Gran Bretaña). Explica qué opinión se expone sobre las subvenciones públicas.

5. La industria textil en España

http://www.lavozdegalicia.es/reportajes/cibeles/pasarela/
pasarela4.htm

Este es un reportaje sobre el sector textil en España. Analiza su importancia dentro de la economía española en general.

COMENTARIO DE TEXTO 1

Antes de leer el texto, busca en el diccionario el significado de las siguientes palabras:

Predominar: _____

Lanzadera: _____

Bruto: _____

Estancamiento: _____

Retroceso: _____

La otra cara de la moneda: _____

Fuente: _____

Restante: _____

Edificación: _____

Vivienda: _____

Sección II. La economía española por sectores

164

La economía española depende del sector de la construcción

El sector de la construcción en España, a pesar de mostrar una suave desaceleración, continúa siendo uno de los pilares fundamentales de la economía española y crece incluso por encima del Producto Interior Bruto (PIB). El tono positivo de la actividad en 2004 hizo crecer el empleo el 3,9 por ciento, aunque predominó la contratación temporal y la ocupación no asalariada llegó al 20 por ciento del total. Son datos del Informe Mensual del Servicio de Estudios de «la Caixa», correspondientes al mes de abril de 2005.

La construcción ha crecido por octavo año consecutivo, en 2004 el 3,7 por ciento a precios constantes, seis décimas menos que en 2003. De esta manera, el sector representó en ese período de tiempo el 9,5 por ciento del PIB español. Desde la perspectiva de la demanda, la inversión en construcción representó el 60,6 por ciento del conjunto de la inversión total, lo que muestra la importancia relativa de este motor económico.

Generadora de empleo

Esta actividad se está revelando como la mejor lanzadera generadora de empleo en España. A finales de 2004, la ocupación en el sector se situó en 1.955.700 lugares de trabajo equivalentes a tiempo completo, o sea un 11 por ciento de la ocupación total. El aumento del empleo en la construcción, según la encuesta de población activa, fue muy elevado entre la población no asalariada, que llegó a representar algo más del 20 por ciento de la ocupación total del sector.

Sin embargo, en estos optimistas datos predomina la contratación temporal, que llegó a ser en 2004 de un 44,6 por ciento del total sectorial, una proporción muy superior a la del resto de la economía.

Por encima de la zona euro

La expansión de la construcción en España fue en 2004 claramente superior a la del conjunto de la zona euro, donde el valor añadido bruto aumentó el 0,8 por ciento. El estancamiento de los Países Bajos y Francia y el retroceso de Alemania (4 por ciento) y Portugal (2,2 por ciento) son la causa del bajo tono de la actividad en la UE. La otra cara de la moneda, por encima incluso de España, son el Reino Unido, Irlanda, Bélgica y alguno de los países recién incorporados.

Por otra parte, la demanda del sector público creció en 2004 el 6 por ciento, dos puntos por encima del incremento registrado por la del sector privado, según indica la asociación empresarial SEOPAN. La demanda del sector público, sobre todo en cuanto a obra civil, representó el 23 por ciento de los 144.700 millones de euros de la producción interna en 2004, según la misma fuente. El 77 por ciento restante, correspondiente al sector privado, se concentró básicamente en la edificación, principalmente de viviendas. Todo parece indicar que la fortaleza de la demanda pública se mantendrá a medio plazo.

Isabel Ordóñez www.forumlibertas.com, 24/05/2005

Preguntas sobre el texto

1. ¿Cuál es la importancia del sector de la construcción para la economía española?

2. ¿Cuál es su impacto en el empleo?

3. ¿Qué características tiene el empleo creado en la construcción?

4. ¿Cómo ha evolucionado el sector de la construcción en comparación con otros países de la UE?

5. ¿Qué se dice en el último párrafo sobre el papel del sector público y el privado en la construcción?

COMENTARIO DE TEXTO 2

Antes de leer el texto, busca en el diccionario el significado de las siguientes palabras:

Deslocalización: _____

En declive: _____

Ubicarse: _____

Germen: _____

Señalar: _____

Gotear: _____

Huir: _____

Alcanzar: _____

Industria creará distritos tecnológicos en áreas degradadas para frenar la deslocalización. *El País,* 19-06-2004

El Gobierno se propone recuperar las zonas en declive de las ciudades necesitadas de urgente reindustrialización. Para ello, creará nuevas áreas, llamadas «zonas arroba @», en las que impulsará el desarrollo de actividades con alta densidad de empleo y que utilizan de forma intensiva nuevas tecnologías de la información y la comunicación (TIC). La iniciativa la lanzó ayer el ministro de Industria, Comercio y Turismo, José Montilla, durante la reunión del Círculo de Economía que se celebra en Sitges, donde insistió en la importancia de volver a tener una política industrial.

Las «zonas arroba @» servirán para integrar proyectos de innovación tecnológica en empresas que se ubicarán en zonas desfavorecidas y distritos urbanos degradados. El proyecto parece inspirado en el distrito tecnológico que el Ayuntamiento de Barcelona lleva varios años intentando impulsar en el barrio del PobleNou de esta ciudad, el llamado 22@. Su desarrollo, que está siendo más lento de lo que se pensó hace poco más de cuatro años, sólo ahora empieza a notarse más allá del ámbito urbanístico, en buena medida porque su lanzamiento coincidió con el inicio de la crisis de las empresas *puntocom* y de las telecomunicaciones.

La innovación tecnológica debe ser «el germen de la recuperación económica y social de las regiones deprimidas y del desarrollo urbano», señaló José Montilla, para quien las «zonas arroba @ pretenden modificar la estrategia de los antiguos polos de promoción y desarrollo y de las zonas de urgente reindustrialización que se utilizaban en los ochenta y los noventa, basados en el apoyo al qué producir».

Nueva política

Este proyecto forma parte de la nueva política industrial que Montilla explicó a los tres centenares de empresarios reunidos en Sitges, y que se diseña en pleno goteo de deslocalizaciones de plantas productivas. La política industrial que regresa a la agenda del Gobierno huye del «café para todos» en materia industrial. Frente a las recetas horizontales para el conjunto de la industria, los problemas se abordarán sector a sector, con el ánimo de desarrollar *clusters* (grupos) empresariales, y en los que el desarrollo tecnológico, «que tiene base sectorial», será la clave.

«Las empresas de un sector comparten y utilizan con mayor facilidad los conocimientos específicos del sector que los conocimientos generados en sectores diferentes», explicó Montilla. Los sectores que se consideran particularmente estratégicos son la farmacia, la biotecnología, la aeronáutica, las telecomunicaciones y la nanotecnología.

Sector por sector, se estructurará también el Pacto Industrial que el ministerio quiere alcanzar con comunidades autónomas, sindicatos y organizaciones empresariales para mejorar la competitividad de las empresas y de la economía, en el que se pedirá moderación salarial a los trabajadores a cambio de que las empresas inviertan en formación e innovación, la «vacuna» contra las deslocalizaciones.

Preguntas sobre el texto

1. ¿Qué son las «zonas arroba @»?
2. ¿Por qué fueron creadas las «zonas arroba @»?
3. ¿A qué tipo de empresas está dirigido este proyecto?
4. ¿Por qué la innovación tecnológica es importante, según el texto?
5. ¿Qué es el Pacto Industrial?

Sección II. La economía española por sectores

El sector terciario 12

E l sector terciario engloba las actividades económicas relacionadas en torno a los servicios. En concreto, comprenden las operaciones realizadas por varios subsectores: entre ellos, los más importantes son **el comercio**, **el turismo** y **la Banca**, que son en los que nos vamos a concentrar en este capítulo.

En la actualidad, los servicios son el sector de más peso en la economía española actual, igual que sucede en la mayoría de los países desarrollados. Pero esto no ha sido siempre así: en épocas anteriores el énfasis económico se encontraba en la agricultura (antes de 1960), más tarde en la industria (hasta los años 80) y sólo recientemente hemos visto cómo los servicios se consolidaban como el sector «líder» de la economía española. Sus operaciones generan conjuntamente casi el 70% del PIB español, y dan trabajo a casi el 65% de la población activa del país. Está previsto que la tendencia se incremente cada vez más en este sentido.

Comercio

En esta sección nos vamos a concentrar en las actividades de **comercio exterior**, que son

las que han experimentado un desarrollo más notable en los últimos años. La situación actual difiere mucho de la que existía en la época franquista. **Durante la dictadura**, España era eminentemente un país exportador de materias primas e importador de productos manufacturados. Esto se debía, como vimos en el tema 10, a que tenía una tecnología poco desarrollada y a una concentración de la actividad económica en la agricultura. Sin embargo, hacia el final de la dictadura la economía española sufrió una profunda transformación: España dejó de ser un país agrícola y pasó a convertirse en un país industrial y urbano, mejorando su ca-

167

El sector terciario engloba actividades como la Banca.

pacidad tecnológica en este proceso. En estos momentos, España exporta una considerable cantidad de productos manufacturados.

La incorporación de España a la entonces CEE supuso el abandono de una política comercial propia y la adopción de la política comercial común de los países de la Unión. Con la eliminación de los aranceles se suprimieron los obstáculos a los intercambios entre los países miembros, y se estableció un régimen de comercio común frente a terceros países. Todo esto ha supuesto un cambio radical de la política comercial española. En particular, fue necesario pasar de un mercado interior protegido a uno abierto a la competencia europea. Además, fue preciso que España potenciara su presencia en los mercados exteriores, empezando por los países de la UE.

En la actualidad, los **principales países** con los que España tiene relaciones comerciales son:

- En primer lugar, como hemos dicho antes, **los países de la UE**, especialmente Francia, Alemania y Portugal. España realiza aproximadamente dos tercios de las operaciones de comercio exterior con los países de la Unión; en concreto, el 75% de las exportaciones y el 67% de las importaciones, según datos de 2003. Como dato de interés, hay que destacar que el comercio con los países de la Ampliación ha experimentado un fuerte incremento, llegando a triplicarse en el periodo 1996-2003.

- **América Latina** es otra zona con gran tradición comercial con España, debido a lazos culturales y al idioma común que comparten. Sin embargo, en años recientes el comercio con esta zona se ha visto resentido debido a dos factores principales. Por un lado, algunos países latinoamericanos han seguido una política comercial proteccionista, lo que ha dificultado las exportaciones españolas. Por otro lado, algunos de estos países han sufrido problemas serios en su economía (como la crisis de Argentina de 2002), lo que ha dificultado el pago de los productos españoles. Todo esto ha hecho disminuir los contactos comerciales con esta zona económica.

- Por último, España tiene un flujo de exportación muy dinámico **con países asiáticos** como Japón y sobre todo China, que se vio facilitado a partir de 1995 gracias a la bajada de las tarifas arancelarias. En estos momentos, el comercio con China está adquiriendo una importancia cada vez mayor: las importaciones de este país experimentaron un aumento del 19% en 2003, y se espera que la tendencia continúe en esta línea. El comercio con los países asiáticos está experimentando un cambio cualitativo: tradicionalmente, era dominante en productos de alto nivel tecnológico, como electrónica o informática. Sin embargo, en la actualidad los productos de contenido tecnológico bajo y medio (cereales, conservas, textiles) están ganando terreno.

- Las exportaciones e importaciones con **EE UU**, que habían tenido gran importancia hasta los años 80, han disminuido sustancialmente en la actualidad. Esto se debe a que los EE UU tienen acuerdos comerciales más favorables con países más cercanos, a través de acuerdos como NAFTA, y que a su vez España tiene más facilidades para lograr un comercio fluido con los países europeos.

El saldo comercial español, es decir, la diferencia entre las importaciones y las exportaciones, es tradicionalmente deficitario. España importa más productos de los que exporta, en parte debido al aumento de la demanda interna. De todas formas, la actividad exportadora del país es bastante dinámica, particularmente en regiones como Cataluña, Comunidad de Valencia y Madrid, que son las tres Comunidades Autónomas más exportadoras.

- **Importaciones:** Los productos que España importa en mayor cantidad son bienes de equipo y productos semifacturados. Además, también importa una

Las PYME's españolas reciben asesoramiento para iniciar sus exportaciones a otros países.

gran cantidad de productos alimenticios, coches y bienes de consumo.

- **Exportaciones:** Casi la mitad de las exportaciones españolas son del sector del automóvil. También son importantes las exportaciones de productos de piel (especialmente los zapatos) y de textiles. Ha habido una disminución importante en la exportación de productos agrícolas, debido al reciente declive de la agricultura y la competencia de países mediterráneos más baratos. De todas formas, el aceite de oliva, los cítricos, las hortalizas y el vino todavía son productos con mucha demanda en el extranjero.

Inversión extranjera en España

Durante la época de Franco (antes de 1959), la inversión extranjera en España era muy limitada, debido al aislamiento típico de la primera etapa del régimen. A partir de la *apertura* de los años 60, se empezó a facilitar la entrada de las empresas extranjeras, que se beneficiaban de los bajos costes de producción y de

Sectores exportadores de España por orden de importancia (diciembre de 2004)	Sectores importadores por España por orden de importancia (diciembre de 2004)
1. Vehículos de transporte.	1. Productos químicos.
2. Productos químicos.	2. Combustibles y lubricantes.
3. Equipos, componentes y accesorios de automoción.	3. Vehículos de transporte.
4. Productos hortofrutícolas.	4. Equipos, componentes y accesorios de automoción.
5. Productos siderúrgicos.	5. Electrónica e informática.
6. Electrónica e informática.	6. Productos siderúrgicos.
7. Combustibles y lubricantes.	7. Material eléctrico.
8. Material eléctrico.	8. Prendas textiles de vestir.
9. Prendas textiles de vestir.	9. Productos sin elaborar.
10. Materiales textiles.	10. Pescados, moluscos y crustáceos.

Fuente: ICEX.

Destino de las exportaciones españolas, por orden de importancia (diciembre de 2004)		Origen de las importaciones españolas, por orden de importancia (diciembre de 2004)	
1. Francia	11. Marruecos	1. Alemania	11. Rusia
2. Alemania	12. Grecia	2. Francia	12. Suiza
3. Portugal	13. Suiza	3. Italia	13. Argelia
4. Reino Unido	14. Suecia	4. Reino Unido	14. Irlanda
5. Italia	15. Polonia	5. China	15. Suecia
6. Estados Unidos	16. Austria	6. Países Bajos	16. Corea del Sur
7. Países Bajos	17. Japón	7. Estados Unidos	17. Turquía
8. Bélgica	18. China	8. Portugal	18. Nigeria
9. Turquía	19. Brasil	9. Bélgica	19. Austria
10. México	20. Dinamarca	10. Japón	20. Libia

Fuente: ICEX.

mano de obra. Otro atractivo de España para la inversión extranjera se basaba, y todavía se basa, en su situación geográfica: un enclave a medio camino entre Europa y África, y con excelentes relaciones comerciales con América Latina. Los países con más tradición de inversión en España son los EE UU, y más recientemente los países de la UE.

En la actualidad, España es un país con **características óptimas para recibir inversión extranjera**, y por lo tanto un gran número de empresas extranjeras se han instalado en el país. Su atractivo reside en que en la actualidad España es un país con unas infraestructuras modernas y desarrolladas, con una situación económica estable y con una legislación que fomenta la inversión en el país. A todo esto se unen unos costes todavía bajos, lo que da al país una ventaja competitiva ante países más baratos pero sin la estabilidad política o

Valoración de la inversión extranjera en España	
Ventajas	**Inconvenientes**
• **Impulsa el crecimiento económico español:** crea el 8% del PIB y produce un enorme número de puestos de trabajo directos e indirectos. • **Ayuda a mejorar la balanza de pagos** a través de los ingresos que proporciona al país. • **Facilita el acceso y la importación de tecnología.** • **Favorece la modernización de los métodos de dirección de empresas** a través de las nuevas técnicas de gestión y producción que traen las compañías extranjeras.	• **Se crea una competencia muy fuerte** para las empresas españolas, que habían estado muy protegidas por el régimen anterior y ahora encuentran difícil competir con los gigantes extranjeros que se instalan en España. • **El gobierno español no tiene control sobre estas empresas,** lo que ha dado problemas cuando deciden hacer reducción de plantilla o cuando abandonan España. • **Se crea dependencia de la tecnología importada** que ya aportan las empresas extranjeras, y por la que hay que pagar un alto precio en licencias, patentes y derechos de uso. • **Contribuyen a la concentración de la industria,** ya que las empresas extranjeras se instalan en regiones ya muy industrializadas para aprovecharse de su infraestructura. Esto favorece los desequilibrios regionales.

sin las infraestructuras necesarias para las empresas. A pesar de esto, hay un grupo de países que pueden constituir una amenaza en este sentido; son las nuevas naciones de la Ampliación de la UE. Estos son países que al formar parte de la UE pueden ofrecer una estabilidad política, y que pronto contarán con unas infraestructuras modernizadas, así que potencialmente se puede desviar inversión hasta esta zona.

La inversión extranjera en España ha experimentado un bajón desde el año 2001. Esto responde a una tendencia global: el clima actual de incertidumbre política mundial genera cautela en las empresas a la hora de pensar en expandirse a otros países. Sin embargo, a pesar de esta ralentización, el ritmo de inversión extranjera en España se ha triplicado en los últimos diez años, lo que en 2003 colocó al país en el **sexto mayor receptor mundial** de inversión extranjera. En cuanto a los sectores que reciben más interés del exterior, el más importante es el del automóvil, que está fuertemente dominado por las empresas extranjeras. Otros sectores que atraen inversión son el sector químico, alimenticio y de hostelería.

El sistema bancario español

El sector bancario tiene una gran impacto en la economía española, mayor que en otros países europeos. Esto se debe a que **constituye la fuente principal de financiación de las empresas**, y no la Bolsa como ocurre en otros países: en vez de conseguir capital a través de la venta de acciones, las empresas españolas suelen recurrir a créditos bancarios. Esta característica determina que las entidades financieras estén fuertemente relacionadas con las empresas, de las que a menudo son accionistas. En España hay dos tipos fundamentales de entidades bancarias: los bancos y las cajas de ahorros. A esto se suma la presencia del Banco de España, que junto con el Banco Central Europeo regula el sistema financiero español.

Desarrollo de la Banca española hasta nuestros días

El sector bancario ha experimentado un **proceso de liberalización** progresivo en los últimos 30 años. En la época de la dictadura, la banca española se encontraba muy protegida por el gobierno a través de una serie de prohibiciones a la entrada de competidores extranjeros, con lo cual el sector se encontraba en una cómoda posición en el mercado nacional. Con la llegada de la democracia se produce un proceso de liberalización y desprotección de la banca, que ha obligado a las instituciones financieras a modernizarse y hacerse más competitivas. El proceso de liberalización tiene las siguientes características:

- **La entrada de bancos extranjeros:** Desde 1978 estaba permitida la entrada de bancos extranjeros en el territorio español, pero sólo para realizar una serie de actividades muy concretas, con lo cual no suponían una gran competencia para los bancos nacionales. Pero a partir de 1993, la normativa de la Unión Euro-

El BBVA es uno de los grandes grupos bancarios de España.

pea dictaba que cualquier banco podía establecerse en España y realizar las mismas operaciones que un banco español. Un gran número de grandes bancos extranjeros se ha establecido en el país desde entonces, ofreciendo una fuerte competencia a las entidades nacionales.

- **La proliferación de las fusiones.** Para hacer frente a estos gigantes bancarios, el sector financiero español tuvo que adaptarse para hacerse más competitivo. Lo primero que había que hacer era crecer en tamaño: los bancos españoles eran mucho más pequeños que los extranjeros, y esto los ponía en una posición más vulnerable en el mercado. En un primer momento, las pequeñas entidades financieras fueron absorbidas por los grandes bancos. Después, los grandes bancos se fusionaron entre sí, dando lugar a enormes y poderosas instituciones financieras, algunas de las cuales se encuentran en la actualidad entre las más importantes del mundo. En estos momentos existen 2 grandes grupos: el BSCH (Banco Santander Central Hispano) y el BBVA (Banco Bilbao Vizcaya Argentaria): juntos representan más de la mitad de la actividad del sector en España. El BSCH compró el grupo británico Abbey National en 2004, con lo que se consolida su posición dominante en el mercado nacional y también en el internacional: es el cuarto banco de Europa y octavo del mundo por capitalización.

Las cajas de ahorro españolas

Además de los bancos, en España hay un tipo diferente de entidad financiera conocida como cajas de ahorros. Las cajas se diferencian de los bancos en una característica principal: son **instituciones financieras sin ánimo de lucro**. Si tienen beneficios, un porcentaje de éstos se invierten en realizar obras sociales y benéficas orientadas a la sanidad pública, la investigación, la enseñanza y cultura y los

La Caixa es la Caja de Ahorros más grande de Europa.

servicios de asistencia social. El resto va destinado a reforzar las reservas monetarias de la entidad, para así garantizar su solvencia. Desde 1977, las Cajas de Ahorros pueden realizar las mismas funciones que los bancos, aunque sus actividades suelen concentrarse en la administración de depósitos de ahorro.

Igual que los bancos, las cajas de ahorros han tenido que pasar por un proceso de rápida adaptación para hacer frente a la dura competencia que suponía la liberalización del mercado financiero tras la entrada en la UE. Las cajas tomaron medidas para fortalecer su posición en el mercado, como reducir al máximo los costes de intermediación e iniciando un **proceso de fusiones** para convertirse en entidades más fuertes y equiparables a las extranjeras.

En estos momentos existen unas 48 cajas de ahorros en España, una cifra mucho menor que hace veinte años debido al dinámico ritmo de fusiones que ha seguido este sector financiero. En la actualidad, la caja de ahorros más importante es *La Caixa*, una entidad catalana creada en 1990 tras la fusión de la Caja de Pensiones y la Caja de Barcelona. En la actualidad es la caja de ahorros más grande de Europa, y la tercera institución financiera de España detrás del BSCH y el BBVA.

De ser unas instituciones preferentemente locales y de limitada actividad, las cajas de ahorros han pasado a gestionar en la actualidad casi la mitad del mercado crediticio y a administrar cuantiosos recursos económicos.

Características fundamentales

- **Ausencia de ánimo de lucro;** es decir, son instituciones que no persiguen la obtención de los máximos ingresos económicos, sino ofrecer un servicio. Como hemos visto antes, sus beneficios se destinan a obras sociales y a sus reservas monetarias.
- **Su naturaleza benéfica y social,** aunque esta característica ha ido disminuyendo en importancia en beneficio de una orientación eminentemente financiera. El carácter benéfico de las cajas se remonta a su origen, al inicio del siglo XIX. En esta época, estas instituciones estaban dirigidas a las capas más bajas de la sociedad: sus fondos se destinaban de manera esencial a ayudar a las personas más necesitadas, y además, ofrecían servicios de créditos y depósitos de ahorro a la clase obrera para evitar que recurrieran a los usureros. Las operaciones de las cajas se han ido transformando con los años, y en la actualidad su prioridad es financiera más que benéfica.
- **Su ámbito de trabajo suele ser regional,** aunque algunas de las cajas más grandes están extendidas por toda España, e incluso cuentan con sucursales en el extranjero.

El Banco de España

El Banco de España es la principal institución del sistema financiero español. Tradicionalmente, se encargaba de regular la política monetaria del país, es decir, fijaba los tipos de interés, se encargaba de la producción física de pesetas y de gestionar su valor con respecto a otras divisas, y ejercía una influencia importante en el conjunto de los mercados financieros en general. Con la implantación de la moneda única, el Banco de España perdió

Sede del Banco de España.

173

Funciones del Banco de España	Funciones del BCE
• Supervisar la solvencia y el comportamiento de los bancos privados y las cajas de ahorros. • Asesorar al gobierno, elaborar y publicar las estadísticas e informes y asistir al BCE en la recopilación de información estadística. • Servir de tesorero al Estado y a las Comunidades Autónomas, y financiar la deuda publica. • Emitir billetes y controlar la emisión de las monedas, bajo la autoridad del BCE.	• Definir y ejecutar la política monetaria de todos los países de la UE, concentrándose sobre todo en mantener la estabilidad de los precios. • Realizar cambios de divisas, así como gestionar las reservas oficiales de divisas de los Estados miembros. • Promover el buen funcionamiento del sistema de pagos y la estabilidad del sistema financiero. • Supervisar la producción física de euros que llevan a cabo los países de la eurozona.

muchas de estas funciones, que ahora gestiona el Banco Central Europeo (BCE). En la actualidad, sus funciones principales se dividen según muestra el recuadro de la página anterior.

Turismo

El turismo representa **uno de los sectores básicos de la economía española**, debido a su desarrollo constante en los últimos años y las expectativas de futuro que ofrece. España es un país que recibe una gran cantidad de ingresos a través del turismo: en el año 2004, el país fue visitado por más de 53 millones de turistas, una cantidad que excede con mucho la totalidad de la población española (43 millones de habitantes). Su éxito como destino turístico se debe fundamentalmente a una combinación de buen clima la mayor parte del año, buenas playas y precios bajos.

El turismo comenzó a explotarse de manera masiva desde los años 50, y en estos momentos los ingresos por divisas generan el 11% del PIB. Además, ofrecen un número importante de puestos de trabajo, empleando al 11% de la población activa española y generando unos 1.300.000 empleos directos e indirectos. Se estima que el consumo que realizan anualmente los turistas no residentes en España representa, aproximadamente un 5,5% de la demanda final de toda la economía española.

Con estos resultados, el sector turístico se ha consolidado como primer sector de la economía española, como primer sector exportador y como sector donde España ejerce más claramente el liderazgo internacional: **es el segundo destino mundial** de turismo internacional tanto en términos de entradas (donde sólo es superado por Francia) como en términos de ingresos (donde sólo Estados Unidos supera a España).

Características del turismo español

La gran mayoría de **los turistas que viajan a España proceden de países europeos**, y en la actualidad suponen aproximadamente el 90% del total de turistas que recibe el país. En cuanto a los principales países emisores, los turistas procedentes de Alemania y Reino Unido representan conjuntamente casi el 50% del total. En cuanto a las entradas de turistas procedentes de países no europeos, los norteamericanos son los que más visitan España, con un 1,9% del total de entradas.

Otra característica del turismo español es su **estacionalidad y concentración geográfica**. La mayor parte de las entradas turísticas se registran en la temporada de verano, concretamente en los dos meses centrales, julio y agosto, y que representan un 28% de las totales. Sin embargo, en los últimos años se aprecia un aumento del turismo en temporada media y baja. Los **destinos de sol y playa** constituyen el sector principal de la oferta turística española, determinando que el turismo se concentre en las islas y en el litoral peninsular.

Problemas del turismo español

Como hemos visto, España recibe enormes ingresos de las actividades turísticas. Sin embargo, no todo son ventajas: el tipo concreto de turismo que se desarrolla en España ha dado lugar a una serie de problemas que necesitan abordarse con urgencia, entre los que destacan:

- **Baja calidad de las instalaciones turísticas:** El turismo español creció de manera desmesurada durante los años 60 y 70. Para acomodar el creciente número de turistas, fue necesario construir hoteles de forma rápida y barata. El resultado fue que el litoral español se cubrió de hoteles de grandes dimensiones, de baja calidad y construidos muy cerca de la línea del mar (con las implicaciones ecológicas que esto tiene). Ha habido intentos de mejorar las instalaciones, pero los hoteleros chocan con la demanda de tarifas baratas por parte de los turistas. El problema de atraer un turismo barato es que **proporciona un margen de ingresos muy estrecho,** lo cual hace difícil

Benidorm es un ejemplo de zona turística saturada.

que se disponga del dinero suficiente para invertir en los hoteles. Otro problema del turismo de bajo coste es el tipo de turista que atrae: son personas que por lo general desembolsan poco dinero en el país, que no suelen preocuparse por cuidar las instalaciones turísticas y que a menudo presentan un comportamiento poco respetuoso con la población local.

- **Concentración del turismo:** Como hemos explicado anteriormente, por lo general el turismo español se concentra en las zonas costeras. Esto significa que el enorme número de turistas que visita nuestro país se aglutina en una pequeña zona de la geografía española, dando lugar a problemas de saturación. En contraste, España posee zonas de gran belleza en el norte y en el interior del país cuyo potencial no está lo suficientemente explotado. Asimismo, hay poca promoción del turismo cultural, gastronómico o deportivo para lo cual España goza de excelentes atractivos.
- **Impacto ecológico:** La gran afluencia de turistas en ciertas zonas hace que la población se dispare en temporada alta, llegando a triplicarse en muchos casos. Esto genera problemas de recogida de basuras, insuficiencia de los desagües, y

otros similares. Asimismo, la construcción excesiva cerca de la costa provoca otro problema ecológico adicional.

Evolución reciente del turismo español

Se puede decir que en los últimos años se ha producido un importante crecimiento del turismo español tanto en el volumen de turistas como en los ingresos que generan. España ha conseguido superar la crisis de finales de los 80 y comienzos de los 90 mediante un continuo esfuerzo inversor en la **mejora del producto turístico español**, que ha conseguido reducir la imagen de turismo «barato» y de poca calidad. En la actualidad, se observa una evolución muy rápida de la actividad y de la demanda turística debido, entre otras cosas, a la globalización de los mercados. El turismo español ha intentado hacer frente a estos cambios a través de una serie de inversiones en distintas áreas turísticas, dando como resultado un sector más moderno y profesionalizado.

- El principal esfuerzo inversor lo han realizado **las propias empresas**, la mayor parte de ellas PYMEs, que han mantenido el liderazgo y popularidad de la oferta turística española a través de la mejora de sus instalaciones y de su adaptación a los cambios en la demanda turística.
- También se ha llevado a cabo una gran **inversión pública** en las infraestructuras generales del país, lo que ha tenido un impacto positivo en el turismo. Durante los últimos años se modernizaron los medios de transporte (líneas ferroviarias de alta velocidad), las vías de comunicación, se mejoró el abastecimiento de aguas y se impulsó la regeneración de las playas y el medio ambiente, en general.
- **La Administración Turística española** ha dado un gran paso en la promoción del turismo español en los mercados internacionales. Las frecuentes campañas

Impacto del turismo de masas		
	Efectos positivos	**Efectos negativos**
Medio-ambiente	• Mayor ayuda del gobierno y de la UE en el cuidado del medio ambiente debido a su importancia económica: — A través de medidas de conservación de la naturaleza y patrimonio histórico. — A través del establecimiento de estándares de calidad, como las banderas azules para designar playas limpias.	• Exceso de residuos y de contaminación. • Deterioro paisajístico de los destinos turísticos a través de una construcción excesiva. • Utilización excesiva de recursos como el agua o la energía.
Economía	• Generación de ingresos, que contribuyen al PIB y estabilizan la balanza de pagos. • Creación de empleo (directo e indirecto). • Desarrollo de otros sectores económicos en las áreas que reciben más ingresos por turismo. • Mejora del nivel de vida de la población local. • Estimula la construcción y mejora de las infraestructuras, que son utilizadas tanto por los turistas como por los residentes.	• Inflación y aumento de precio de las propiedades inmobiliarias. • Dedicación de las infraestructuras al turismo y no a las necesidades de la población local.
Sociedad	• Puede ayudar a los españoles a conocer culturas extranjeras, y a los turistas a mejorar el conocimiento de la cultura local. • Ayuda a la creación de una identidad de comunidad.	• Conflictos y falta de entendimiento entre turistas y residentes. • Falsa autenticidad, con la adopción forzada de comportamientos estereotípicos españoles.

de publicidad, desarrolladas en creciente colaboración con las Comunidades Autónomas, han dado a conocer los productos turísticos españoles por todo el mundo, y han atraído a un enorme número de visitantes.

La lucha por conseguir un turismo sostenible

La meta del turismo español en la actualidad es alcanzar un **desarrollo sostenible**, necesa-rio para minimizar los efectos negativos del turismo sobre el medioambiente y el patrimonio cultural, y al mismo tiempo para aumentar los beneficios para los residentes locales.

El turismo sostenible se define como un modelo diseñado para mejorar la calidad de vida de la población local, ofrecer mayor calidad para el visitante, cuidar el medio ambiente, y, al mismo tiempo, asegurar beneficios para los empresarios turísticos. Para ello, las autoridades turísticas españolas intentan fomentar el desarrollo del turismo a través de estos principios, intentando:

El turismo termal es una alternativa para el ocio.

- **Diversificar la oferta turística,** evitando concentrarse exclusivamente en las vacaciones de sol y playa. Por ejemplo, se planea potenciar el turismo cultural, aprovechando la gran oferta de ciudades y pueblos históricos en España, el turismo deportivo, etcétera.
- **Aumentar la calidad del personal y de los destinos turísticos,** a través de una inversión en instalaciones turísticas y en la profesionalización de los trabajadores, a través de cursos de formación especializados en los diferentes campos turísticos. De esta manera se intenta proyectar una nueva imagen de España como un destino turístico bien cuidado y gestionado.
- **Desestacionalizar la demanda,** de manera que la llegada de los turistas se reparta durante todo el año y no sólo en los meses de verano.
- **Limitar el número de turistas que llegan al país,** estableciendo una «capacidad de acogida o de carga», una propuesta que de momento no ha sido puesta en marcha. Se observa la necesidad de establecer un límite en la actividad turística en ciertas zonas, para evitar que se produzca una saturación del equipamiento turístico, una degradación del entorno y una disminución de la calidad de la estancia del visitante.

En resumen, la gestión turística en la actualidad tiene una visión del turismo a largo plazo: se perciben como prioridades respetar y cuidar los recursos turísticos, mejorar la calidad de vida y minimizar la destrucción de recursos. En suma, se trata de satisfacer las necesidades del presente sin comprometer los recursos turísticos de cara al futuro.

Las casas rurales son una elección para las vacaciones.

PREGUNTAS SOBRE EL TEMA 12

1 Nombra algunos productos que España importa en mayores cantidades.

2 Nombra algunos de los productos más importantes que España exporta.

3 España exporta a estas zonas económicas. ¿Qué puedes decir de las relaciones comerciales entre España y...?

- UE.
- Países asiáticos.
- América Latina.

4 ¿Cuál es la diferencia fundamental entre los bancos y las cajas de ahorros?

5 ¿Cómo surgió la función social de las cajas?

6 ¿Qué sabes del BSCH, según lo que has leído en este tema?

7 ¿Cuándo y por qué perdió el Banco de España muchas de sus competencias?

8 ¿Cuál es la importancia del sector turístico español?

9 Nombra algunos de los inconvenientes que crea el enorme número de turistas que visita España cada año.

10 Nombra algunas medidas que se han tomado para evitar la imagen de turismo de mala calidad que afectaba a España en el pasado.

PREGUNTAS PARA DESARROLLAR

a Explica en detalle tu opinión sobre el BCE, y sobre cómo ahora la política financiera no la gestiona el país, sino Bruselas.

b Tarea en grupo: Entre varios compañeros, tenéis que crear un producto turístico basado en España, y que observe los principios de desarrollo sostenible que se mencionan en el libro.

c Comparad dos destinos turísticos españoles: uno de alta y otro de baja calidad. Explicad las diferencias que existen entre ellos.

d Tarea de investigación: Busca información sobre las relaciones comerciales entre España y China, y escribe un pequeño informe para entregar en clase.

GLOSARIO

Saldo comercial: Diferencia entre las exportaciones y las importaciones que realiza un país.

Banco Central Europeo: Institución financiera de la UE que regula el sistema monetario y otras gestiones financieras de los países comunitarios.

Fusión: Unión de dos o más entidades similares para ganar en tamaño, poder hacer frente a la competencia y mejorar su posición en el mercado.

Ánimo de lucro: Intención de lograr un beneficio económico a través de una actividad.

Desarrollo sostenible: Progreso de una actividad económica (como el turismo) evitando dañar el medio ambiente o agotar sus recursos.

ACTIVIDADES DE INTERNET

1. Aerolíneas de bajo coste Haz un informe sobre el impacto de las líneas aéreas de bajo coste en el turismo español. La siguiente página puede ayudarte.

http://www.esade.es/pfw_files/cma/GUIAME/ dossiers/lowcost.pdf

2. Paradores de España

www.paradores.es

¿Qué son los Paradores? Explica de qué manera contribuyen al turismo sostenible, según la información que has leído en este tema.

3. Diseña un producto turístico sostenible

http://www.spain.info/TourSpain/Destinos/?Language=es

Según lo que has leído en el tema 12, debes diseñar un producto turístico que no tenga un impacto negativo en el medio ambiente o sociedad española. La página de Turespaña te puede dar algunas ideas en cuanto a destinos.

4. Cómo hacer negocios con los Estados Unidos

http://www.el-exportador.com/102004/digital/mundo_consejos.asp

En esta página puedes encontrar interesantes consejos para que las empresas españolas puedan exportar sus productos a EE UU.

5. Obra social de *La Caixa*

http://portal1.lacaixa.es/Channel/ Ch_Redirect_Tx?dest=1-27-10-00001000

Trabaja en grupos de tres. Uno de vosotros lee la sección *Vivienda asequible*, otro *Microcréditos* y el último *Intégrate XXI*, tres de las actividades sociales de *La Caixa*, la mayor Caja de Ahorros de España. Después de leer la información, resumidla oralmente a vuestros compañeros.

COMENTARIO DE TEXTO 1

Antes de leer el texto, busca en el diccionario el significado de las siguientes palabras:

Augurar: _____

Ajeno: _____

Bienes: _____

Usos occidentales: _____

Férreo: _____

Configurarse: _____

Primar: _____

Plantearse las cosas: _____

Imbricado: _____

Óbice: _____

Tejido: _____

China, el mercado del siglo XXI

Tiene un mercado de 1.300 millones de habitantes, su Producto Interior Bruto crece a un ritmo del 10% anual y los expertos auguran que en menos de 15 años se habrá convertido en la primera economía del mundo, por encima de Japón, Estados Unidos y la Unión Europea.

China es hoy, con toda seguridad, el país que ofrece mayores oportunidades de negocio a los inversores extranjeros, algo que los empresarios españoles ya ha empezado a descubrir: el gigante asiático figura en el quinto lugar en el ránking de países que más venden a España –casi 8.500 millones de euros en el 2004, según los últimos datos del Instituto de Comercio Exterior (ICEX)–, aunque figura en el puesto 18 en el listado de compradores –1.155 millones de euros en mercancías, bienes y servicios durante el año pasado, según la misma fuente–.

Mano de obra

Aunque podría parecer que las principales ventajas que ofrece el mercado chino al inversionista español se basan en los bajos costes de sus trabajadores, acostumbrados a la sobreexplotación, a los bajos salarios y a la férrea disciplina impuesta por el totalitarismo del Gobierno del Partido Comunista, quien desee crear empleos dignamente pagados y con condiciones laborales semejantes a las que priman en las empresas occidentales también puede aprovecharse de una mano de obra eficaz y relativamente especializada, cada vez más imbricada en los tejidos urbanos –setenta ciudades chinas tienen más de un millón de habitantes, y la población urbana se ha multiplicado por dos en los últimos veinte años– e intelectualmente más cercana a las libertades de Hong Kong que a la economía planificada de Pekín.

En cuanto a las barreras, el idioma, la cultura y una tradición comercial ajena por completo a los usos occidentales parecen configurarse como los principales obstáculos para los españoles que planean comerciar con China, aunque, en ese sentido, quizá deban plantearse las cosas al revés, y descubrir cuáles son los óbices que los comerciantes chinos ponen a España. Un buen ejemplo son las reflexiones de Wang Yi, presidente y gerente de la empresa XXX Hotel Design, Engineering & Supply, recogidas en un informe de la Cámara de Comercio de A Coruña: «Los españoles creen que la exportación a China es igual que la exportación a Europa. No se dan cuenta de la diferencia».

(Juan Oliver, *La Voz de Galicia*, 15 de abril de 2005)

Preguntas sobre el texto

1. ¿Cuáles son las previsiones para el desarrollo económico de China, según el primer párrafo?

2. ¿Qué tipo de relaciones comerciales existen actualmente entre China y España?

3. ¿Qué características presentan los trabajadores chinos?

4. ¿Cuáles son sus cualidades más positivas?

5. ¿Con qué obstáculos pueden encontrarse los españoles ante el comercio con China?

COMENTARIO DE TEXTO 2

Antes de leer el texto, busca en el diccionario el significado de las siguientes palabras:

Ingreso: _____

Cifra: _____

Apenas: _____

Saldo: _____

Tajante: _____

Sumar: _____

Pernoctación: _____

Auge: _____

Desplazamiento: _____

La llegada de turistas creció el 3,4% en 2004, pero los ingresos se estancan
Marcos Ezquerra (*Cinco Días*, 21-01-2005)

Según los datos de la encuesta de movimientos turísticos de fronteras (Frontur), presentados ayer, España recibió en 2004 más de 53 millones de visitantes extranjeros, un 3,4% más que en el año anterior, y se consolida como segundo destino internacional, sólo por detrás de Francia. (...).

Pero los datos de ingresos son mucho más mediocres: según el Banco de España, entre enero y octubre los extranjeros gastaron cerca de 32.000 millones de euros en conceptos turísticos, cifra prácticamente idéntica a la del mismo periodo de 2003 (apenas subió un 0,4%). Por contra, los pagos de españoles en el extranjero crecieron un 20%, lo que lleva a una reducción del saldo por turismo en un 4,2%.

El secretario general de Turismo, Ramón Martínez Fraile, dijo en la presentación de estos datos que el menor gasto por visitante no se debe a un turismo de peor calidad, sino, probablemente, a la reducción del número medio de noches que pasa cada visitante en nuestro país. Y fue tajante al explicar los objetivos del Gobierno: «Queremos visitas que duren más y que consuman más, aunque el número de visitantes baje». El ministro de Industria, Comercio y Turismo, José Montilla, defendió por su lado la necesidad de mejorar la calidad y los precios del sector, además de sumar nuevas ofertas turísticas, como la cultural, la gastronómica y la de negocios. Todo ello, claro está, sin descuidar el tradicional turismo de sol y playa. Pero la tendencia es clara, y prueba de ello es la progresiva desestacionalización.

El auge del bajo coste

La caída de las pernoctaciones puede explicarse, en parte, por el imparable aumento de los vuelos de bajo coste. Con el auge de estas compañías, el coste del desplazamiento cada vez supone menor proporción respecto al total del viaje, lo que permite a los turistas plantearse vacaciones de menor duración. Este tipo de vuelos crecieron un 30% en el último año, y ya representan más del 28% del total.

En la misma línea evoluciona la forma de contratación: el 57,5% de los turistas lo hacen por su cuenta (sobre todo, por Internet), frente al 42,5% que contrata un paquete a una agencia. Tres años atrás, la proporción se repartía al cincuenta por ciento. Más estable ha sido la forma de alojamiento en los últimos años, representando el hotelero aproximadamente dos tercios del total.

Preguntas sobre el texto

1. Según el texto, ¿Por qué el aumento de turistas no siempre supone un aumento de ingresos para España?

2. ¿A qué se debe esta reducción de ingresos, según Ramón Martínez Fraile?

3. Según José Montilla, ¿cuáles son los pasos que se deben tomar para mejorar los resultados económicos?

4. ¿Cuál es el impacto de las aerolíneas de bajo coste en el turismo español?

5. ¿Qué se dice en el texto del uso de Internet?

La playas españolas siguen recibiendo un buen número de turistas todos los veranos.

SECCIÓN III

Aspectos sociales y culturales de la España moderna

Los nacionalismos de España

spaña es un país formado por varias regiones, llamadas Comunidades Autónomas. Algunas de estas regiones tienen profundos sentimientos nacionalistas; en concreto, Cataluña, el País Vasco y Galicia son las comunidades con una identidad individual más fuerte. Estas regiones se conocen como las *comunidades históricas* debido a unas particularidades que las distinguen de las demás: tienen una lengua y literatura propia,

y una identificación cultural fuerte como pueblo o nación desde hace siglos.

Los nacionalismos en España no son nada nuevo: son pensamientos políticos que se remontan al menos al siglo XIX. Su ideología gira en torno a la conciencia colectiva de que los habitantes de la región comparten unas características propias (históricas, lingüísticas o étnicas), que los diferencian del resto de España. Políticamente, tienen la aspiración de

Mapa de las Comunidades Autónomas españolas.

convertir esa nación en un Estado independiente, o conseguir un nivel de autogobierno lo más elevado posible.

La aparición de los nacionalismos ha provocado **fuertes tensiones políticas** que han dividido a la sociedad española. Han sufrido una fuerte represión en los periodos más autoritarios de la historia de España, siendo la dictadura franquista la época en la que los nacionalismos se vieron más castigados. El lema de la época: «España: una, grande y libre» da buena cuenta de la importancia que Franco daba a la unidad del país. El régimen dictatorial estaba fuertemente en contra de cualquier pensamiento de pluralidad nacional, reprimiendo muy severamente los movimientos nacionalistas y las particularidades culturales de cada región: su represión llegaba al extremo de prohibir el uso de las lenguas regionales. Sin embargo, aunque en España apenas se desarrollaron las literaturas en catalán, vasco o gallego durante la dictadura, las distintas lenguas se siguieron utilizando a nivel oral en el contexto familiar, y han gozado de un gran crecimiento y de la protección del Estado desde la reinstauración democrática.

La represión que sufrieron las comunidades históricas creó un fuerte resentimiento hacia el gobierno centralizado de Madrid que todavía se mantiene hoy. **Cataluña**, y sobre todo el **País Vasco**, son las dos regiones que presentan un tipo de nacionalismo más activo, que está basado en motivos económicos además de históricos: las dos regiones están mucho más industrializadas que la media española, y su renta per cápita supera a la media nacional.

Los nacionalismos en la Constitución y la creación de las Comunidades Autónomas

Durante la Transición, los fuertes deseos independentistas de Cataluña y el País Vasco fueron uno de los problemas más difíciles de solucionar. Una de las cuestiones más delicadas que surgió al redactar la Constitución fue cómo resolver el espinoso tema de la división territorial, un asunto que generaba enormes diferencias de opinión entre los políticos españoles. Las divisiones ideológicas en cuanto a este tema se podían resumir en estas dos tendencias:

- **Los políticos regionales** exigían una estructura política federal que garantizase un grado muy alto de autonomía a cada una de las diferentes regiones, y que debían ser especialmente generosas en el caso de las comunidades históricas, debido a las particularidades concretas que mencionamos antes.

Pujol fue elegido presidente de la Generalitat de Catalunya en 1980.

- **Los políticos conservadores** se oponían fuertemente a estas reivindicaciones, ya que veían en las demandas nacionalistas un serio riesgo de desmembración de España. Tal era la importancia y la preocupación creada en torno a este tema, que fue necesario especificar la obligatoriedad de la unidad de España en la Constitución. Y efectivamente, este punto forma uno de sus artículos más básicos y fundamentales: si el Artículo 1 define la igualdad de todos los españoles ante la ley, inmediatamente después, el Artículo 2 de la Constitución Española declara lo siguiente:

«La Constitución se fundamenta en la indisoluble unidad de la Nación española, patria común e indivisible de todos los españoles, y reconoce y garantiza el derecho a la autonomía de las nacionalidades y regiones que la integran y la solidaridad entre todas ellas».

Es decir: se reconocen los derechos de autogestión de las regiones, pero también se enfatiza la unidad de España, idea repetida en dos ocasiones en el mismo párrafo (véase subrayado). En la actualidad, la descentralización del Estado, es decir, la independencia relativa del gobierno central de Madrid, es un hecho consolidado: España tiene una estructura semi-federal, dividida en 17 regiones, que reciben el nombre de **Comunidades Autónomas (CCAA)**. Todas las CCAA tienen su propio parlamento y gobierno regional, y pueden autogestionar su territorio y sus recursos económicos. Cataluña, el País Vasco y Galicia tienen una serie de competencias adicionales en reconocimiento de su diferencia histórica.

La creación de las Comunidades Autónomas

En la sección VIII de la Constitución se establecen las bases para que las diferentes regiones accedieran al autogobierno, de acuerdo con **tres posibles rutas**:

- **La vía rápida,** que estaba abierta a aquellas regiones que habían tenido un estatuto propio en el pasado: es decir, el País Vasco, Cataluña y Galicia. Esta ruta garantizaba un techo de autonomía muy elevado.
- **La vía lenta,** para el resto de las regiones, y cuyo nivel de autonomía sería más reducido.
- **La vía especial,** que en teoría estaba abierta a cualquier región que quisiera reclamar niveles de autonomía similares a las comunidades históricas. Sólo Andalucía se acogió a esta opción.
- **Excepciones:** el caso de Ceuta y Melilla, debido a su calidad de ciudades y no regiones o provincias. Se consideran ciudades autónomas.

Como podemos observar, estas disposiciones formaron una solución de consenso que permitió a la Constitución solucionar temporalmente el problema de los nacionalismos. Por un lado, este acuerdo permitió descentralizar el Estado y dar más poderes de autogobierno a todas las regiones españolas. Pero por otro, **la Constitución especificaba la obligación de mantener la unidad de España**. Con esta solución se intentaba hacer dos cosas: a) dar satisfacción a los nacionalismos históricos, corrigiendo la concepción fuertemente centralista del Estado español que se arrastraba desde la muerte de Franco, y b) lograr el compromiso legal del País Vasco y Cataluña de no exigir su independencia del resto de España.

Los poderes otorgados a las Comunidades Autónomas han ido evolucionando desde la redacción de la Constitución. En la actualidad, los niveles de competencia de las regiones españolas, sobre todo los de las comunidades históricas, son de los más elevados que existen en el mundo: tienen control sobre sus ingresos, tienen leyes propias, competencias educativas y poder para organizar y gestionar sus propias instituciones. A pesar de

Resumen de las competencias de las Comunidades Autónomas	
ÉPOCA FRANQUISTA	**ACTUALIDAD**

— Un estado centralizado.
— División en 52 provincias (dependientes del gobierno central).
	— El poder del Estado se comparte con las 17 Comunidades Autónomas.
	— Estructura semi-federal.
	— Cada autonomía tiene su gobierno:
	    a) Ejecutivo (presidente y ministros).
	    b) Legislativo (Parlamento).
	    c) Judicial (corte superior de Justicia).

Durante la **redacción de la Constitución**, el tema de las autonomías fue el más contencioso. Había dos posiciones políticas opuestas:

- Para la derecha: las nacionalidades regionales equivalían a la desunión de España.
- Para la izquierda: la estructura federal era la solución necesaria para el problema regional.

La fórmula acordada fue el punto medio entre las dos tendencias.

Rutas para las autonomías

Vía rápida: para aquellas regiones que por razones culturales, históricas y de lengua merecían tratamiento preferencial: País Vasco, Cataluña y Galicia.
Vía lenta: Ruta normal para las demás regiones en busca de autonomía.
Vía especial: Andalucía, por voto popular se permite una vía acelerada.
Excepciones: Ceuta y Melilla.

Autonomía: Las implicaciones

Tener autonomía política significa tener capacidad de:

- Tomar decisiones.
- Ponerlas en práctica.
- Tener recursos financieros.

Para todo ello, las comunidades autónomas poseen:

- Un Estatuto de Autonomía. Esto les da poder para organizar sus instituciones y para establecer su relación con las autoridades centrales.
- Autonomía legislativa: Cada región puede redactar y aprobar leyes.
- Autonomía financiera: Cada región administra sus ingresos a través de:
    - Recursos regionales: impuestos, multas, donaciones, etc.
    - Subvención central: FCI (Fondo de Compensación Interterritorial) para las regiones más necesitadas.
    - Ayuda de la UE: FECR (Fondo Europeo de Desarrollo Regional).

esto, los **nacionalismos vasco y catalán siguen insatisfechos** y continúan sus reivindicaciones por un nivel aún mayor de autogobierno. Este es un tema de difícil resolución, que continúa levantando tanta polémica ahora como en la época de la Transición, y que sigue enfrentando a los gobiernos central y autonómicos, además de crear desconfianza en otras comunidades autónomas debido a los agravios comparativos.

A partir del año 2000, el problema de los nacionalismos se recrudeció debido a las agresivas reivindicaciones del País Vasco y Cataluña. Las demandas de sus partidos (especialmente el PNV y CiU) crearon serios conflictos con el gobierno de José María Aznar, que estando firmemente opuesto a otorgar a estas regiones más poderes, reaccionaba con dureza ante sus peticiones de negociación. El nuevo gobierno socialista de José Luis Zapa-

Mapa de Euskal Herria.

tero ha cambiado de táctica y está tomando medidas para intentar resolver el conflicto de manera pacífica, intensificando el diálogo entre estas comunidades y Madrid. Sin embargo, no parece que vaya a lograrse una solución satisfactoria para los gobiernos central y autonómicos a corto o incluso medio plazo.

El caso del nacionalismo vasco

El País Vasco, llamado **Euskadi** o Euskal Herria en el idioma autóctono, consta de las provincias de Álava, Guipúzcoa y Vizcaya, además de la Comunidad Foral de Navarra. También forman parte de esta nación tres provincias vascas que se encuentran en Francia, un territorio conocido como Iparralde. Aunque la mayoría de la población habla castellano, existe también una lengua regional, el **euskera**. El euskera es el idioma más antiguo de Europa, una lengua diferente de todas las europeas y cuyo origen no se conoce con exactitud. A nivel económico es una región rica, con un alto índice de industrialización y cuya renta per cápita es superior a la media española.

El País Vasco presenta el ejemplo de **nacionalismo más radical presente en España**, y esa radicalidad ha aumentado en los últimos tiempos. El nacionalismo vasco está representado fundamentalmente por los partidos **PNV** (Partido Nacionalista Vasco) y **EA** (Eusko Alkartasuna), que en la actualidad presiden el gobierno vasco. Su ideología nacionalista gira en torno al afán de independencia del pueblo vasco, que se autopercibe como diferente de España debido a sus particularidades lingüísticas, culturales y étnicas.

Su lucha por la independencia se remonta al siglo XIX, en que los vascos tenían un alto grado de autogobierno. En esta época el pueblo vasco se regía por los **derechos forales**, también llamados *fueros*, que eran los derechos y normas de convivencia de sus ciudadanos. Estos fueros también establecían los principios económicos, jurídicos y administrativos que sostenían la soberanía del País Vasco, y se habían creado por los vascos, sin existir ninguna interferencia del gobierno de Madrid. Los derechos forales se pierden a principios del siglo XX, se restauran brevemente en época de la II República y se pierden de nuevo con la dictadura franquista.

La lucha nacionalista contemporánea se basa en recuperar plenamente los derechos forales y recuperar su derecho a la autodeterminación. Las etapas del nacionalismo vasco desde el restablecimiento de la democracia son las siguientes:

- **1975-1979.** Durante el periodo de la Transición, los principales grupos políticos españoles y regionales trabajaron juntos en la construcción de la democracia y en la redacción de la Constitución. El PNV, que no se encontraba satisfecho con el tratamiento que recibían las ideas nacionalistas en el proceso democrático, se caracterizó por una escasa colaboración en el proyecto de la Constitución. En esos momentos se puso en entredicho la relación entre el PNV y ETA, quienes comparten algunos puntos políticos (aunque no la lucha armada). Los grandes partidos españoles criticaban que el PNV no mostrara de manera clara e inequívoca su rechazo a los atentados de ETA, acusándolos de esta manera de tener simpatías con el grupo terrorista. La relación entre el PNV y el gobierno central cambia a partir de 1979 debido a la aprobación del Estatuto vasco, también llamado el *Estatuto de Guernica*, que otorga a la región amplios poderes de autogobierno y un parlamento autonómico.
- **1979-1998.** La presencia del nacionalismo vasco en la política española cobra cada vez más protagonismo. Tras las elecciones de 1993, que el PSOE gana con una mayoría marginal, el PNV establece un pacto con el gobierno central para ayudarles a conseguir la mayoría absoluta. Lo mismo ocurre tras las elecciones de 1996, que gana el PP pero de nuevo necesita la colaboración del PNV para gobernar en mayoría. En estos años, el PNV se encuentra en una posición de poder privilegiada, y por lo tanto alcanza importantes logros para el País Vasco. Esta es una etapa que también se caracteriza por su activa colaboración en la lucha antiterrorista a través del apoyo al pacto de Ajuria Enea (1988).
- **Desde 1988 hasta el presente** se observa una fuerte radicalización del nacionalismo vasco, debido en gran parte a que el gobierno de la región está formado en exclusiva por grupos nacionalistas, sin contar con la presencia del PSOE como había ocurrido hasta ese momento. Las reivindicaciones de autonomía se han intensificado notablemente, sobre todo a partir de 2002 con el Plan Ibarretxe, que veremos más adelante. Las relaciones del PNV con el gobierno central del PP fueron especialmente tensas en el periodo 2000-2004, aunque parece que están mejorando con el gobierno de Zapatero.

En la actualidad, **el País Vasco español goza de un alto grado de autonomía.** Su parlamento tiene una capacidad de autogobierno mayor que cualquier otra comunidad española, y es particularmente independiente del gobierno central de Madrid en competencias como Sanidad, Educación, Cultura, Seguridad y Vivienda. Además, posee su propio cuerpo de policía, llamado la *Ertaintza*. A pesar de este alto grado de autonomía, los nacionalistas vascos siguen incómodos con el poder central de Madrid, al que se sienten subordinados, y por lo tanto sus reivindicaciones se mantienen. El nacionalismo, como podemos ver, es uno de los problemas más serios y más antiguos que tiene España, y de momento no se ven trazas de resolverse a corto plazo. La actividad terrorista del grupo ETA no ayuda a solucionar el problema, ya que sus atentados dificultan el normal desarrollo de un diálogo eficaz entre el gobierno central y el vasco.

Es importante resaltar que los grupos políticos vascos (excepto el recientemente ilegalizado Batasuna), **no comparten el espíritu violento de ETA**, a pesar de que algunos de sus objetivos sean similares.

El nacionalismo vasco en la actualidad: el Plan Ibarretxe

Juan José Ibarretxe, *lehendakari* (dirigente) del País Vasco, presentó en 2002 su polémica «Propuesta para una nación asociada», un plan que pretende mejorar las relaciones y la convivencia entre Euskadi y el gobierno central, y a la vez dar salida a los deseos de autogobierno de la región. Esta propuesta se conoce como el *Plan Ibarretxe*. El Plan está abierto a Navarra y a las provincias vascas francesas, aunque estas regiones no han aceptado la invitación del PNV a unirse a la lucha por la autodeterminación. Según las palabras del propio lehendakari, el Plan *«trata de construir un nuevo proyecto de convivencia basado en la **libre asociación** y en la **soberanía compartida** y no en la subordinación y en la imposición de una determinada visión del Estado, al margen de la voluntad del pueblo vasco»*. En realidad, la propuesta busca otorgar al País Vasco competencias propias de un estado prácticamente independiente. Los puntos clave del Plan Ibarretxe son los siguientes:

- **Libre asociación** del País Vasco con el Estado español. Esto significa que los ciudadanos vascos tendrían la opción de elegir libremente qué lazos lo unirían al gobierno central. Según el texto recogido en el Plan, no se plantea la ruptura con el resto de España.
- **Soberanía compartida.** El País Vasco se sometería a la autoridad del Rey, igual que el resto de España. Esto significa que aunque no se sometiera a la autoridad de un gobierno central, estaría dispuesto a mantener una unión simbólica con el país a través de la aceptación del mismo Rey.
- **Derecho a la autodeterminación.** Según la propuesta, los vascos tendrían derecho a autogestionarse totalmente y a regir su propio futuro. En teoría, esto da libertad a los vascos para decidir segregarse totalmente de España si lo desean, aunque el Plan especifica que no es ése uno de sus objetivos.
- **Derecho a la nacionalidad oficial vasca.** Estaría permitido no acogerse a este derecho, o tener la doble nacionalidad española-vasca.
- **Representación directa en el Parlamento Europeo** como nación, al mismo nivel que España.

Por el momento, **el Plan es sólo una propuesta sin peso legal**. Para que esta propuesta tenga validez, tiene que ser aprobada primero por el Parlamento vasco, después por el pueblo vasco en un referéndum y, por último, por las Cortes españolas. El primer paso se logró en diciembre de 2004. Pero es dudoso que los otros dos requisitos lleguen a aprobarse: por un lado, el gobierno central se ha negado hasta el momento a la celebración de un referéndum sobre el Plan en el País Vasco. Y lo cierto es que aunque llegara a celebrarse, es muy improbable que las Cortes lo ratificaran, teniendo en cuenta la cantidad de enemigos políticos que tiene el nacionalismo vasco en Madrid.

El Plan Ibarretxe ha recibido un aluvión de críticas hasta la fecha, proveniente

Juan José Ibarretxe.

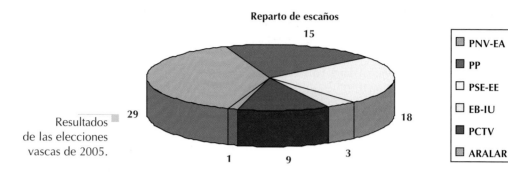

Reparto de escaños

Resultados de las elecciones vascas de 2005.

15 · 29 · 1 · 9 · 3 · 18

- PNV-EA
- PP
- PSE-EE
- EB-IU
- PCTV
- ARALAR

de la mayoría de los sectores políticos españoles, que ven en este plan intenciones claramente separatistas. Tanto el PP como el PSOE han luchado contra esta propuesta, que perciben como un plan cuya meta a largo plazo sería la independencia del País Vasco. Además, han criticado que el plan no respeta la Constitución y que comparte objetivos similares a los de ETA. La consecuencia de estas reacciones es el deterioro de las relaciones y el diálogo entre los vascos y el gobierno de Madrid. Por otro lado, es importante resaltar que el Plan Ibarretxe tampoco cuenta con el apoyo mayoritario del pueblo vasco, como se observó tras los **resultados de las elecciones del País Vasco de abril de 2005**. La importante pérdida de votos para el PNV, que había basado su campaña política en el Plan Ibarretxe, parece indicar que las tendencias separatistas contenidas en el plan no son compartidas por la mayoría de los ciudadanos de la región.

¿Qué opinan los vascos sobre el nacionalismo?

Es importante resaltar que el Plan Ibarretxe y el nacionalismo separatista no son ideas compartidas por la totalidad de la población vasca. Una encuesta del CIS (Centro de Investigaciones Sociológicas) de marzo de 2005 encontró los siguientes resultados:

- Una ligera mayoría de los ciudadanos afirma que no se consideran nacionalistas vascos. Sin embargo, la mayoría se sienten más vascos que españoles, o solamente vascos.
- Más ciudadanos se muestran en contra que a favor de la autodeterminación y la independencia del País Vasco. Sin embargo, una ligera mayoría cree que si el País Vasco se separara de España los vascos vivirían igual o mejor que formando parte de España.
- El 71% de la población considera estar poco o nada informado sobre el Plan Ibarretxe.
- Los vascos muestran preocupación sobre la situación política actual que vive el País Vasco, que califican de negativa en una amplia mayoría.
- La enorme mayoría de los vascos está totalmente en contra de las actividades de ETA.

En consecuencia, no todos los vascos se sienten identificados con el proyecto de autodeterminación del Plan Ibarretxe, y mucho menos con la independencia del País Vasco. Pero un amplio grupo de la población sí tiene opiniones en esta línea, y esto es lo que genera un importante conflicto social. También es necesario apuntar que **un pequeño porcentaje de vascos apoya las actividades de ETA**: prueba de esto es el número de votos que reciben los partidos políticos que representan sus intereses en las elecciones autonómicas. En las elecciones de 2005, el partido Batasuna había sido ilegalizado tras demostrarse su conexión con ETA; sin embargo, fue reemplazado por el Partido Comunista de las Tierras Vascas (PCTV, también conocido por sus siglas vascas EHAK), que recibió un total de 9 escaños.

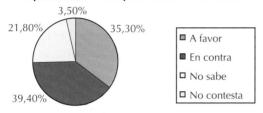

Opinión sobre la independencia del País Vasco

3,50%
21,80%
35,30%
39,40%

- A favor
- En contra
- No sabe
- No contesta

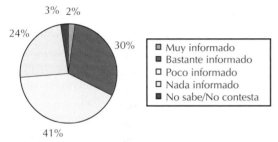

Grado de información sobre el Plan Iberretxe

3% 2%
24%
30%
41%

- Muy informado
- Bastante informado
- Poco informado
- Nada informado
- No sabe/No contesta

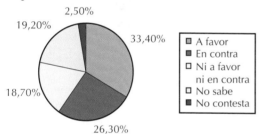

Opinión sobre el Plan Ibarretxe

2,50%
19,20%
33,40%
18,70%
26,30%

- A favor
- En contra
- Ni a favor ni en contra
- No sabe
- No contesta

¿Qué opinan los vascos sobre el nacionalismo?

El terrorismo de ETA

El grupo terrorista ETA nació en 1959, durante la dictadura del general Franco. Fue fundado por un grupo de estudiantes radicales que estaban descontentos con la labor del PNV, al que acusaban de ser pasivo en su lucha por la defensa de los derechos del País Vasco. ETA se autodefine como una «organización clandestina revolucionaria» que **lucha por la independencia de Euskadi**, con el objetivo de crear un Estado vasco soberano con un sistema socialista. El grupo gozaba de **cierto apoyo social durante la dictadura**, ya que muchos lo consideraban un grupo antifranquista. De hecho, sufrió una

fuerte represión por parte de Franco, que condenó a muerte a varios de sus miembros. Su cotas de popularidad se dispararon tras el asesinato del almirante Carrero Blanco en 1973, un atentado con el que se aceleraba el cambio hacia la democracia y que parecía confirmar la dimensión antifranquista de ETA. Pero con la llegada de la democracia la sociedad española no ve los motivos del mantenimiento de la lucha armada, ya que los argumentos ideológicos de ETA pueden ser expuestos a través del diálogo político. Sin embargo, los atentados de ETA no sólo no terminan, sino que aumentan enormemente durante el periodo democrático: de hecho, **el 80% de sus víctimas se producen después de 1975**.

Otras características importantes de ETA son las siguientes:

- **Víctimas:** Desde 1968, fecha de su primer atentado con víctima mortal, ETA ha asesinado a más de 800 personas. Sus atentados suelen tener lugar principalmente en el País Vasco, aunque ha habido un número importante de víctimas en Madrid y en otras provincias españolas. Sus víctimas suelen ser miembros de las fuerzas de seguridad del Estado; es

La labor antiterrorista española ha sido especialmente activa desde 1996.

decir, militares, policías y miembros de la Guardia Civil. Asimismo, han asesinado a intelectuales y políticos de casi todas las ideologías, cuya característica en común es haber rechazado públicamente las actividades de ETA. Pero también hay un número creciente de víctimas indiscriminadas, que resultan de los atentados perpretrados en lugares públicos. Un ejemplo de esto es el atentado de mayor magnitud, que tuvo lugar en 1987 en el centro comercial Hipercor de Barcelona, y en el que murieron 21 personas y resultaron heridas 43.

- **Organización:** ETA se organiza en diferentes *comandos*: cada uno de ellos recibe el nombre de una ciudad o región y sus operaciones se circunscriben a esa zona. Está coordinado por lo que se llama *cúpula militar*, es decir, el grupo formado por los líderes principales de la organización. ETA recibía el apoyo del grupo político *Batasuna* (conocido inicialmente como *Herri Batasuna*), pero éste fue ilegalizado en el año 2002 al demostrarse que colaboraba con una banda terrorista. La ilegalización de Batasuna provocó una gran polémica entre los distintos partidos políticos españoles: fue una medida apoyada por los grandes partidos, pero criticada como antidemocrática por otros. ETA también recibía el apoyo del periódico *Egin*, que fue igualmente fue ilegalizado al demostrarse sus vínculos con los terroristas, aunque posteriormente reabrió por un corto periodo de tiempo. En la actualidad, el diario *Gara* recoge la ideología más radical vasca, y ha sido acusado de ser una mera sustitución de Egin. Otro pequeño grupo en el ámbito de ETA es *Jarrai*, una organización juvenil radical que se dedica a llevar a cabo disturbios callejeros y pequeños atentados, y así conseguir que ETA mantenga su visibilidad.

- **Financiación:** ETA necesita grandes cantidades de dinero para financiar sus actividades terroristas. En un principio, sus recursos económicos provenían de atracos a bancos y otras entidades financieras, pero ahora esta práctica ha caído en desuso. En la actualidad, ETA se financia por las siguientes vías:

— A través de secuestros y de los rescates exigidos para liberar a las víctimas, un método menos común en los últimos años. Uno de los secuestros

194

Miembros de ETA anunciando una tregua por televisión.

más conocido fue el del funcionario Antonio Ortega Lara, que permaneció en cautividad durante más de un año y medio.

— A través del «impuesto revolucionario»; es decir, extorsiones a empresas vascas, a las que amenazan con ataques a menos que abonen grandes sumas económicas.

— A través de actividades empresariales ilegales, cuyas operaciones se extienden por el País Vasco y Latinoamérica.

La lucha antiterrorista

El terrorismo de ETA es uno de los grandes problemas que sufre España en la actualidad. Desde la restauración de la democracia, los diferentes partidos políticos en el poder han trabajado duramente para eliminarlo. Gracias a sus esfuerzos, hoy en día ETA es una organización en serio declive, muy debilitada tras la detención de la mayoría de sus dirigentes y el colapso de su entramado económico. Algunas de las medidas usadas por los diferentes gobiernos para luchar contra ETA son las siguientes:

- Se han suscrito una serie de **acuerdos y pactos entre los partidos políticos españoles** para unir fuerzas en la lucha contra el terrorismo. Dos de los más importantes fueron el Pacto de Madrid (1987) y el Pacto de Ajuria Enea (1988), cuyo objetivo era lograr la pacificación y normalización del País Vasco.
- **A través de contactos y negociaciones con la banda terrorista**, como las conocidas «Conversaciones de Argel» en 1986, cn las que se intentó llegar a un acuerdo con ETA. El diálogo gobierno-terroristas se rompe tras la llegada al poder del PP en 1996, que defiende una posición dura y de no negociación con ETA. Aunque muchos criticaron esta actitud por considerarla demasiado autoritaria, lo cierto es que gracias al PP se ha avanzado muchísimo: en la actualidad la

Baltasar Garzón.

banda terrorista se encuentra muy debilitada, debido al vacío de poder generado tras las múltiples detenciones de altos cargos etarras que tuvieron lugar en estos años.

- Es importante resaltar la importancia de **la colaboración actual con Francia**, un gran aliado de España en la lucha contra ETA. Conseguir la ayuda del país vecino ha transformado de manera muy positiva el panorama de la lucha antiterrorista. Antes de su colaboración, muchos terroristas se ocultaban en el País Vasco francés, lo que hacía muy difícil su captura. A partir de mediados de los ochenta, Francia comienza a cooperar activamente con el gobierno español en la lucha antiterrorista, y esta lucha conjunta ha conseguido minar seriamente a la organización.
- Hay que destacar **la importante actividad de personalidades individuales** que luchan contra el poder de ETA. Entre ellos destaca el juez Baltasar Garzón, que ha asestado duros golpes a ETA a través de la destrucción de su entramado financiero y político. De esta forma, ETA se encuentra con pocos recursos económicos y con muy escaso apoyo político, algo que se refleja en el bajo perfil y la escasez de sus atentados en la actualidad.

PREGUNTAS SOBRE EL TEMA 13

1 ¿Qué significan las siguientes expresiones?

— Descentralización del Estado.

— Autonomía.

2 ¿Qué son las comunidades históricas?

3 ¿A qué se debe el tradicional rechazo de los políticos españoles a los nacionalismos?

4 ¿Tienen todas las comunidades autónomas el mismo grado de autogobierno?

5 ¿De qué manera es el País Vasco diferente del resto de España?

6 ¿Cuáles son los objetivos del nacionalismo vasco?

7 ¿Qué eran los fueros vascos, o derechos forales?

8 ¿Qué es el Plan Ibarretxe?

9 ¿Qué posibilidades tiene de prosperar?

10 ¿Por qué ETA tenía un alto grado de apoyo popular durante la dictadura?

11 ¿Qué tipo de víctimas elige ETA?

12 ¿Por qué la colaboración con Francia es tan importante para la lucha antiterrorista?

13 ¿Cuál es la situación de ETA en la actualidad?

PREGUNTAS PARA DESARROLLAR

a «La ilegalización de Batasuna es antidemocrática, porque viola el derecho de la libertad de expresión». Discute esta afirmación.

b ¿Estás de acuerdo con que el Plan Ibarretxe es una buena forma de lograr la convivencia pacífica entre el País Vasco y España?

c Tarea de investigación: Busca más información sobre ETA en Internet y averigua cómo evolucionó la organización tras la llegada de la democracia.

d Tarea de investigación: Escribe un pequeño informe sobre el nacionalismo catalán. Podrás encontrar información en Internet muy fácilmente.

GLOSARIO

Consenso: Acuerdo en cuanto a un tema particular entre diferentes grupos políticos.

Comunidad Autónoma: Cada una de las 17 regiones en las que España se encuentra dividida. Todas ellas pueden gestionar su territorio con una cierta independencia del gobierno central, pero su grado de autogobierno varía de comunidad a comunidad.

Plan Ibarretxe: Propuesta política del PNV que busca lograr un grado de autogobierno para el País Vasco similar al de un Estado independiente.

Batasuna: Partido político que representa los intereses del nacionalismo vasco más radical. Fue ilegalizado en 2003 al demostrarse su colaboración con ETA.

Kale borroka: Expresión vasca que significa "violencia callejera". Está instigada por grupos de jóvenes afines a ETA, y su intención es mantener la visibilidad de la banda a través de sus actos violentos.

ACTIVIDADES DE INTERNET

1. Una España, culturas diferentes

http://www.bbc.co.uk/spanish/serieespana.htm

En este especial de la BBC podrás leer y escuchar información interesante sobre algunas regiones españolas. Trabaja en grupos: cada uno de tus compañeros tiene que elegir una región diferente y apuntar los datos más importantes. Después lo ponéis en común entre todos.

2. *La pelota vasca*

http://www.terra.es/cine/actualidad/articulo.cfm?ID=5099

Esta película/documental de Julio Médem trata sobre el nacionalismo vasco, y en ella se exponen diferentes puntos de vista al respecto. Haz clic en el vínculo y podrás ver la primera parte de este documental. Escucha a las personas que hablan y anota sus opiniones sobre el significado de ser vasco en la actualidad.

3. Noticias de ETA

http://www.antena3.com/a3n2004/

Utiliza el buscador de esta página web para encontrar las últimas noticias relacionadas con ETA. Puedes ver el vídeo relacionado con las noticias y leer la transcripción en el artículo que acompaña al vídeo. Después coméntalo con la clase.

4. Entrevistas sobre ETA

http://multimedia.terra.es/listado.cfm?s=231&c=236&t=1&r=c,t

Escucha estas entrevistas y resúmelas en tu idioma.

5. Debate sobre la ilegalización de Batasuna

http://www.elmundo.es/especiales/2002/08/espana/batasuna/intelectuales.html

Lee lo que opinan estos intelectuales y discútelo con un compañero.

6. Sociedad vasca

http://www.elmundo.es/especiales/2005/03/espana/elecciones_pv/sociedad_vasca/index.html

Lee la información relacionada con el País Vasco y las opiniones de los vascos sobre el sentimiento nacionalista, y escribe un breve informe en español para entregar en clase.

7. Entrevistas sobre el problema vasco

http://www.elmundo.es/especiales/2005/03/espana/elecciones_pv/sociedad_vasca/opiniones.html

Haz clic sobre estas fotos y podrás leer breves entrevistas sobre la situación del País Vasco. Trabaja en grupo: cada compañero debe elegir una o dos personas y exponer la opinión de esa persona al resto del grupo.

COMENTARIO DE TEXTO 1

Antes de leer el texto, busca en el diccionario el significado de las siguientes palabras:

Reclutar: _____   Apuntar: _____

Visto bueno: _____   Enlace: _____

Suministro: _____   Entrenar: _____

Dirigente: _____   Agregar: _____

Activista: _____

ETA está reclutando a un gran número de jóvenes, según Europol
20 minutos, 22 de abril de 2005

El grupo terrorista ETA está pasando «por una difícil situación», pero está reclutando a «un amplio número de jóvenes», indica un informe de Europol. Además de esos jóvenes, ETA cuenta con «militantes veteranos recuperados de Latinoamérica», afirma el documento, que ha sido elaborado con la información proporcionada por los estados miembros de la UE y que cubre el periodo octubre 2003-octubre 2004, y que ya ha recibido el visto bueno de los Veinticinco a nivel de embajadores.

En el mencionado periodo, el aparato militar de ETA «ha sido fuertemente debilitado», así como su red logística y sus unidades de información y suministro, debido a la sucesiva disolución de unidades dirigentes y a la detención de activistas, que impidieron la comisión de «muchos ataques planeados por la organización».

De ahí, que apunte, como elección estratégica, a la posibilidad de «proyectar la lucha armada de la organización hacia Francia». También destaca que «la organización está mostrando tendencias de expansión hacia otros países europeos, como Alemania, Italia, Portugal, Holanda y Bélgica, mediante el envío de militantes que establecerían una infraestructura encubierta bajo actividades legales».

ETA está igualmente «creando nuevas estructuras en América Central», señala el documento de Europol. La expulsión de 20 militantes de ETA desde México en los últimos seis años ha provocado movimiento hacia otros países latinoamericanos, como Venezuela, Nicaragua, República Dominicana o Belice.

El informe señala como razón principal de la debilidad de ETA la **«muy estrecha cooperación entre España y Francia»**, que ha provocado «un notable descenso en el número de ataques cometidos por la organización en España, con las cifras más bajas desde 1973».

Para responder a sus problemas e intentar garantizar la continuación de sus estructuras orgánicas y su capacidad operativa, «los líderes de la organización **dieron más autonomía operativa a los comandos armados** y eliminaron a los individuos que actuaban como enlaces, al considerar que una debilidad en los vínculos podría comprometer la seguridad de los comandos».

A nivel operativo, la banda terrorista se enfrenta a la **necesidad de reclutar y entrenar activistas,** ya que entre 2002 y 2003, fueron detenidos en Francia 112 de sus miembros. Para renovar esa «fuerza de trabajo, ETA puede aún contar con el fondo constituido por los anarco-nacionalistas que tradicionalmente están implicados en la kale borroka» (violencia callejera), agrega el informe de Europol.

Preguntas sobre el texto

1. ¿Cuál es la situación de ETA en la actualidad, según el texto?

2. ¿Qué se dice sobre la expansión internacional de ETA?

3. ¿Cuál es el papel de Francia en la lucha contra ETA?

4. ¿Cuáles son las actividades de la organización terrorista a nivel operativo?

COMENTARIO DE TEXTO 2

Antes de leer el texto, busca en el diccionario el significado de las siguientes palabras:

Plebiscito: _____

Destacar: _____

Estancamiento: _____

Derrota: _____

Comparecencia: _____

Comicios: _____

Orillas: _____

Escaños: _____

Guiar: _____

Atribuir: _____

Beligerante: _____

Desidia: _____

Comprometerse a: _____

Reacciones a los resultados de las elecciones del País Vasco de abril de 2005
Elpais.es (17 de abril de 2005)

PSE [PSOE Euskadi]

Patxi López ha afirmado tras conocer los resultados que «aunque en las elecciones todos los partidos ganamos, quien ha ganado hoy es la ciudadanía vasca. Es evidente que ha perdido el *Plan Ibarretxe*, ha perdido quien ha querido hacer de estas elecciones un plebiscito de su plan. El cambio va a ser imparable en Euskadi a partir de ahora», ha continuado el líder del PSE, «y quiero decir a todos los ciudadanos que han confiado en nuestra candidatura que los socialistas vascos no les vamos a fallar». «Si hay algo que destacar tiene que ser el fuerte ascenso del PSE ante el estancamiento de otros», ha finalizado Patxi López.

PNV

«A veces se suele hablar de que hay victorias agridulces y derrotas... pero eso es el primer día. El segundo las cosas cambian un poquito y el sabor agridulce ya no se sabe a qué sabe, y el tercer día las victorias son victorias y las derrotas derrotas, ni dulces ni agridulces. Y nosotros hemos ganado las elecciones en la Comunidad Autónoma vasca», ha declarado Juan José Ibarretxe en su comparecencia tras conocer el resultado de estos comicios. «Somos nosotros el camino intermedio frente a las dos orillas, la del PP-PSE y la de Batasuna», ha afirmado. Tras conocerse que su formación ha perdido cuatro escaños, Ibarretxe ha dicho que no han «tenido tanta fuerza como hace cuatro años, pero la sociedad vasca nos ha dado su confianza para que guiemos este país», ha asegurado.

PP

María San Gil ha calificado de «indignidad» que «ETA-Batasuna sea el pilar y centro de la vida política» en Euskadi con la entrada del Partido Comunista de las Tierras Vascas en el Parlamento,

199

hecho que atribuyó a «la desidia y falta de responsabilidad política de Zapatero». Más beligerante se ha mostrado el secretario general del PP, Ángel Acebes, quien aseguró que ETA ha ganado las elecciones y que el presidente del Gobierno «ha renunciado a la derrota incondicional» de la banda «buscando el pacto, el acuerdo».

EHAK

El Partido Comunista de las Tierras Vascas ha manifestado que ha sido «la revelación» de las elecciones autonómicas vascas y se ha comprometido a que «las voces que han sido ilegalizadas» estén en el Parlamento «antidemocrático que se creará a partir de mañana». El dirigente de Batasuna Arnaldo Otegi felicitó a los candidatos de EHAK, aseguró que la izquierda abertzale «es la gran vencedora» y emplazó al PSOE y PNV a «sentarse en una mesa para solucionar el conflicto».

Preguntas sobre el texto

1. Resume las reacciones de los cuatro partidos principales de las elecciones: PSE, PNV, PP, EHAK.

 La Constitución Española declara, en su artículo 23, el derecho de los ciudadanos a «participar en los asuntos públicos, directamente o por medio de representantes, libremente elegidos en elecciones periódicas por sufragio universal».

El desempleo en España

14

E l problema del paro en España es uno de los más serios de la economía del país, y ha sido objeto de continuo debate en los últimos 30 años. Según la mayoría de las encuestas de opinión, el desempleo es, con gran diferencia, el problema social que más preocupa a los españoles. La situación es compleja, y para entender su origen es necesario remontarse **a finales de la década de los 70 e inicios de los 80**. En estos años tuvo lugar un repentino y rápido aumento del desempleo por motivos que veremos en el siguiente apartado, y todavía hoy arrastramos las consecuencias de esa etapa. Posteriormente, en las épocas de crecimiento económico, el paro apenas se redujo. Esto fue debido a la modernización de la industria, el mayor grado de mecanización y la introducción de nuevas tecnologías, que eliminaban la necesidad de contratar más trabajadores. Sin embargo, en los últimos años el empleo está experimentando un mayor crecimiento, especialmente debido al avance del sector servicios. A pesar de ello, **España todavía es el país de la UE-15 con un mayor índice de paro**, con un 10,6% de desempleo

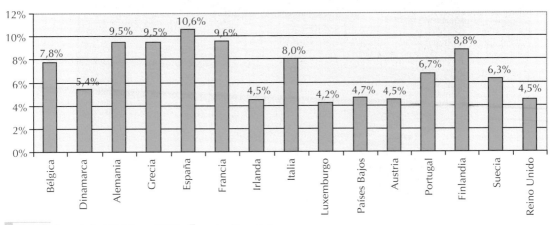

Desempleo en la UE-15 en 2004. *Fuente*: Eurostat.

Datos básicos (2004)

- La tasa de paro en España es de un 10,6%; es decir, 2 millones de parados.

- El paro femenino es aproximadamente el doble del masculino.

- El colectivo más afectado por el desempleo son los jóvenes. Más de 1.100.000 españoles de menos de 35 años no tienen trabajo.

- La temporalidad y la precariedad son características del trabajo de las mujeres y los jóvenes.

- La economía sumergida proporciona entre el 20 y el 25% del PIB del país.

en 2004, en contraste con la media del 8,6% en la UE-15.

Motivos del alto índice de desempleo

Las tasas de desempleo en España aumentaron de forma alarmante a partir de los años 70, pasándose de una cifra del 2,3% al altísimo porcentaje del 22% de 1985. El paro se multiplicó por nueve en poco más de una década, creán-

dose un volumen de desempleo que todavía no se ha podido eliminar hoy en día. Sin embargo, la situación ha mejorado enormemente desde los años ochenta. El índice de paro ha ido disminuyendo progresivamente desde 1996, y en la actualidad se ha reducido a la mitad, llegando a una tasa de desempleo del 10,6% en 2004. A pesar de esta trayectoria positiva, como vimos antes España sigue siendo el país de más paro en la UE-15.

Los motivos que explican el alto índice de desempleo en el mercado laboral español son los siguientes:

a) **La reconversión industrial (finales años 70-años 80).** Muchas empresas españolas dependían para su supervivencia de la falta de competencia internacional y de la mano de obra barata típicas de la época franquista. En los años de la dictadura, la economía española se había especializado en industrias como la siderúrgica o la naval, y en otras intensivas en mano de obra como la textil o la del calzado. Como vimos en los temas 4 y 11, muchas de estas industrias eran ineficientes y generaban grandes pérdidas para el Estado. Por lo tanto, con el proceso de reconversión industrial se vieron obligadas a tomar

Muchos trabajadores perdieron sus empleos tras la reconversión industrial.

medidas drásticas para reducir gastos, como hacer recortes de personal. Otras empresas se vieron obligadas a cerrar, ya que no pudieron sobrevivir en un mercado tan difícil. Como estas industrias tradicionalmente daban empleo a un alto porcentaje de la población, su reestructuración contribuyó en gran medida al aumento del paro. Dos millones de personas perdieron su puesto de trabajo entre 1980 y 1985.

b) **La subida del precio del petróleo en 1973 y 1979.** Estas crisis hicieron peligrar la economía de muchas empresas que dependían del petróleo, lo que empeoró todavía más la difícil situación de la industria española. Esto, unido a la reconversión industrial, explica en parte el gran número de parados creados en estos años.

c) **La rigidez del mercado de trabajo.** Los contratos permanentes de la época franquista protegían muy fuertemente a los trabajadores, forzando a las empresas a respetar una serie de obligaciones que prácticamente garantizaban su permanencia en el puesto de trabajo de por vida, independientemente de su calidad profesional. En concreto, durante todo el periodo se mantuvieron altos costes de despido, lo que significaba que una vez que el trabajador tenía un contrato permanente era muy difícil y muy caro despedirlo. Esta protección, en muchos casos, no fue un beneficio para los trabajadores, sino todo lo contrario, porque las empresas eran reacias a contratar personal. Los obstáculos para el despido continuaron en la primera etapa democrática, aunque a partir de 1994 se comenzaron a introducir una serie de medidas liberalizadoras, como el fomento de contratos temporales, que paliaron la situación.

d) **La incorporación de la mujer al mercado laboral.** A partir de los años 80 se observa un mayor nivel de emancipación de las mujeres; en consecuencia, en esta época es cuando se incorporan al mercado laboral de forma masiva. Esto significa que se incrementa considerablemente la población activa española, mientras que el número de puestos de trabajo crece a un ritmo mucho menor, haciendo aumentar las cifras del paro.

Los desequilibrios regionales

En España se observan fuertes diferencias en cuanto a las posibilidades laborales que existen en las diferentes comunidades autónomas. Aunque la media nacional del paro es de aproximadamente el 10,6%, hay regiones como Extremadura o Andalucía que presentan tasas de más de un 17%. En contraste, Madrid tiene un índice de paro del 6,5%, y regiones como Navarra o Aragón tienen tasas cercanas al 5%. Esto es un reflejo de la concentración industrial de España en ciertas zonas geográficas, y la escasez de oportunidades laborales en otras, que condenan al desempleo a la población local.

En principio, se podría pensar que este desequilibrio provocaría fuertes migraciones interiores hacia las regiones más industrializadas. Sin embargo, en la actualidad esto no ocurre al mismo nivel que en los años 60, cuando hubo movimientos migratorios masivos hacia las ciudades industriales españolas. Una tendencia que se observa es que la población es reacia a dejar su ciudad de origen y trasladarse a otras regiones para encontrar empleo, debido en gran parte a razones culturales como el fuerte arraigo de los españoles por su tierra y su familia. Quizá una mejor manera de solucionar los desequilibrios regionales sería intentar favorecer la inversión industrial en las áreas menos desarrolladas. Es justo decir que los diferentes gobiernos españoles han explorado esta opción, sin embargo, los resultados no han sido positivos y los contrastes laborales entre las distintas regiones continúan.

Iniciativas para estimular el empleo: la flexibilidad laboral

Como hemos visto anteriormente, el mercado laboral español de antes de los años 90 se caracterizaba por ser muy rígido: las empresas tenían demasiadas obligaciones con el trabajador, y el coste de los despidos era muy alto, lo que provocaba la reluctancia de las empresas a aumentar su plantilla. Era necesario flexibilizar el mercado laboral para hacer más fácil la contratación y el despido: esto incentivaría a las empresas a contratar a más personal. El PSOE introdujo una serie de reformas para flexibilizar los contratos, de manera que fuera más fácil contratar a trabajadores temporales y a tiempo parcial, y que los costes de despido fueran más baratos.

El resultado de estas reformas fue que efectivamente **se creó más empleo, pero este fue de peor calidad**. Las consecuencias más importantes fueron:

- La reducción enorme del número de contratos permanentes.
- La posibilidad de hacer contratos en prácticas durante tres años seguidos pagando sólo el sueldo mínimo.
- El aumento del empleo a tiempo parcial.

En resumen, el incremento de empleo se consiguió a costa del deterioro de las condiciones de los trabajadores. Esto generó un enorme descontento entre la población y provocó fuertes enfrentamientos entre el gobierno y los sindicatos, llegando al punto cumbre con la huelga general de 1988.

La temporalidad es una característica del mercado de trabajo actual; hoy en día, el 32% de la población activa española tiene contratos temporales, y su incidencia es mucho mayor entre los jóvenes y las mujeres. Esto se debe, como hemos mencionado antes, a que el coste del despido es todavía relativamente alto. La empresa puede evitar hacer frente a estos gastos ofreciendo a sus empleados contratos temporales, ya que no es necesario renovarlos. Es decir, que aunque hay menos población en paro que hace diez años, el carácter del empleo tiende a ser inseguro e inestable. Otra consecuencia de la temporalidad es el aumento de accidentes laborales, debido a que el trabajador no está lo suficientemente familiarizado con la empresa o con el trabajo a realizar.

Otra medida introducida para flexibilizar el mercado fue la **eliminación del «monopolio» del INEM** (Instituto Nacional de Empleo). El INEM es un ente público, y el único organismo que podía administrar las ofertas de trabajo en el país. Pero en los años 90, se permitió la introducción de agencias de trabajo temporal (ATT), lo que contribuyó a generalizar los trabajos de tipo temporal y mejoró el acceso de las ofertas de trabajo a la población.

Fachada de una oficina del INEM.

¿Qué significa que un trabajo sea precario?

Un trabajo es precario si cumple una o más de estas características:

• El salario es más bajo de lo normal para la categoría profesional del puesto desempeñado.

• La empresa no ofrece contrato; es decir, se trata de un empleo ilegal sin derechos para el trabajador.

• La empresa ofrece un contrato, pero es de tipo temporal sin posibilidades de hacerlo permanente a corto o medio plazo, creando una situación de inestabilidad para el empleado.

• El empleado trabaja un número excesivo de horas (más de 40 semanales) sin recibir remuneración extra, o bien se espera que trabaje en un horario intempestivo por el mismo sueldo.

• El trabajo no ofrece posibilidades de promoción profesional.

• El empleado no está debidamente protegido del riesgo de accidentes laborales.

En los últimos años se ha hecho un gran esfuerzo por **mejorar la calidad del empleo**. El gobierno de Aznar (1996-2004) mostró un gran interés en solucionar la situación de precariedad en que se encontraban muchos trabajadores, a través de medidas como éstas:

• **Luchar por el «pleno empleo»** (índice de paro inferior al 5%), y por la mejora general de las condiciones de trabajo, intentando favorecer la creación de más contratos indefinidos dentro de lo posible.

• Incentivar a las empresas para que contrataran **personal de colectivos desfavorecidos,** como los mayores de 50 años, las mujeres y los minusválidos, entre otros.

• **Mejorar la cualificación de los trabajadores en paro,** a través de cursos de formación gratuitos en áreas de demanda de empleo, como informática.

Todos estos objetivos están recogidos en el *Plan de Acción para el Empleo del Reino de España* de 2003, una iniciativa destinada a la lucha contra el paro, de la que hablaremos más adelante.

La mujer en el mercado laboral

Los dos sectores más afectados por el desempleo en España son las mujeres y los jóvenes menores de 25 años. En el caso del colectivo femenino, se observa una tendencia al alza, ya que ha experimentado un aumento de un 40% desde 1997. Pero a pesar de este dato optimista, lo cierto es que continúa habiendo grandes diferencias con respecto a los hombres en cuanto a su participación en el mercado del trabajo. La prueba es que en estos momentos, **España es el país de la UE-15 con mayor tasa de paro femenino (23%).**

Otros datos que nos pueden ayudar a entender la situación de la mujer en el mercado laboral son los siguientes:

• **La calidad del empleo femenino es menor,** ya que la mayoría de las mujeres que trabajan tienen contratos temporales

205

Las mujeres tienen más dificultades para conseguir un trabajo estable y bien remunerado.

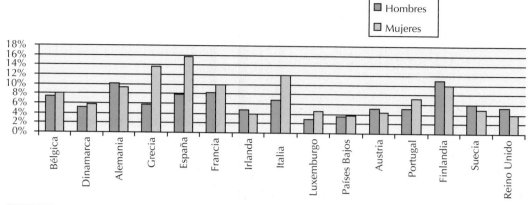

Desempleo en la UE-15 por sexo (2003). *Fuente*: Instituto de la Mujer.

o a tiempo parcial: se calcula que el 81% de los trabajos a tiempo parcial en España están desempeñados por mujeres.

- En líneas generales, **las mujeres suelen desempeñar trabajos de escasa cualificación y peor pagados**; de hecho, cuanto mayor es el grado de responsabilidad o la titulación exigida para el puesto de trabajo, menor es el número de mujeres contratadas. En los niveles ejecutivos y de dirección de las grandes compañías es donde más se observa la ausencia de personal femenino.

Las empresas muestran una clara preferencia por contratar personal masculino. Uno de los motivos es que los empleadores perciben a las mujeres como «madres en potencia» que pueden exigir bajas de maternidad y derechos similares: al contratar hombres, las empresas evitan hacer frente a estos pagos. El gobierno español ha intentado reducir las dificultades a las que se enfrentan las mujeres para encontrar trabajo a través de una serie de medidas específicas que garanticen su acceso y permanencia en el mercado laboral. Estas medidas están enmarcadas en el *Plan de Acción para el Empleo del Reino de España* (PNAE) de 2003. El PNAE enfatiza el principio de igualdad laboral entre los sexos, y uno de sus objetivos fundamentales es conseguir igualar las condiciones de empleo entre hombres y mujeres antes del 2010, en línea con las disposiciones de la *Estrategia de Lisboa* para el em-

pleo. Para conseguir un desarrollo favorable del empleo femenino se han puesto en funcionamiento una serie de medidas, entre las que destacan:

- **Promover un equilibrio entre el número de empleados hombres y mujeres** a través de tácticas como la discriminación positiva a la hora de contratar personal.
- Promover la **cooperación con el Instituto de la Mujer y las comunidades autónomas** para favorecer la búsqueda activa de empleo para las mujeres.
- Ofrecer **incentivos fiscales a las empresas** por la contratación de mujeres.
- Poner en marcha **programas de apoyo financiero** para favorecer la creación de empresas por mujeres y el acceso a créditos con bajos niveles de interés para mujeres empresarias.
- Poner en marcha **programas educativos** para formar a las mujeres en áreas como creación de empresas y el desarrollo empresarial.

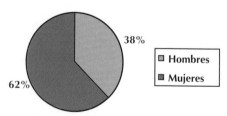

Población ocupada (2004). *Fuente*: Instituto de la Mujer.

Un alto porcentaje de jóvenes españoles se encuentra en paro.

• **Apoyo a la maternidad** y ayuda para cubrir los gastos del cuidado de los hijos jóvenes. Al mismo tiempo, se promueve la reincorporación de la mujer al trabajo tras su baja de maternidad.

El desempleo juvenil

El sector de la población más afectado por el desempleo es el de los jóvenes. La tasa de desempleo en este grupo es el doble o triple de la que afecta a la otras franjas de edad. En la actualidad, 1.100.000 españoles de menos de 35 años están desempleados. Los jóvenes más afectados son aquellos que carecen de experiencia laboral; es decir, los que buscan su primer trabajo. También se aprecia que dentro de este grupo, las mujeres jóvenes son las que tienen un porcentaje superior de paro. Este es uno de los sectores de la población en los que se encuentra un porcentaje

mayor de parados de larga duración; es decir, aquellos que llevan más de un año sin trabajar.

Causas del desempleo juvenil

El paro juvenil es un reflejo del alto índice de desempleo en España. Al haber un amplio porcentaje de población que busca empleo, y no suficientes trabajos para todos, las empresas tienen la posibilidad de elegir al trabajador más preparado. Y lo lógico es contratar a la persona con más experiencia laboral y preparación para el puesto, que suelen ser personas de más edad. Pero hay otros motivos que explican la alta incidencia del paro juvenil.

a) Uno de los más importantes es la disparidad entre el tipo de profesional que demanda el mercado y **los estudios que realizan los jóvenes**. Por ejemplo, hay

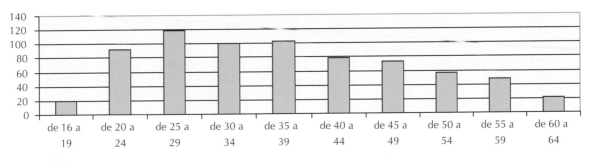

Periodos de desempleo de larga duración, por edad (2004). En miles de personas.

un exceso de titulados de ciertas asignaturas como Derecho o Letras, y un déficit enorme de titulados en ramas técnicas. Para combatir este problema, es necesario transformar el sistema educativo español, y orientarlo hacia las necesidades del mercado laboral.

b) Otro problema que presentan los jóvenes es, paradójicamente, su **exceso de preparación académica**. Hay demasiados universitarios en España para las necesidades del país, y un déficit de jóvenes que realicen estudios vocacionales. De nuevo, el sistema educativo tiene una cierta responsabilidad en las cifras de paro, ya que no promociona ni invierte lo suficiente en estudios de rango medio, que son los que necesita el mercado laboral. La enorme competencia que existe por cada puesto de trabajo obliga a los jóvenes a extender y ampliar sus estudios, con la esperanza de estar en mejor posición para encontrar empleo. Este exceso de preparación no siempre da los resultados deseados, y los jóvenes a menudo se ven obligados a aceptar trabajos por debajo de su categoría profesional.

El caso de los becarios

El personal contratado en prácticas, conocido como becarios, representa un perfecto ejemplo de la precariedad laboral que sufren los jóvenes españoles, a pesar de los altos niveles de preparación académica y profesional que poseen muchos de ellos. Las empresas e instituciones españolas tienen la posibilidad de contratar personal en prácticas durante varios años consecutivos. Durante este periodo, los jóvenes suelen realizar las mismas tareas que sus compañeros con contrato laboral; sin embargo, sus derechos se encuentran seriamente reducidos. El competitivo mercado laboral español fuerza a muchos jóvenes a aceptar trabajos en estas condiciones, con la esperanza de que puedan conseguir un contrato laboral permanente tras un periodo de formación. Sin embargo, durante los años que realizan prácticas, su situación es muy precaria, presentando las siguientes características:

- **No reciben un salario, sino una beca.** La cuantía de las becas suele ser sustancialmente menor que el salario que les correspondería si tuvieran un contrato laboral. Los ingresos recibidos por su beca están sujetos a impuestos.
- **No son considerados trabajadores,** con lo cual, aunque pagan impuestos, no tienen derecho a prestaciones por desempleo, seguridad social, y no cotizan en el sistema de pensiones. Tampoco tienen derecho a bajas por enfermedad o maternidad.
- **Es obligatorio tener dedicación exclusiva a la beca;** es decir, los becarios no pueden realizar otro trabajo remunerado aparte con el que complementar sus ingresos.
- **La regularización de los becarios es muy vaga,** de manera que los centros que acogen becarios caen frecuentemente en la explotación de los jóvenes, imponiéndoles una carga de trabajo muy elevada o más responsabilidad de la que deberían tener al estar en prácticas.

El caso de los **becarios de investigación científica** es especialmente preocupante. Muchos de estos jóvenes han conseguido becas en prestigiosos centros de investigación nacionales e internacionales, tienen títulos de doctorado y gozan de reconocido prestigio en su campo. Sin embargo, debido a la poca inversión en I+D en España, existen muy pocos puestos de trabajo permanentes donde puedan recibir una remuneración adecuada a sus cualificaciones y experiencia. La mayoría de las veces, estos jóvenes de trayectoria tan brillante se ven obligados a sobrevivir con becas año tras año, sin la posibilidad de tener seguridad laboral ni estabilidad económica. Por consiguiente, un gran número de ellos deciden aceptar las lucrativas ofertas de trabajo de los centros de investigación extranjeros, con lo cual se está produciendo una auténtica «fuga de cerebros» españoles a países como Estados Unidos o Gran Bretaña.

Consecuencias del paro juvenil

Las dificultades para encontrar trabajo **retrasan la emancipación de los jóvenes** del hogar paterno. Un estudio del sindicato UGT revela que en el año 2004 sólo el 29% de los jóvenes menores de 30 años era totalmente independiente económicamente. Esta situación produce serios efectos en la autoestima y provoca un aumento de los casos de depresión entre la población de esta edad. Por último, la necesidad de encontrar algún tipo de trabajo obliga a que muchos jóvenes acepten trabajos precarios, con bajos sueldos, condiciones de trabajo duras y mayores riesgos de accidentes laborales. La temporalidad, como vimos antes, es otra característica típica: de hecho, según estudios de UGT, en 2004 el 90% de los contratos temporales a jóvenes fueron temporales.

La economía sumergida

Por economía sumergida se entienden todas aquellas operaciones económicas que se realizan clandestinamente, y que por lo tanto no están registradas ni pagan impuestos al Estado. Muchas de estas actividades no están reguladas porque corresponden a actividades ilegales, como el tráfico de drogas o la venta de objetos robados. Otros casos de economía sumergida son actividades legales en sí, pero que no se declaran para evitar deberes fiscales como el pago de impuestos, el cumplimiento de reglamentos laborales o la contratación oficial del personal.

Estas actividades generan una producción importante y tienen un fuerte impacto en el mercado laboral español, pero estos datos no se tienen en cuenta en las estadísticas oficiales debido a su carácter ilegal. Sin embargo, sí existen estimaciones para intentar determinar su volumen dentro del resto de las actividades económicas del país. En España, se calcula que la economía sumergida constituye aproximadamente **entre el 20% y el 25% del PIB del país**, según datos de 2005. Esto hace que España sea uno de los países de la UE-15 donde la incidencia de la economía sumergida es mayor, encontrándose a un nivel similar que Portugal y Bélgica, y siendo superada sólo por Grecia.

El alto número de actividades no regularizadas en España se debe a las particularidades productivas del país: en España, la construcción, el turismo y la agricultura son dos sec-

Economía sumergida.

tores de gran actividad, que generan mucho empleo, y la presencia de actividades no declaradas es típica de estos sectores. Además, otras áreas como el servicio doméstico y, más recientemente, el trabajo *freelance* a través del ordenador presentan una alta incidencia de economía sumergida. Muchas empresas de estos sectores no ofrecen contrato laboral a sus empleados, utilizando en numerosos casos inmigrantes ilegales (sobre todo en la agricultura y en trabajos no cualificados).

El impacto de la economía sumergida es especialmente preocupante a dos niveles:

- **Se comprometen las condiciones laborales de los trabajadores.** Al no tener contrato, la remuneración de los trabajadores suele estar por debajo del salario mínimo. Otra consecuencia de la contratación irregular es la pérdida de los derechos laborales. Por ejemplo, los empleados están desprotegidos si tienen algún conflicto con su empresario. Asimismo, como la actividad no está regularizada, el personal es más vulnerable a abusos como el tener una jornada laboral excesivamente larga, que la empresa no observe las normas de seguridad o higiene, o que el trabajador no tenga derecho a su sueldo si cae enfermo. Los abusos a trabajadores sin contrato son tristemente frecuentes, sobre todo en el caso de los inmigrantes ilegales empleados por empresarios abusivos, que a menudo se someten a condiciones de trabajo y de vida explotadoras.

- **No se declaran los beneficios totales de la empresa ni se pagan impuestos,** con lo que el Estado pierde ingresos. Esto a su vez revierte en la sociedad, ya que hay menos dinero para los servicios del «estado de bienestar».

El subsidio de desempleo

Las prestaciones por desempleo que ofrece el Estado español son bastante diferentes de las que existen en otros países de la UE. Estas son las características básicas:

- Para poder recibir la prestación, es necesario que el empleado haya trabajado y pagado impuestos durante al menos un año.
- Una vez que se cumple este periodo, las prestaciones se reciben por un tiempo limitado, siempre proporcional al periodo de tiempo trabajado.
- La cantidad económica asignada es un porcentaje del sueldo que cobraba el trabajador antes del término de su contrato: durante los 180 primeros días, es el 70% del sueldo base, y en adelante el 60% del sueldo base. Existe una cantidad máxima que no se puede superar.

El sistema de prestaciones por desempleo en España ha sido duramente criticado en dos frentes. Por un lado, uno de sus aspectos más negativos es que **no es universal**; es decir, no toda la población desempleada tiene derecho a los subsidios. Sólo aquellos que

La agricultura es un sector donde abundan los casos de economía sumergida.

hayan trabajado al menos un año tiene derecho a recibirlo, lo que significa que muchos jóvenes no están cubiertos. Por otro lado, el subsidio de desempleo ha atraído críticas de economistas que opinan que la **cantidad económica asignada es demasiado generosa**. Esto también genera problemas, como los siguientes:

- **Desincentiva la búsqueda y la aceptación de empleos** por parte de los parados, aumentando el nivel y la duración del paro.
- **Genera una subida del gasto público.**
- **Aumenta el trabajo temporal,** ya que para muchos trabajadores es más rentable aceptar puestos de trabajo sólo por el

tiempo necesario para recobrar el derecho a seguir recibiendo el subsidio.

Sin embargo, a pesar de que el sistema de subsidios español probablemente es excesivamente generoso con los contribuyentes (es decir, con quienes pagan impuestos), es importante resaltar que **una parte importante de los parados no recibe prestación alguna**; por ejemplo, los que buscan su primer empleo. Es decir, que no todos los españoles que necesitan ayuda económica la reciben: el gobierno pasa la responsabilidad de la manutención de estas personas a la familia de los afectados, aprovechando que la institución familiar todavía es muy fuerte en el país.

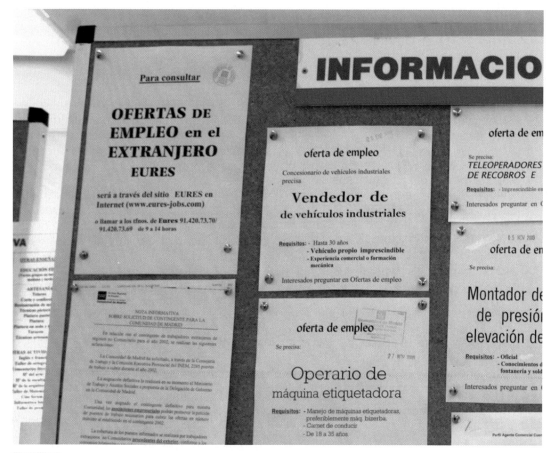

Ofertas de empleo en un tablón de anuncios de una oficina del INEM.

PREGUNTAS SOBRE EL TEMA 14

1 Explica el significado de la expresión «población activa».

2 ¿Cuándo se generó la mayor cantidad de paro en España?

3 ¿En qué sentido la incorporación de la mujer al mercado de trabajo ha afectado a las cifras de paro?

4 ¿Qué consecuencias positivas y negativas trajo la flexibilización laboral?

5 ¿Por qué hacer más fácil el despido para las empresas tiene un efecto positivo para la creación de empleo?

6 Nombra dos ejemplos concretos de trabajos que puedan calificarse de «precarios».

7 ¿Qué provocó la huelga general de 1988?

8 Nombra dos objetivos del *Plan de Acción para el Empleo del Reino de España*.

9 ¿Por qué una reforma del sistema educativo ayudaría a mejorar el problema del desempleo entre los jóvenes?

10 ¿Por qué la situación de los becarios científicos tiene repercusiones especialmente negativas para España?

11 ¿A qué se debe la alta incidencia de economía sumergida en España?

12 ¿Por qué se dice que la economía sumergida perjudica a los trabajadores?

PREGUNTAS PARA DESARROLLAR EL TEMA 14

a ¿Qué opinas de la discriminación positiva para las mujeres?

b ¿Estás de acuerdo con que los subsidios de desempleo generosos desincentivan la búsqueda de empleo para los parados?

c Tarea de investigación: Compara la flexibilidad laboral de tu país y la española. Escribe un breve informe para entregar en clase.

d Tarea de investigación: Elige un sector económico en España y estudia la incidencia de la economía sumergida en ese área.

e Tarea de consolidación: Escribe una crítica sobre la película *Los lunes al sol,* de Fernando León de Aranoa, que trata sobre el desempleo en el norte de España.

GLOSARIO

Pleno empleo: Se considera que existe pleno empleo cuando la tasa de paro es un máximo del 5% de la población activa.

Subsidio de desempleo: Ayudas económicas del Estado que reciben los desempleados.

INEM: Organismo estatal que organiza los subsidios de desempleo y gestiona ofertas de trabajo. Inicialmente era un monopolio, pero ahora las Agencias de Trabajo Temporal comparten algunas de sus tareas.

PNAE: Plan de gobierno para facilitar el acceso al empleo a la población en general, y que se concentra especialmente en los grupos más afectados por el paro, como las mujeres y los jóvenes.

ACTIVIDADES DE INTERNET

1. Noticias de la radio (Cadena Ser)

http://www.cadenaser.com/

Utiliza el buscador de esta página para encontrar y escuchar las últimas noticias relacionadas con el desempleo en España.

2. Busca trabajo en España

http://www.infojobs.net/

Tu tarea consiste en encontrar un trabajo apropiado a tu formación educativa en España. Esta página tiene uno de los mejores buscadores de empleo del momento.

3. Consejos para encontrar trabajo en España

http://www.infojobs.net/cr.cfm

Aquí tienes una gran cantidad de material relacionado con los aspectos prácticos del trabajo en España. La sección *Vida laboral* es particularmente interesante: lee algunos de los artículos y resúmelos en tu idioma.

4. ¿Qué es EURES?

http://www.inem.es/ciudadano/empleo/eures/eures.html

En esta página podrás encontrar información sobre el proyecto EURES. Léela y explica en qué consiste. Después, haz un pequeño informe con la información que hayas encontrado.

5. Experiencias de españoles en el mundo del trabajo (*España de cerca*)

http://polyglot.mit.edu/html/espanadecerca/view1.html

Escucha a estos españoles hablando del trabajo que realizan. Para ello, primero tienes que seleccionar la opción «trabajo» de la lista de temas que verás en la página principal, y después sólo tienes que hacer clic en las fotografías iluminadas.

6. Estadísticas del INEM

http://www.inem.es/cifras/p_estadist2.html

En esta página podrás encontrar un gran número de estadísticas que pueden resultarte útiles para tus trabajos en clase.

Tema 14. El desempleo en España

213

COMENTARIO DE TEXTO 1

Antes de leer el texto, busca en el diccionario el significado de las siguientes palabras:

Disponibilidad: _____   Apuntar: _____

Brecha: _____   Paliar: _____

Desempeñar: _____   Encadenamiento: _____

Desligada: _____   Receta: _____

Acrecentar: _____   Enunciada: _____

Idoneidad: _____   Inaugural: _____

Juzgar: _____   Albergar: _____

Cuantía: _____   Rumbo: _____

La otra precariedad laboral
(L. Abellán / C. Parra, *El País*, 22-04-2004)

La precariedad laboral entre los jóvenes no sólo corresponde a los contratos temporales. Comisiones Obreras ha detectado una «nueva precariedad» en la población juvenil relacionada con los horarios de trabajo abusivos, la permanente disponibilidad y la brecha existente entre la cualificación del trabajador y las funciones que desempeña. Así lo recoge un estudio que el propio secretario general del sindicato, José María Fidalgo, presentó ayer en el Congreso.

El trabajo constata que los más de ocho millones de jóvenes menores de 35 años insertos en el mercado laboral aceptan la precariedad como algo «natural» en su situación. Y este colectivo comienza a dejar de percibir el contrato indefinido como «una garantía de estabilidad y calidad», en palabras de Pura García, secretaria de Juventud del sindicato.

Los horarios de trabajo excesivos, la disponibilidad del trabajador fuera de su jornada laboral y el desempeño de labores muy desligadas de su preparación acrecentan la percepción de precariedad, no siempre vinculada a un contrato eventual. En cuanto al salario, su idoneidad se juzga, más que por su cuantía, en función de si permite acceder a ciertos elementos de bienestar social, principalmente la vivienda.

Fidalgo apuntó algunas medidas que, en su opinión, contribuirían a paliar este problema: dejar claramente establecidas las causas por las que se puede firmar un contrato temporal, prohibir el encadenamiento injustificado de contratos eventuales y reforzar el papel de la inspección. «Son recetas caras», advirtió el líder sindical.

Las tres propuestas fueron enunciadas por el ministro de Trabajo, Jesús Caldera, en el acto inaugural del Congreso. Esa coincidencia permite a Fidalgo albergar esperanzas sobre un cambio de rumbo con el nuevo Gobierno. El líder de CC.OO. también percibe como una gran oportunidad para el empleo juvenil la promesa de Caldera de poner en marcha la atención a la dependencia.

Preguntas sobre el texto

1. Antes de comenzar, averigua qué son las CC.OO.

2. ¿En qué consiste la «nueva precariedad»?

3. ¿Qué nos hace pensar que la precariedad está muy extendida por España, según el segundo párrafo?

4. En tu opinión, ¿qué característica de la «nueva precariedad» tiene peores consecuencias para el trabajador?

5. ¿Qué se puede hacer para evitar la precariedad, según José María Fidalgo?

COMENTARIO DE TEXTO 2

Antes de leer el texto, busca en el diccionario el significado de las siguientes palabras:

Padecer: _____

Cupo: _____

Liderazgo: _____

Promover: _____

Encima: _____

Consejera: _____

Resaltar: _____

Equitativa: _____

Escasez: _____

El paro tiene rostro femenino
Ginés Donaire, *El País*, 31-05-2004

Pilar Rivilla Blanco y su hermana Ana son dos ejemplos ilustrativos de las dificultades de la mujer en Andalucía para introducirse en el mercado de trabajo. La primera acabó su carrera de geóloga hace siete años, padeció muy pronto las desigualdades laborales en una empresa y ahora, con 34 años y a la espera de su primer hijo, no para de hacer cursos de formación para enriquecer su currículum con el que poder competir en su profesión, tradicionalmente dominada por los hombres. Más obstáculos encuentra aún su hermana, Ana, que estudió biblioteconomía después de casarse y tener tres hijos. Todavía no sabe lo que es disfrutar de su primer empleo, pero a sus 40 años es consciente de que sus posibilidades se reducen.

Estas dos mujeres jiennenses forman parte del cupo de las más de 270.000 andaluzas desempleadas, casi el 70% del total. Según el Anuario Social de La Caixa 2004, Andalucía no sólo tiene la tasa de paro femenino más alta de España (un 25,8%, frente al 15,8% de la media nacional), sino que tres provincias, Cádiz, Córdoba y Jaén, encabezan el liderazgo nacional. «Las mujeres tenemos que demostrar más que los hombres», asegura Pilar, inmersa en un curso formativo de gestión medioambiental para desempleados que promueve la Confederación Empresarial de Jaén. Sus compañeras María José Lorite y Marina Cebrián están en su misma situación. «Encima tenemos el añadido de la responsabilidad familiar», añade Ana, alumna de otro curso de auditorías en la Cámara de Comercio de Jaén. (...)

La directora del Instituto Andaluz de la Mujer en Jaén, Natividad Redondo, admite la preocupación por la alta tasa de paro femenino, pero resalta que no se puede olvidar el avance que se ha producido en la última década en la incorporación de la mujer al mundo laboral. Solamente en la provincia se han creado 300 empresas desde 1994 a través del programa Vivem (Vivero de Empresas). «Nuestro punto de partida no era el mismo que el de otros territorios y por eso aún queda mucho camino por andar», señala. (...)

Para la consejera de Igualdad y Bienestar Social del Gobierno andaluz, Micaela Navarro, tan preocupante como la alta tasa de paro femenino es la precariedad del mismo. Navarro responsabiliza de esta situación al anterior Ejecutivo, del PP, pues considera que el crecimiento de la economía y del empleo no se ha repartido de forma equitativa. «Ha habido un recorte brutal en todo lo que significa gasto social», se queja la consejera, que pone como ejemplo la escasez de escuelas infantiles de 0 a 3 años y las ayudas para la atención a personas dependientes. Se trata de tareas que, a juicio de Micaela Navarro, «suponen un obstáculo a la hora de que la mujer se incorpore en igualdad de condiciones al mundo laboral».

Preguntas sobre el texto

1. Explica las circunstancias familiares y laborales de Pilar y Ana Rivilla Blanco.

2. ¿Cuál es la situación del paro femenino en Andalucía?

3. ¿Qué dificultades adicionales tienen las mujeres para incorporarse al mercado laboral?

4. ¿Qué opina Natividad Redondo sobre esta situación?

5. ¿A qué se debe la situación del paro femenino, según Micaela Navarro?

El mundo laboral es más exigente con el grupo femenino.

Emigración e inmigración 15

La emigración española

España siempre ha sido, hasta hace pocos años, un país de emigrantes. Esta larga tradición de emigración se explica en gran medida por su pasado de pobreza. Las antiguas colonias españolas en los países latinoamericanos sirvieron como polo de atracción de la emigración española en el **siglo xix y en la primera mitad del siglo xx**, siendo Argentina, México, Brasil y Cuba los principales países receptores. Este era un tipo de emigración muy ambicionada por los españoles de la época, ya que los países latinoamericanos eran países nuevos, con alta demanda de mano de obra y ex-

celentes oportunidades de enriquecimiento y desarrollo profesional. Además, el hecho de compartir el mismo idioma y una cultura semejante hacía más fácil la integración. De todas las regiones españolas, una de las que exportó más emigrantes fue Galicia: es bien conocido el hecho de que a los españoles se les conoce como «gallegos» en Argentina, y que Buenos Aires, como reza el dicho popular, es la «quinta» provincia de Galicia.

El tipo de emigrantes que se desplazaba a estos países eran en general campesinos o trabajadores sin cualificación. Pero a partir de 1939 se instala en Latinoamérica un colectivo diferente: son los miles de españoles que

Muchos españoles emigraron a América Latina o a Europa en el siglo xx.

abandonan el país tras la victoria de Franco en la Guerra Civil, muchos de ellos políticos o intelectuales liberales que continúan sus carreras profesionales en México y Argentina. Un elevado número de exiliados se refugiaron también en la vecina Francia. La emigración terminó temporalmente con el ascenso de Franco al poder y la imposición de su política autártica, que en su primera etapa prohibió el flujo de trabajadores fuera del país.

A partir de los años 50, y sobre todo en los 60, se reanuda la emigración. Esto se debe a la seria crisis económica por la que pasaba España en aquel momento, que hace que Franco vuelva a abrir las puertas del país para permitir la emigración a los trabajadores españoles. En esta ocasión, el destino ya no son los países de América Latina, que han entrado en una fuerte recesión, sino Europa. En estos años, los países del norte y centro de Europa experimentan una urgente necesidad de mano de obra, mientras que en España el trabajo disponible es escaso y mal pagado. El éxodo a Europa es masivo, en respuesta a la situación de pobreza y atraso que sufría el país en estos años. Suiza, Francia y Alemania constituyen los principales países de destino en esta etapa. Los emigrantes que se desplazan a Europa son, de nuevo, trabajadores con escasa cualificación, el tipo de mano de obra que se necesita en el continente.

Se calcula que emigraron aproximadamente un millón de personas en estos años. No obstante, a diferencia de la antigua emigración a América, los españoles no se instalaban definitivamente en los países de acogida. La mayoría de los emigrantes españoles trabajaban durante unos años, ahorraban dinero y volvían a España. Los españoles en general no echaban raíces en los países extranjeros debido a las fuertes diferencias culturales encontradas en el país de acogida, así que la mayoría veía la emigración como una situación temporal para mejorar sus condiciones de vida. Muchos de ellos volvían a sus ciudades o pueblos de origen con sus ahorros, que se traducían en una cantidad importante al cambiarlos a pesetas, y abrían un ne-

gocio en su tierra natal. El dinero que los emigrantes enviaban a sus familias en España ayudó en una importante medida a elevar los ingresos del país en estas décadas.

A partir de 1967 se endurecen los requisitos de emigración en los países europeos, que comienzan a exigir una mayor cualificación a los inmigrantes que deseen instalarse en su territorio. El efecto de estas nuevas medidas es que disminuye la corriente migratoria. Esta tendencia continúa en los años posteriores y se agudiza a partir de la crisis del petróleo de 1973. En esta época, los países europeos entran en recesión y cierran sus fronteras a la inmigración, al tiempo que introducen medidas para favorecer el retorno de los trabajadores extranjeros a sus países de origen.

Con la restauración de la democracia, y con la creciente modernización de España, la emigración ha disminuido rápidamente. En la actualidad, España ha dejado de ser un país de emigrantes y ha pasado a ser un país receptor de inmigración.

La migración interior

La migración interior se caracteriza por un abandono de las zonas rurales y un desplazamiento de la población hacia las zonas urbanas. Como vimos en el tema 2, esta tendencia se hizo particularmente notable en **los años 60,** aunque continuó en las épocas posteriores e incluso se observa hoy en día en cierta medida. Las cifras exactas de la migración interior española son difíciles de especificar, debido a la falta de fronteras interiores, pero se calcula que alrededor de cuatro millones de españoles se instalaron en las grandes ciudades del país en la década de los 60. Estos intensos flujos migratorios hicieron que España pasara de ser un país eminentemente rural a ser un país eminentemente urbano, con un 70% de su población vive en ciudades.

El motivo de estas migraciones es la fuerte industrialización que experimentan en esta época ciertas zonas geográficas (Ma-

La mecanización de la agricultura hace que los campesinos emigren.

Tema 15. Emigración e inmigración

drid, Barcelona, el País Vasco), y la fuerte demanda de mano de obra para trabajar en sus industrias. Por otro lado, en las mismas fechas el empleo en el campo entra en crisis debido al **proceso de mecanización de la agricultura**, que hace que muchos campesinos se queden sin trabajo y que se vean obligados a emigrar. Las regiones que perdieron más habitantes fueron Andalucía, Extremadura y Castilla-La Mancha. Los flujos migratorios han disminuido progresivamente en intensidad a partir de los años 70 y especialmente a partir de los 80, pero como apuntamos antes, la tendencia de las generaciones jóvenes a preferir vivir en las ciudades no ha desaparecido totalmente.

Aunque en las migraciones interiores la población permanece dentro del mismo país, el impacto social es tan acusado como en los movimientos migratorios internacionales. En España, las **consecuencias de la migración campo-ciudad** son las siguientes:

- **Choque cultural** que sufren los habitantes del campo al llegar a las zonas urbanas y encontrarse con formas de vida y valores distintos en la ciudad.
- **Proceso de despoblación de las zonas rurales,** sobre todo de las regiones del interior peninsular, que en la actualidad cuentan con un gran número de pueblos

totalmente abandonados. Las zonas rurales comprenden más del 80% de la superficie total española. Sin embargo, en los últimos 40 años, los pueblos de menos de 10.000 habitantes han pasado de albergar el 57% de la población al 23% de la actualidad.
- **Tendencia al envejecimiento de la población rural,** ya que la mayoría de las personas que emigran son jóvenes que prefieren trabajar en la ciudad. El gobierno ha puesto en marcha una serie de ayudas económicas, cofinanciadas por los fondos estructurales de la UE, para intentar atraer a más jóvenes a vivir en el campo. Se intenta también hacer del campo español un lugar más atractivo para vivir y trabajar, impulsando de esta manera el desarrollo de las zonas rurales.

Una tendencia interesante que se observa **a partir de 1990** es un cambio de destino en los flujos migratorios. En los últimos años, los centros que reciben población son Andalucía, Canarias y Baleares, además de Madrid. Este cambio se explica por el auge de la industria turística de las islas y del sur de España, que es un sector en crecimiento y por lo tanto en constante demanda de mano de obra. Además, la crisis industrial sufrida por las tradicionales regiones receptoras de emigrantes, como el País Vasco, ha dejado de hacer atractiva la emigración a estas zonas.

La inmigración en España

Hoy en día, España es un país receptor de inmigrantes. Las cifras del año 2005 revelan que en la actualidad hay más de dos millones de extranjeros viviendo legalmente en el país, y aproximadamente un millón y medio de inmigrantes extranjeros ilegales, llamados frecuentemente «sin papeles». La mayoría de los inmigrantes que llegan a España son trabajadores no cualificados y generalmente de un estrato social bajo. Suelen ser personas jóvenes que sobreviven con dificultad en sus países de origen, y que por ello están dispuestos a trabajar en condiciones y en trabajos que muchos españoles ya no aceptan, debido a la mejora del nivel de vida y expectativas laborales del país.

Los **sectores en los que se emplea la población inmigrante** son fundamentalmente los siguientes:

- La **agricultura**, en regiones como Andalucía (sobre todo Almería), Murcia o Cataluña.
- La **construcción,** especialmente en Madrid, Barcelona, País Vasco o en Galicia,

Envejecimiento de la población rural.

zonas de una dinámica actividad constructor.
- La **minería**, sobre todo en Asturias, León y Palencia.
- El **servicio doméstico**, realizado sobre todo por mujeres en las grandes ciudades españolas.

Junto con este tipo de inmigrante pobre y de bajo nivel cultural, coexiste una inmigración totalmente distinta: son **los jubilados de los países ricos de Europa**, especialmente de Alemania y Gran Bretaña, que en cantidades cada vez más importantes están instalándose en España, creando verdaderos «guettos» en algunas de las zonas más hermosas del país. Estos residentes extranjeros se establecen principalmente en la costa mediterránea, Baleares y Canarias. Son personas con altos ingresos en comparación con el nivel de vida del ciudadano medio español, y que demandan gran cantidad de servicios sanitarios y de ocio. De estos países llegan también un cierto número de trabajadores jóvenes, pero de momento son una minoría.

Un fenómeno nuevo

Se puede afirmar que la inmigración es un fenómeno masivo en España desde hace sólo unos cuantos años; en concreto, desde los años 90. La incidencia de la inmigración en el país es todavía escasa en comparación con lo

Inmigración: Datos básicos

- Hay unos 3.690.000 extranjeros empadronados en España.

- La población extranjera supone un 8,4% del total en el país.

- Se calcula que hay un millón y medio de inmigrantes ilegales.

- La nacionalidad extranjera más numerosa es Marruecos, con medio millón de habitantes residentes en España.

- Los ecuatorianos y los rumanos son las nacionalidades en segundo y tercer lugar.

que ocurre en otros países de la Unión Europea; no obstante, está avanzando a pasos agigantados. La inmigración en España ha ido desarrollándose de manera paralela a su desarrollo económico. Si nos fijamos en el gráfico que aparece abajo, veremos cómo el fenómeno inmigratorio era mínimo antes de la consolidación democrática, y cómo el número de inmigrantes comienza a aumentar de manera importante a partir de los años 90; es decir, una vez que España ha entrado en la UE y que ha comenzado a sentir los beneficios económicos de la adhesión.

Inmigrantes en España (en miles)

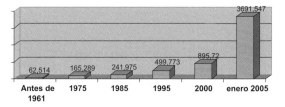

Nacionalidad de los extranjeros

- Los datos respecto a la inmigración legal en España del año 2005 indican que la mayoría de los residentes extranjeros en España proceden del **continente europeo** (aproximadamente el 34% del total). Dentro de este colectivo, el segmento mayoritario pertenece a los ciudadanos de la UE (25% del total), que en general han cambiado su lugar de residencia a España pero no buscan trabajo, y por lo tanto generan menos conflictos sociales. El otro segmento pertenece a los ciudadanos de países no comunitarios (casi un 9%), que en este caso sí son inmigrantes en busca de empleo. Este grupo presenta un aumento creciente en los últimos años, especialmente los ciudadanos de países como Rumanía, Bulgaria y Rusia.
- En segundo lugar, y a muy corta distancia de los europeos, aparecen los extranjeros procedentes de **los países de América Latina**, cuyo número se ha incrementado consistentemente durante los últimos años. En

la actualidad representan casi el 33% del total de inmigrantes en territorio español. En concreto, la inmigración procedente de las naciones de Ecuador, Colombia, Perú y Argentina es la más numerosa. Este colectivo es el que mejor se integra en el país y el que es más aceptado por los españoles, debido a que comparten un lenguaje común y una cultura similar. Un detalle importante es que del total de residentes americanos en España, más del 36% son familiares de españoles; es decir, son los descendientes de los españoles que emigraron a Latinoamérica en la primera mitad del siglo XX.

- En tercer lugar aparecen las personas procedentes del **continente africano** (casi el 25%), que vienen a España en grandes cantidades debido a su proximidad geográfica. Del grupo de países que conforman el continente africano, destacan en cuanto a su número las personas procedentes del norte de África (particularmente de Marruecos y Argelia), y de otros países del África subsahariana, como Senegal, Gambia y Nigeria. Este es el colectivo más pobre y el que sufre más discriminación al llegar a España, debido a las fuertes diferencias culturales, étnicas y educativas que presentan.
- Finalmente, destacan los ciudadanos de países del **continente asiático**, un 7% del total de los inmigrantes residentes en España. Dentro de este colectivo, tienen mayor importancia las personas procedentes de China y de Filipinas.

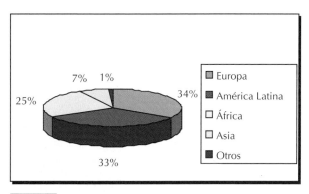

Nacionalidad de los inmigrantes.

	Total (%)	Analfabetos y estudios primarios incompletos	Estudios primarios completos	Estudios secundarios (1.ª y 2.ª etapas)	Educación técnico-profesional (grado medio y superior) y formación e inserción laboral correspondiente	Educación universitaria (2.º y 3.ᵉʳ cicl y especializac profesiona oficial
Total	100,0	8,1	18,9	44,1	9,7	19,2
Doble nacionalidad	100,0	4,8	11,9	42,6	14,4	26,4
Unión Europea	100,0	2,1	13,3	39,0	11,9	33,7
Resto de Europa	100,0	1,9	14,1	42,1	20,1	21,8
Marruecos	100,0	35,6	30,3	29,1	1,9	3,1
Resto de África	100,0	18,2	32,9	32,7	4,0	12,1
EE UU y Canadá	100,0	—	1,7	24,7	3,9	69,6
Latinoamérica	100,0	3,5	19,4	54,7	7,0	15,4
Resto del mundo y apátridas	100,0	21,0	28,7	27,9	2,7	19,7

Fuente: Instituto Nacional de Estadística (INE).

Nivel cultural de los emigrantes

En el gráfico anterior podemos observar el origen de los principales grupos de extranjeros en España, y su nivel de estudios. En general se observa que los europeos y latinoamericanos presentan un mayor nivel cultural; en particular, los europeos de países no comunitarios suelen ser trabajadores cualificados que vienen a España buscando oportunidades laborales en el sector servicios. En contraste, los ciudadanos de países africanos suelen tener un nivel cultural bajo: esto se refleja en sus actividades laborales en España, que se centran en la actividad agrícola o industrial no cualificada.

Comunidades autónomas más afectadas por la emigración

Las zonas en las que se concentra el mayor número de residentes extranjeros son **Madrid, Barcelona, el litoral mediterráneo y los dos archipiélagos**. Esto es, en general, debido a la concentración industrial, turística y agrícola en estas regiones. En la costa andaluza, Málaga es la provincia que aglutina un mayor número de residentes extranjeros, al albergar a casi el 50% del total de ciudadanos de otros países; entre éstos, destaca la presencia de un colectivo importante de ciudadanos europeos, sobre todo británicos. Esta situa-

En Madrid se encuentra un gran número de inmigrantes.

ción contrasta con el caso de Almería, donde el colectivo de inmigrantes más importante corresponde a ciudadanos de Marruecos; en este caso, la importancia de la actividad agrícola en esta provincia es un polo de atracción para trabajadores inmigrantes.

También es importante destacar que para muchos inmigrantes **España es un país de paso hacia el resto de Europa**. Por su proximidad geográfica con los países norteafricanos, España atrae a un alto número de emigrantes en ruta a países más desarrollados, como Francia o Alemania. En realidad, la inmigración está convirtiéndose en un fenómeno cada vez más internacionalizado, y cuyas consecuencias afectan muchas veces a más de un país. Por lo tanto, es una situación que necesita resolverse con la colaboración del resto de la UE, y no de manera individual por España. De todas formas, también es importante destacar que con el aumento del ni-vel económico de la España actual, **cada vez más inmigrantes eligen España como país de destino** y no de paso.

Ventajas de la emigración

Aunque la percepción social de la inmigración es muchas veces negativa, es cierto que en el caso de España es un fenómeno necesario y positivo para la sociedad. En concreto, la llegada de trabajadores extranjeros ayuda al país en tres áreas fundamentales:

- Los inmigrantes son una **mano de obra necesaria** para el país, ya que, como hemos visto, hacen determinados tipos de trabajo para los que no se encuentra personal en España. Además, es importante observar que la mayoría de las personas que deciden emigrar son jóvenes, em-

¿Qué opinan los españoles de la inmigración?

La inmigración es un fenómeno nuevo para los españoles, que si lo unimos a su rapidez de crecimiento ayudan a entender los sentimientos negativos que se aprecian en una gran parte de la población. Sin embargo, no todas las opiniones son negativas. Una encuesta del Centro de Investigaciones Sociológicas (CIS) de 2004 recoge las siguientes valoraciones que hacen los españoles sobre la inmigración:

- Casi la mitad de la población cree que **la inmigración es positiva para España**, pero que en la actualidad hay demasiados inmigrantes en el país, y que las leyes españolas hacen demasiado fácil su entrada.

- La mayoría de los españoles cree que **todas las personas deberían poder elegir el país donde quieran trabajar**. También manifiestan que no les importaría que sus hijos estudiaran con niños inmigrantes en el colegio.

- Una opinión común es que los inmigrantes llegan a España para **hacer el trabajo que los españoles no quieren**. Debido al aumento en las condiciones de vida, muchos españoles aspiran a hacer trabajos que reporten un cierto prestigio social. Los empleos menos prestigiosos (generalmente empleos manuales) son igualmente necesarios para la sociedad, pero no atraen suficiente mano de obra. Este es el caso de la agricultura o ciertos puestos de la construcción, que actualmente se nutren de inmigrantes.

- Como contrapartida, muchos españoles creen que **los inmigrantes crean más delincuencia**. Estadísticamente, es cierto que las regiones españolas con más presencia de inmigrantes han experimentado también un aumento de los índices de delincuencia, lo que explica la asociación inmigrante-delincuente en la mente de muchos españoles. Una causa importante del aumento de los episodios de delincuencia en la población inmigrante es su escasa integración en la sociedad española. Es un colectivo que a menudo vive en duras condiciones y sufre marginación, por lo tanto son más propensos a cometer delitos contra una sociedad que los rechaza.

 Los inmigrantes son una mano de obra necesaria.

prendedoras y tienen una enorme capacidad de sacrificio, demostrado por el simple hecho de dar el paso de emigrar a un país distinto. Por lo tanto, son personas potencialmente muy valiosas para el país. En otras ocasiones, los inmigrantes tienen una preparación profesional especializada que los hace especialmente atractivos para el mercado laboral español, como suele suceder con los inmigrantes procedentes de la Europa del Este.

- La llegada a España de los residentes extranjeros y sus familias contribuyen acti-

vamente al **crecimiento demográfico del país**. La tasa de natalidad española es una de las más bajas del mundo, y los inmigrantes son el único colectivo cuya natalidad está en aumento. Los hijos de inmigrantes son los que ayudarán a sostener el sistema de pensiones en el futuro.

- Los emigrantes **aportan gran diversidad cultural** al país, al tener procedencias y costumbres muy diferentes que enriquecen a la sociedad española.

Problemas ocasionados por la inmigración

- **Reacciones de racismo y rechazo al inmigrante**. La mezcla racial en España era mínima hasta la aparición del fenómeno migratorio, y la entrada repentina de un gran número de trabajadores extranjeros y de diferente etnia ha producido brotes de racismo en el país. Otros motivos que explican el rechazo al emigrante es el alto índice de paro presente en España y el resentimiento que despierta ver que hay trabajadores extranjeros dispuestos a hacer un determinado trabajo por menos dinero que los españoles.

- **La aparición de redes de tráfico de personas**. La desesperada situación eco-

Los inmigrantes están contribuyendo al crecimiento demográfico del país.

Inmigrantes haciendo cola delante de una agencia de la Seguridad Social.

nómica que viven algunos inmigrantes en sus países los obliga a intentar llegar a España de manera ilegal. En ocasiones, cruzan el Estrecho de Gibraltar en frágiles embarcaciones (pateras), que en muchos casos naufragan, ocasionando la muerte de sus ocupantes. Otras veces, llegan a España a través de mafias organizadas, que les encuentran trabajos en condiciones durísimas, y a los que mantiene viviendo en la miseria. España ha puesto en marcha medidas para perseguir a los traficantes de personas e impedir la inmigración ilegal, ya que la entrada clandestina y la estancia ilegal en el país da lugar a multitud de problemas, como la explotación laboral, marginalidad, pobreza, acciones delictivas para garantizar la supervivencia y confrontación social.

La Ley de Extranjería

La primera ley creada para regular el flujo de inmigración en España data de 1985. Antes de esta fecha no existía una regulación formal al respecto, lo que refleja la mínima inciden-

cia del fenómeno inmigratorio hasta ese momento. España se vio obligada a revisar sus leyes de inmigración con motivo de su entrada en la Comunidad Europea, que tendría lugar al año siguiente. Era necesario reforzar sus fronteras para evitar convertirse en un punto de entrada fácil para los inmigrantes de camino a los países ricos de la Comunidad.

En la actualidad, España rige su política inmigratoria a través de la **Ley Orgánica de Extranjería** del año 2000. Esta ley fue creada con la intención de regular la situación de los trabajadores extranjeros en España, que son ya una realidad preocupante en el país. En un principio, era una ley protectora de los derechos de los inmigrantes legales, que en ese momento fueron equiparados a los de los ciudadanos españoles. La Ley de Extranjería también buscaba facilitar la legalización de los miles de «sin papeles» que vivían en España en esos momentos. Esta ley permitía regularizar con relativa facilidad la situación de aquellos inmigrantes que llevaran al menos dos años viviendo en el país. Sin embargo, en vista del rapidísimo aumento de la inmigración, el gobierno se vio en la necesidad de **re-**

Características del nuevo Reglamento de Extranjería (diciembre 2004)

- Los inmigrantes tienen un plazo de 3 meses para regularizar su situación, del 7 de febrero al 7 de mayo de 2005.

- Los extranjeros tienen que demostrar que han vivido y trabajado en España desde al menos 6 meses antes del 7 de febrero. El requisito es de sólo tres meses para los trabajadores agrícolas, debido a la estacionalidad laboral típica del sector.

- Son los empresarios, y no los inmigrantes, quienes tienen que presentar la documentación necesaria para la regularización de sus empleados ilegales. El gobierno ha prometido que no habrá represalias para los empresarios que colaboren en el proceso de legalización de los extranjeros. Sin embargo, si se niegan a colaborar, el inmigrante puede denunciar a su empleador, o puede solicitar a los sindicatos que hagan una inspección de la empresa.

- El gobierno espera que unos 800.000 inmigrantes ilegales se regularicen por este procedimiento.

- El permiso de residencia conseguido tras la regularización no garantiza la reagrupación familiar; es decir, el derecho a traer a los cónyuges o hijos a España.

formar la Ley para limitar la entrada de trabajadores extranjeros en España.

La Ley de Extranjería ha ido evolucionando para adaptarse a la nueva situación con un total de tres reformas en un periodo de tres años. Estos cambios han ido añadiendo progresivamente dificultades para el inmigrante, como veremos a continuación:

- Los extranjeros no comunitarios que deseen obtener permiso de residencia en España deben haber vivido al menos cinco años en el país.
- Se han recortado los derechos de los inmigrantes no regularizados, que por ejemplo no tienen derechos de manifestación, reunión o huelga.
- Las reformas de la Ley de Extranjería facilitan la expulsión del país de los inmigrantes no regularizados, y dificultan el reagrupamiento familiar para los regularizados.
- Se establecen una serie de fuertes medidas para evitar la entrada y el asentamiento de los inmigrantes ilegales. Por ejemplo, sancionar a los empresarios que contraten a ilegales con penas que incluyen el cierre de sus negocios; o hacer un férreo control de los pasajeros que llegan a España y no utilizan su billete de vuelta.

Las reformas de la Ley de Extranjería están dentro de la línea de la UE para luchar contra la inmigración ilegal. Sin embargo, han atraído numerosas críticas por parte de varias ONGs y otros colectivos de ayuda al inmigrante, que califican estas medidas de excesivas e injustas con los trabajadores extranjeros. La cuarta y última reforma hasta la fecha, aprobada en diciembre de 2004, coincide con el mandato del PSOE en España. En contraste con las dos reformas anteriores, su objetivo es facilitar la regularización de los inmigrantes ilegales, en lo que se conoce como **Reglamento de Desarrollo de la Ley de Extranjería** (ver el recuadro). Es pronto para conocer sus repercusiones, pero en principio puede ofrecer una salida a la situación de cientos de miles de trabajadores extranjeros en el país.

Previsiones para el futuro

Es previsible que continúe la pauta actual del flujo migratorio existente; es decir, su crecimiento constante, su asentamiento en la costa mediterránea y las grandes ciudades (aunque también se extenderán por el resto del territorio nacional), y su empleo en los sectores de la agricultura, construcción y minería. Se espera que la demanda de mano de

España avanza hacia una sociedad multiétnica y multicultural.

obra en estas áreas económicas se incremente en los próximos años, lo que generará un aumento de trabajadores extranjeros. Los datos más recientes indican que en el futuro se producirá un mayor aumento de los inmigrantes procedentes de países no europeos (países africanos, latinoamericanos y China), en detrimento de los ciudadanos de países de la Unión Europea.

El aumento de la presión migratoria, inevitablemente, provocará un aumento del número de personas que entren en España de manera ilegal. Por lo tanto, también supondrá un **incremento de las redes de tráfico de personas**, que pueden aprovecharse de las duras condiciones de vida que empujan a tantos extranjeros a dejar sus países. Por estos motivos, es necesario que España mejore sus medidas para proteger a los extranjeros que llegan al país. Es importante reconocer que muchos inmigrantes huyen de situaciones desesperadas en sus países de origen, ya sea pobreza extrema o persecución política. Por lo tanto, se espera que en un futuro cercano **España se transformará en una nación de asilo y refugio** para extranjeros en condiciones extremas, como ya sucede en la mayoría de los países desarrollados. En la actualidad, ya existen programas específicos para garantizar la protección de refugiados extranjeros, así como para luchar contra los fraudes del sistema que por desgracia son tan comunes en la inmigración ilegal.

La incidencia de la inmigración en España no llega a los niveles de otros países de la UE, como Alemania, Francia o el Reino Unido, que llevan décadas haciendo frente a esta situación. Esto le permite al país utilizar la experiencia de sus vecinos europeos para abordar los flujos inmigratorios de la mejor manera posible y evitar caer en sus errores. Pero no es sólo el Estado el que se tiene que adaptar a este nuevo fenómeno: **la población española también tiene que pasar por un proceso de ajuste** a la realidad de la nueva España. El avance del país hacia una sociedad multiétnica y multicultural es ya imparable, y es en realidad un efecto de la transformación de España en el país moderno y próspero que siempre quiso ser.

PREGUNTAS SOBRE EL TEMA 15

1 ¿Por qué crees que los países latinoamericanos eran un destino favorito para los emigrantes españoles?

2 ¿Qué factores contribuyeron a que disminuyera el flujo emigratorio desde España a otros países?

3 ¿Qué problemas presenta la migración interior en España?

4 ¿Cuál es el motivo fundamental para que España haya pasado de ser un país emisor a un país receptor de emigrantes?

5 Nombra dos motivos por los que España atrae grandes cantidades de inmigrantes latinoamericanos.

6 Málaga y Almería son dos provincias andaluzas que reciben un alto número de inmigrantes. ¿En qué se diferencia el tipo de emigración que reciben?

7 Explica qué aspectos positivos aporta la inmigración a España.

8 Resume qué problemas genera la inmigración en España.

9 Resume las tendencias que crees que presentará el fenómeno inmigratorio para el futuro.

PREGUNTAS PARA DESARROLLAR

a ¿Crees que el país de acogida de los inmigrantes tiene la responsabilidad de velar por su salud y cuidados básicos, incluso si son inmigrantes ilegales?

b Explica en qué beneficia a España la aparición de un colectivo importante de inmigrantes ilegales, y en qué perjudica al país.

c Tarea de investigación: Busca información sobre el fenómeno de la inmigración en pateras, frágiles embarcaciones con las que los norteafricanos cruzan el Estrecho de Gibraltar. Escribe un informe sobre este tema para entregar en clase.

d Tarea de consolidación: Escribe una crítica de la película *Flores de otro mundo*, de Icíar Bollaín, analizando las dificultades de las inmigrantes latinoamericanas en España.

GLOSARIO

Flujo migratorio: Movimiento de la población de un país a otro, o bien del campo a la ciudad dentro de un mismo país.

«Sin papeles»: Nombre coloquial que se da en España a los inmigrantes ilegales.

Censo: Registro de ciudadanos de un país que tienen derecho al voto.

Padrón: Lista de las personas que viven en un pueblo o ciudad.

Tráfico de personas: Actividad que consiste en facilitar la entrada de inmigrantes ilegales en un país. El viaje de entrada suele tener unas condiciones muy duras, lo mismo que el trabajo ofrecido al llegar al país de destino.

ACTIVIDADES DE INTERNET

1. Migración interior y emigración de los españoles

http://www.cnice.mecd.es/eos/MaterialesEducativos/secundaria/sociales/pobreza/paginas/migracione.htm

Aquí podrás leer testimonios de personas que vivían en el campo y decidieron emigrar a la ciudad o a otros países. ¿Te parece que fueron experiencias fáciles para estas personas?

2. Las migraciones en España y en Europa

http://www.uned.es/radio/emision/2002_2003/2002_10/021019.htm

Podrás escuchar un coloquio sobre este tema en la sección *Revista de Economía y Turismo: A Fondo*. El coloquio es bastante largo, pero puedes escuchar una parte y tomar notas sobre la información más interesante que hayas aprendido.

3. La inmigración en la actualidad

http://www.terra.es/actualidad/articulo/html/act25119.htm

En esta página podrás escuchar clases cortas (ponencias) sobre diferentes aspectos relacionados con la inmigración. Elige una de ellas y haz un resumen para entregar en clase.

4. Gráficos sobre la inmigración en España y en la UE

http://extranjeros.mtas.es/

En la columna de la derecha, verás una actividad titulada «Corrientes de inmigración a España y a la UE». Haz clic y observa el gráfico con atención. Después, haz un pequeño informe en español con los datos obtenidos, comparando la situación de la inmigración en España con la de otros países de la UE.

5. Especial de *El Mundo* sobre emigración

En este especial de *El Mundo* podrás escuchar a varios inmigrantes hablando de las razones que los impulsaron a emigrar a España y sus experiencias en el país. Haz dos tareas:

a) La historia de Elena y Javier

http://www.elmundo.es/especiales/2005/02/sociedad/inmigracion/gentecorriente/elena_javier.html

Aquí podrás leer información sobre las experiencias de estos dos inmigrantes en España. También puedes escuchar a Elena hablar sobre sus esperanzas de futuro.

b) Vivir en un país extraño: La vida de Deifa en Madrid

http://www.elmundo.es/especiales/2005/02/sociedad/inmigracion/testimonios/index.html

En esta sección (a la derecha de la página), podrás escuchar a una mujer colombiana hablando de su difícil adaptación a Madrid.

COMENTARIO DE TEXTO 1

Antes de leer el texto, busca en el diccionario el significado de las siguientes palabras:

Defensor del Pueblo: _____

Destacar: _____

Desmentir: _____

Autóctono: _____

Cargar: _____

Perturbar: _____

Convivencia: _____

Índole: _____

Malestar: _____

Dispararse: _____

Resentirse: _____

Rendimiento: _____

Afincarse: _____

Escolares inmigrantes

El Defensor del Pueblo acaba de hacer público un informe sobre el reparto de los hijos de inmigrantes en los colegios españoles. El documento destaca el aumento sostenido de estos alumnos y, sobre todo, su desigual distribución en la red educativa. En 2001, el porcentaje de escolares de familias inmigrantes era el 2,22% del total, una cifra todavía pequeña en términos relativos, que desmiente muchas de las exageraciones con las que frecuentemente se analiza este fenómeno. Pero se trata de alumnos con dificultades añadidas a las que ya tienen de por sí los autóctonos, con problemas de dominio del lenguaje y falta de un bagaje cultural y formativo similar al de sus compañeros, lo que requiere de un esfuerzo suplementario por parte de los profesores y las Administraciones.

El otro factor revela un desequilibrio en el destino de los escolares inmigrantes. Además de las diferencias asociadas a la desigual localización de los núcleos de inmigrantes, normalmente en zonas o barrios de bajo nivel socioeconómico, hay una desproporción en su distribución entre centros públicos y privados concertados, que se financian con fondos públicos, de forma que los primeros reciben el doble de alumnos que los segundos. Y este es otro problema a resolver. No se puede cargar a los centros públicos con el grueso de la responsabilidad que supone la tarea de educar e integrar socialmente a estos alumnos. La mayoría de la comunidad educativa considera que, en términos generales, la presencia de escolares inmigrantes en las aulas no retrasa ni dificulta en exceso la marcha de sus compañeros, ni perturba la convivencia en los colegios, siempre que se pongan los medios adecuados para tratar esta nueva realidad.

Son otros los problemas, de índole más general, que afectan a todos los escolares, los que pueden estar jugando un papel dominante en el malestar existente en la escuela. Pero la situación puede agravarse si el porcentaje de los alumnos con problemas de lenguaje y de nivel cultural y formativo mínimo llega a dispararse, como ocurre en algunos establecimientos educativos de determinados barrios. En estas condiciones, el funcionamiento de los centros puede resentirse gravemente y bajar su rendimiento. De ahí que sea necesario repartir del modo más justo posible la importante tarea de educar a los niños y jóvenes cuyas familias se han afincado en España procedentes de otros países. Están en juego, además de la correcta integración de los jóvenes de familia inmigrante a través del sistema escolar, la propia igualdad entre los ciudadanos.

El País - Opinión, 28.5.2003

Preguntas sobre el texto

1. ¿Es alto el número de alumnos inmigrantes en los colegios españoles?

2. ¿Qué problemas presentan los niños inmigrantes en las clases?

3. ¿Qué se dice en cuanto a la distribución de los alumnos inmigrantes en los colegios?

4. Según el último párrafo, ¿cuál es la situación en algunos barrios concretos?

5. ¿Qué puede hacerse para evitar estos problemas?

COMENTARIO DE TEXTO 2

Antes de leer el texto, busca en el diccionario el significado de las siguientes palabras:

Asimismo: _____

Xenófobo: _____

Creencia: _____

Concienciar: _____

Colocado: _____

Implicarse: _____

El director del Centro de Estudios sobre Migraciones y Racismo alerta sobre los prejuicios de los jóvenes
RAÚL MARTOS, Elmundo.es, 11 de noviembre de 2003

Uno de cada dos escolares, entre 14 y 19 años de edad, relaciona la inmigración con connotaciones negativas, según ha señalado Tomás Calvo Buezas, director del *Centro de Estudios sobre Migraciones y Racismo* (CEMIRA) durante la *VII Semana contra el Racismo* que se celebra en la Universidad Complutense de Madrid. Estas connotaciones negativas, que los jóvenes ven reflejadas en los inmigrantes, hacen referencia a las drogas, al desorden social y a la delincuencia. Otro de los datos que ha ofrecido el director del CEMIRA es que la raza gitana y todo lo islámico son, actualmente, el principal objeto de racismo por parte de la población escolarizada, sobre todo, tras los sucesos acaecidos el 11-S. Asimismo, Calvo Buezas ha indicado que entre el 10 y el 15% de los estudiantes manifiestan posiciones xenófobas.

Siguiendo con los estudios realizados, Calvo Buezas ha indicado que «la tercera parte de los universitarios consideran que la inmigración trae más inconvenientes que ventajas». En contradicción con estos datos, el profesor añadió que «existe una actitud ambigua» por parte de los jóvenes, ya que «el 76% apuesta por una sociedad multicultural, donde convivan en igualdad y libertad grupos con distintas creencias». El director del CEMIRA, quien viene realizando desde 1986 estudios sobre la evolución de la población inmigrante, ha manifestado que la solución para acabar con la xenofobia estriba en «concienciar a la sociedad desde los medios de comunicación y educar a la gente» porque «la diversidad es riqueza en todos los sentidos».

Más clasismo que racismo

Calvo Buezas, quien también es catedrático de Antropología Social de la UCM, ha indicado que existe mucho más clasismo que racismo porque hay inmigrantes «bien colocados a quienes nunca se le presentan problemas». Tomás Calvo Buezas ha insistido en que el gobierno debe implicarse en la lucha contra el racismo y «crear políticas de no discriminación y no explotación», además de facilitar «unas condiciones dignas de trabajo, vivienda o salud», a todos los inmigrantes.

Asimismo, el catedrático en Antropología Social ha señalado que «no existe ninguna avalancha de inmigrantes», ya que solamente un 4% de la población española es inmigrante, mientras que la media europea asciende al 6,5%. Además, ha recordado que ocho millones de españoles emigraron a América y Europa entre 1850 y 1950, y todavía dos millones de españoles residen en otros países.

Preguntas sobre el texto

1. ¿Con qué relacionan los jóvenes españoles a los inmigrantes? ¿Por qué se dice que es una actitud contradictoria?

2. ¿Qué es necesario hacer para eliminar la xenofobia, según el texto?

3. ¿Son todos los inmigrantes iguales, según Calvo Buezas?

4. ¿Cuál es la responsabilidad del gobierno ante el racismo?

La familia española en el siglo XXI

16

La modernización general de España y la transformación social experimentada tras el término del franquismo han tenido un considerable impacto en la evolución de la institución familiar. El cambio que experimentó el país no se limitó solamente al paso de un régimen político dictatorial a otro democrático, sino que tuvo un fuerte impacto en la cultura, actividad religiosa y en la estructura social española. La imposición de una estructura familiar tradicional durante la época de Franco se vio gradualmente desplazada por la introducción de tipos alternativos de agrupaciones familiares, menos preocupadas por observar los preceptos sociales o religiosos imperantes en el régimen anterior. La institución de la familia española actual, por lo tanto, se encuentra en una **etapa de profundas transformaciones** que todavía no han concluido, y que afectan a su estructura, a la dinámica de las relaciones y a los papeles que tienen sus miembros.

Tradicionalmente, la inmensa mayoría de las familias del país consistían en un núcleo familiar formado por un matrimonio y varios hijos. A este núcleo se añadían familiares en distintos grados (abuelos, primos y tíos) que solían tener una relación muy cercana entre sí, y que a menudo vivían en el mismo pueblo o ciudad. En muchos aspectos, esta concepción

233

Un ejemplo de familia numerosa típica de la época franquista.

En la actualidad, la mayoría de las familias españolas está formada por 3 miembros.

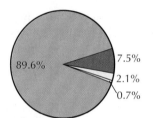

- ◨ Satisfecho o bastante satisfecho
- ◼ Ni satisfecho ni insatisfecho
- ☐ Bastante o muy insatisfecho
- ☐ N.S./N/C.

89.6%
7.5%
2.1%
0.7%

Satisfacción con la vida familiar. *Fuente*: CIS (2003).

tradicional de la familia no ha cambiado demasiado, ya que a pesar de los recientes cambios sociales la familia es todavía una de las instituciones más valoradas del país. Las encuestas demuestran que la amplia mayoría de los españoles valoran la familia por encima de cualquier otra cosa, y que se encuentran muy satisfechos con su vida familiar (véase gráfico).

Pero lo que sí está cambiando en la actualidad es la configuración del grupo familiar y la relación entre sus miembros. En general, se puede decir que **cada vez hay menos familias nucleares** (padres casados y sus hijos), aunque este tipo de familia todavía es la norma. Lo novedoso es que cada vez existen más grupos familiares alternativos; es decir, uniones no matrimoniales, familias monoparentales, parejas sin hijos, familias reconstituidas (es decir, con hijos procedentes de uniones anteriores) o parejas homosexuales.

En cuanto a la **dinámica de las relaciones** entre los miembros de la familia española contemporánea, es evidente que hay una serie de cambios importantes. Estos cambios están ocasionados fundamentalmente por el creciente acceso de las mujeres a la educación y al mercado laboral. Su progresiva independencia ha provocado cambios ideológicos en la sociedad, como la transformación de los papeles tradicionales del hombre y de la mujer, que en la actualidad están evolucionando hacia unos roles cada vez más igualitarios.

Todos estos cambios han llevado a un **nuevo concepto de familia y de sociedad**. En reconocimiento de estos cambios, el gobierno español está llevando a cabo una serie de reformas legales, con la intención de equiparar las nuevas situaciones familiares a las familias tradicionales. En esta línea, se encuentran ciertas reformas sociales como la nueva ley del divorcio, la legalización de los matrimonios homosexuales y los esfuerzos por conseguir la igualdad entre hombres y mujeres. Puedes encontrar más información sobre estas reformas en el tema 7 de este libro.

Retraso de la edad de emancipación de los jóvenes

En España, la tendencia entre la población joven a vivir en el hogar paterno hasta edades cada vez más maduras va en aumento, no en disminución como quizá es de esperar. Esta predisposición contrasta fuertemente con el afán de independencia que se observa en los jóvenes de muchos otros países desarrollados. Las cifras de esta tardía emancipación son sorprendentes: según datos del censo de 2001, **unos 7 millones (casi el 38%) de los jóvenes entre 25 y 34 años vi-**

Principales indicadores de la familia española moderna (*Fuente*: INE)	
Número total de familias en España (2001)	14,2 millones
Tamaño medio de la familia	2,9 miembros
Edad media de las mujeres en el primer matrimonio (2003)	30 años
Edad media de las madres al nacimiento del primer hijo (2002)	30,7 años
Número medio de hijos por mujer (2004)	1,3
Porcentaje de mujeres casadas que trabajan, sobre la población de mujeres casadas	34,8%

Muchos jóvenes españoles viven en casa de sus padres.

chos jóvenes tienen un empleo estable y bien remunerado, y elige continuar viviendo con su familia. La mayoría de los jóvenes españoles sigue el comportamiento tradicional de vivir con sus padres hasta que se casan o deciden vivir en pareja, a menos que sus estudios o trabajo los obligue a trasladarse otra ciudad. La actitud permisiva de los progenitores y, sobre todo, las fuertes relaciones de afecto que suelen unir a las familias españolas, son factores clave para entender este fenómeno. Pero también hay datos que indican que la decisión de permanecer en la vivienda paterna responde en parte a una **cuestión de comodidad**: la mayoría de los jóvenes españoles no independientes admiten que dedican poco o nada de tiempo a las tareas domésticas. Esto, unido a la posibilidad de disfrutar de su salario sin tener que enfrentarse a gastos de vivienda o manutención, permite a muchos españoles perpetuar un estilo de vida juvenil y despreocupado hasta bien entrada la edad madura.

ven con al menos uno de sus padres. Los motivos son principalmente (aunque no exclusivamente) económicos, y los podemos ver a continuación:

- **La precariedad del empleo** al que la mayoría de los jóvenes tiene acceso. Debido a la difícil situación del mercado laboral español, muchos jóvenes no tienen un trabajo con la suficiente estabilidad y remuneración económica que les permita vivir con independencia.
- **El alto precio de la vivienda** empeora sus posibilidades de emancipación, sobre todo en las grandes ciudades como Madrid y Barcelona.
- **La tradición cultural de vivir en familia** es otra razón importante. La tardía edad de emancipación de los jóvenes españoles no se puede explicar sólo con motivos económicos, ya que mu-

Cambios en la institución del matrimonio

- Los españoles se casan cada vez menos y a una edad más tardía. En la actualidad, **la edad media para contraer matrimonio es de casi 30 años**. Este retraso se debe, como mencionamos en el apartado anterior, a la dificultad de conseguir un trabajo que ofrezca la suficiente estabilidad como para permitir la compra o alquiler de una vivienda y llevan una vida independiente.
- Otro dato interesante en torno a los matrimonios celebrados en España es que **la gran mayoría tiene lugar en la iglesia**. Esto no siempre obedece a motivos religiosos, sino más bien a motivos sociales. La tendencia entre las generaciones jóvenes es a alejarse de la práctica religiosa; sin embargo, los matrimonios civiles todavía no

Boda civil.

tienen el mismo reconocimiento social que los religiosos, y en muchas ocasiones todavía cuentan con la desaprobación de las generaciones mayores.

- **Aumento de las parejas de hecho.** Vivir en pareja sin pasar por el matrimonio es algo todavía poco común en España, aunque es un fenómeno que va en aumento a grandes pasos. En estos momentos, sólo el 6% de las parejas censadas que viven juntas no están casadas; un número pequeño, pero que se ha multiplicado por 2,5 desde 1991. La mayoría de las parejas de hecho censadas residen en Cataluña, las Islas Baleares y Canarias. Un número importante de estas personas decide tener **hijos fuera del matrimonio**; en la actualidad, el 20% de los niños españoles nacen de madres no casadas. Aunque esta cifra ha aumentado mucho recientemente, está lejos de la media de la UE-15 (27%), o de países como Suecia, donde el 57% de los nacimientos se producen fuera del matrimonio.

- **Incremento del índice de divorcio.** Desde la legalización del divorcio en España en 1981, ha habido más de 600.000 rupturas matrimoniales. Aunque este número parece alto, lo cierto es que la tasa de divorcios es todavía baja en comparación con otros países desarrollados, a pesar de que la legislación española hace el proceso de divorcio relativamente simple. En total, de cada 100 matrimonios se divorcian 18, un dato que contrasta con los 68 divorcios que tienen lugar en Bélgica. El hecho de que el divorcio sea legal en España desde hace relativamente poco tiempo puede explicar la baja tasa de parejas divorciadas, ya que todavía presenta un cierto estigma social en las capas tradicionales de la sociedad.

- **Legalización de los matrimonios homosexuales.** Como vimos en el tema 7, el nuevo gobierno del PSOE ha aprobado una ley para que las parejas homosexuales puedan casarse y adoptar niños, equiparando sus derechos con los de cualquier matrimonio heterosexual. Tras esta ley, se espera que aumente el tamaño y visibilidad del colectivo homosexual en España. El tipo de familias formadas por homosexuales son algo todavía muy nuevo en la sociedad del

Datos básicos sobre las parejas homosexuales

- Hay 10.474 parejas homosexuales censadas en España, pero se calcula que las no censadas llegan a las 120.000.

- Baleares es la Comunidad Autónoma con más parejas homosexuales.

- El 62% de la población española está de acuerdo con la legalización del matrimonio homosexual.

- La ley española, que permite el matrimonio y la adopción a los homosexuales, sólo tiene equivalente en tres partes del mundo: Holanda, algunas provincias de Canadá y el estado de Massachusetts en EE UU.

país; sin embargo, su aceptación por un amplio sector de la población es una prueba de la tremenda transformación del cambio de valores que se ha experimentado en España.

Disminución del tamaño de la familia media española

El tamaño medio de los hogares españoles era de 2,9 personas en 2001. Esto se debe en gran medida al descenso de la natalidad, como veremos en el siguiente apartado, pero también hay otros factores importantes. Por ejemplo, se observa que el número de personas que viven solas se ha incrementado en más de un 100% desde 1991. Los hogares unipersonales suelen estar formados por solteros o divorciados, y también por personas mayores de 65 años.

Otros datos importantes sobre el tamaño de la familia son:

- **Menor convivencia de generaciones.** En España, la mayor parte de los hogares está integrado por dos generaciones, normalmente por padres e hijos jóvenes. Se observa un descenso importante del número de familias donde viven también los abuelos, algo que era muy común hasta hace sólo unos años. De todas formas, aunque cada vez más mayores de 65 años viven solos, la mayoría todavía comparte vivienda con al menos uno de sus hijos. Por último, un dato destacable es la reluctancia de los mayores a vivir en residencias para ancianos: sólo el 1,2% de ellos se alojan en centros geriátricos. A pesar de este dato, la previsión de cara al futuro es que el cuidado de los mayores pase a manos profesionales, bien a través de residencias o de cuidadores en el propio hogar.
- **Aumento de familias monoparentales.** Este tipo de familia está formado por una madre o un padre y sus hijos. En España, hay siete mujeres por cada hombre en

esta situación familiar: suelen ser viudas o mujeres que viven con sus hijos tras una separación matrimonial. El número de madres solteras en España es inferior al de otros países, representando sólo el 11,2% de las familias monoparentales: probablemente este bajo número se debe al estigma que todavía hoy en día sufren las mujeres sin pareja que tienen hijos fuera del matrimonio.

La baja tasa de natalidad

De todos los cambios que hemos mencionado anteriormente, el descenso del índice de natalidad es uno de los más preocupantes. España es, junto con Italia, **el país con la tasa de natalidad más baja de Europa**: un 1,3 hijos por mujer, en contraste con los 1,47 de la media de la UE. Pero hay grandes variaciones dentro del territorio nacional; en Asturias, por ejemplo, la tasa es de 0,92. Este nivel está muy por debajo del nivel de reemplazo generacional, que es 2,1 hijos por mujer. En la actualidad, el número de familias numerosas (con 3 o más hijos) es la mitad que en 1991.

El descenso de la natalidad se explica por una serie de factores que veremos a continuación:

- **Retraso de la edad de maternidad.** Las españolas son las europeas que tienen su primer hijo más tarde, con una edad media de 31 años, lo que inevitablemente tiene un impacto en el número final de

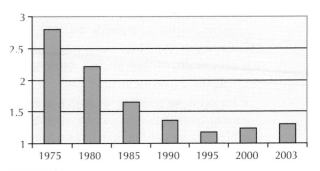

Número de hijos por mujer. *Fuente*: Instituto de la Mujer.

Las españolas retrasan su edad de maternidad hasta después de los 30 años.

jos. Debido a la dificultad de compaginar los dos ámbitos, muchas mujeres se ven en la necesidad de formar familias más pequeñas de lo que desearían.

La fuerte caída del número de nacimientos está provocando cambios muy serios en la estructura demográfica española, ya que genera un elevado grado de **envejecimiento de la población**. Los problemas más importantes de este fenómeno son:

- **Disminución de la población activa;** es decir, de las personas que trabajan, y que por lo tanto pagan impuestos. En consecuencia, se produce una disminución de ingresos para el Estado.

- **Aumento de gastos para el Estado.** Con el envejecimiento de la población, se necesita más atención médica, y por lo tanto aumenta el gasto sanitario. Por otro lado, cada vez más gente tiene edad pensionable y cada vez viven más años, con lo cual aumentan los gastos sociales y de pensiones.

hijos por mujer. El motivo principal que explica el tardío comienzo de la maternidad es, como vimos en el punto anterior, la inestabilidad económica de las familias. Debido al alto índice de paro y a la precariedad general del empleo, los españoles tardan más tiempo en conseguir un trabajo que les permita los suficientes ingresos y estabilidad económica para empezar una familia. En esto también influye el extensivo uso de anticonceptivos: se calcula que la gran mayoría de las mujeres en edad fértil, un 70%, utilizan algún tipo de anticonceptivos. Por otro lado, la práctica del aborto es otro factor importante: en España, casi el 15% de los embarazos es interrumpido voluntariamente.

- **La incorporación de la mujer al mercado laboral** es otro factor que impacta fuertemente en la natalidad. Aunque ahora cada vez más mujeres trabajan, todavía tienen que hacerse cargo de las tareas domésticas y del cuidado de los hi-

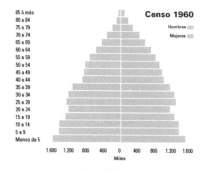

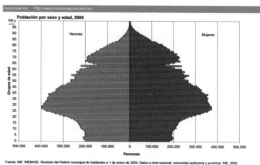

Pirámides de población. Censo 1960 y 2004.

Desde 1980 hasta 1995 la caída del número de nacimientos fue dramática, ya que descendió en casi un 37%. Para intentar hacer frente a este problema, el gobierno ha introducido una serie de ayudas económicas a las familias numerosas (más de tres hijos). En los últimos años **se observa un ligero incremento de la natalidad**, pero no proviene de las mujeres españolas, sino del creciente número de inmigrantes que se establece en España y sus hijos. La natalidad de las madres extranjeras representa ya el 10,4% de los nacimientos en el país, lo que está ayudando a paliar el problema de la baja fecundidad.

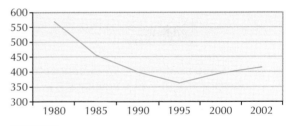

Nacimientos en España (en miles). *Fuente*: INE.

Tendencias para el futuro

Los cambios que se observan en la familia española son similares a los que han experimentado otros países occidentales, aunque en España han sido más tardíos debido a las circunstancias históricas del país. Sin embargo, una vez que las transformaciones familiares comienzan a tener lugar, son mucho más rápidas que en otros países europeos. Lo sorprendente, por lo tanto, no es la naturaleza de los cambios, sino su tremenda velocidad. Esto ha generado dificultades para el sistema legal español, que no ha tenido suficiente cambio para adaptarse al ritmo de la sociedad. Sin embargo, los sucesivos gobiernos democráticos han hecho un gran esfuerzo en equiparar las nuevas familias a las tradicionales. En cuestión de treinta años, España ha pasado de tener una legislatura enormemente restrictiva a tener una de las legislaciones más liberales y tolerantes del mundo en cuanto a política social.

Se espera que la evolución de familia española intensifique las tendencias mencionadas en el apartado anterior. Está previsto que continúe la baja natalidad en las mujeres españolas. Sin embargo, esta tendencia se verá contrarrestada por el aumento de hijos de mujeres extranjeras, procedentes del creciente colectivo de emigrantes que se instalará en el país. De esta manera, el envejecimiento general de la población se frenará ligeramente.

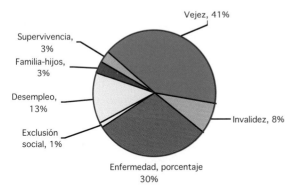

Gasto público en prestaciones sociales (2001).
Fuente: Ministerio de Trabajo y Asuntos Sociales.

PREGUNTAS SOBRE EL TEMA 16

1 ¿En qué se diferencian el concepto de familia actual y el tradicional?

2 ¿A qué se debe la baja natalidad en España?

3 Da dos motivos que expliquen el creciente número de hogares unipersonales.

4 Piensa en el porcentaje de madres solteras en España, y en el de tu país. ¿Crees que hay grandes diferencias? ¿A qué se deben?

5 ¿Por qué crees que las regiones con mayor índice de parejas de hecho son Cataluña, las Islas Canarias y las Islas Baleares?

PREGUNTAS PARA DESARROLLAR

a Una característica de los jóvenes españoles es la tardía edad de independización. ¿Por qué crees que ocurre esto? ¿Qué ventajas e inconvenientes trae vivir con los padres hasta los treinta años?

b Debate: Vivir en pareja, sin estar unidos por el vínculo del matrimonio, es algo todavía poco común en España. ¿Ocurre algo similar en tu país? ¿A qué se debe?

c Actualmente se observa un aumento de los núcleos familiares no convencionales. ¿Qué opinas de esta tendencia? ¿Crees que la familia tradicional, formada por un padre, una madre y uno o más hijos será una minoría en el futuro?

d Tarea de consolidación: Escribe una crítica sobre la película española *Familia,* de Fernando León de Aranoa, concentrándote en las relaciones entre los miembros de la familia protagonista.

GLOSARIO

Familia monoparental: Familia en la que sólo existe uno de los padres.

Emancipación: Proceso de independencia de los hijos del hogar paterno.

Tasa de natalidad: Número medio de hijos por mujer en un país.

Población activa: La población que se encuentra en situación de trabajar. Normalmente, se refiere a las personas sanas entre 16 y 65 años.

Parejas de hecho: Parejas unidas por vínculos sentimentales que comparten hogar sin estar casados. Es una opción de vida que todavía no se encuentra tan implantada en España como en otros países occidentales.

Hogar unipersonal: Vivienda en la que reside solamente una persona.

Sección III. Aspectos sociales y culturales de la España moderna

ACTIVIDADES DE INTERNET

1. Especial sobre las nuevas formas de familia de *El País*

http://www.elpais.es/afondo/
tema.html?id=123&La%20nueva%20familia

En esta página tienes una gran cantidad de artículos y documentos sonoros de actualidad. Elige una selección de ellos y escribe un informe sobre lo que hayas aprendido.

2. Las opiniones de los españoles ante la familia (*España de cerca*)

http://polyglot.mit.edu/html/espanadecerca/view1.html

Selecciona el tema *Familia* de la columna de la izquierda, y haz clic en las fotografías iluminadas. En grupos, cada uno debe escuchar en dos personas y apuntar la información que dicen sobre sus opiniones o experiencias familiares. Después, podéis poner esta información en común.

3. Familias numerosas

http://www.familiasnumerosas.org/
muestrasseccion.asp?categoria=sa&contasigue=11

Aquí podrás leer las experiencias de varias familias numerosas. ¿Con qué problemas se encuentran principalmente?

4. El síndrome de la abuela esclava

http://www.mujereshoy.com/secciones/2250.shtml

Lee este artículo y explica en qué consiste este síndrome. ¿Pasa algo parecido en tu país?

5. Tendencias demográficas para el futuro (actividad interactiva)

http://www.eumed.net/cursecon/ppp/pirespdinamica.ppt

Aquí puedes ver la pirámide de población española de 1991. Haz clic donde te indican, y podrás observar cómo cambiará la pirámide hasta el año 2050 si continúan las tendencias demográficas que se observan en la actualidad.

6. Demografía e inmigración (Tele 5)

http://www.eumed.net/cursecon/videos/demo-emigra.htm

Escucha este vídeo y haz un resumen de su información en tu idioma.

COMENTARIO DE TEXTO 1

Antes de leer el texto, busca en el diccionario el significado de las siguientes palabras:

Despegarse de: _____   Intendencia: _____

Acomodaticia: _____   Animar: _____

Pudor: _____   Progenitor: _____

Muy a gusto: _____   Íntegro: _____

Permisividad: _____   Despliegue: _____

Seno: _____   Constatación: _____

Regir: _____   Propicia: _____

En última instancia: _____   De paso: _____

¿Cuándo se irán de casa?

Según los estudios del CSIC, un 60% de los jóvenes españoles de entre 25 y 30 años que trabajan aún no se han despegado del hogar familiar.

Si estas cifras de nuestro país se comparan con las de Francia, Reino Unido o Alemania, triplicamos el número de jóvenes con empleo que permanecen en casa de sus padres, sin independizarse. Tan sólo griegos e italianos comparten en Europa una parecida actitud a la de los españoles. Cuando se pregunta a los jóvenes, una buena parte contesta que se iría de casa si pudiera (aquí interviene el elevado precio de la vivienda, nueva y usada, y lo escaso y caro de los alquileres, así como la inestabilidad laboral y la dificultad de conseguir un empleo satisfactorio), pero en los diez últimos años ha aumentado la postura acomodaticia y son mayoría los jóvenes que, sin falsos pudores progresistas, reconocen que se sienten «muy a gusto» en casa de sus padres.

Razones no faltan (...)

Uno de los principales factores de freno para la emancipación de los jóvenes es la creciente permisividad de la familia en lo que respecta a los horarios y costumbres de vida en el seno del hogar. Los jóvenes no se sienten presionados ni vigilados en exceso y rige un cierto ambiente de complicidad entre padres e hijos. Pueden soportar esta falta de autonomía porque, en última instancia, les «compensa». Por otra parte, el bienestar, la comodidad, la intendencia garantizada y la ausencia o escasa relevancia de los trabajos y preocupaciones domésticas anima también a mantener la situación. Incluyamos también la posibilidad de ahorrar, ya que los progenitores normalmente no exigen la entrega del sueldo en casa y menos aún, íntegro. Y también un motivo de infraestructura: la disposición y buen nivel de acondicionamiento de los hogares permite en muchos casos que los hijos dispongan de una habitación propia, un territorio exclusivo que cuenta con un satisfactorio despliegue de equipamiento relacionado con el ocio y las aficiones: informática e Internet, TV, música, biblioteca propia... Por último, otra constatación, ya más obvia: el cambio de costumbres en materia sexual, ya no es necesario casarse y tener una vivienda propia para poder mantener relaciones sexuales.

Familias-colchón

Esa permisividad ha permitido acuñar el término de familias-colchón, que mantienen su papel económico y de refugio y aportan ese componente de complicidad, que propicia la sensación en

los hijos de que no están de paso en casa de sus padres y que su estancia no está sujeta a límites temporales. Y, por si fuera poco, parece que seguir en casa aporta a los hijos un muy apreciado valor añadido de juventud, de no llegar todavía a la categoría de adulto, de no asumir aún algunas responsabilidades que conlleva: vida cotidiana con la pareja, los hijos, las hipotecas y otros créditos bancarios, la imprescindible visión de futuro...

Consumer Eroski, febrero de 2001.

Preguntas sobre el texto

1. ¿Qué dicen los jóvenes sobre la tendencia de la emancipación tardía? ¿Cuál es la diferencia que se observa en los últimos 10 años?

2. ¿Por qué la permisividad de los padres facilita la permanencia de los jóvenes en el hogar familiar?

3. ¿Qué otros factores adicionales contribuyen a que los jóvenes retrasen su emancipación?

4. ¿Qué es una «familia-colchón»?

COMENTARIO DE TEXTO 2

Antes de leer el texto, busca en el diccionario el significado de las siguientes palabras:

Disyuntiva: _____

Reconocimiento: _____

Aplaudir: _____

Funcionario municipal: _____

Objeción de conciencia: _____

Negarse: _____

Ladrillo: _____

Difunto: _____

Tropezar: _____

Asentado: _____

Mandamiento: _____

Destrozar: _____

La destrucción de la familia

¿DESTRUCCIÓN de la familia o acto de justicia? Esa es la disyuntiva en que nos sitúa la polémica sobre matrimonios gais. En medio sólo queda una opinión moderada: la de quienes creen que es un exceso hablar de matrimonio, pero aceptarían el reconocimiento de derechos a las uniones homosexuales. Incluso el PP respaldaría esa solución. En este momento, el panorama está así: el gobierno sigue estando orgulloso de este paso y dispuesto a incluirlo entre los grandes avances de los derechos sociales en España. La opinión, dividida entre quienes aplauden y quienes se apuntan a la teoría del exceso. Los afectados, felices: han conseguido un éxito histórico. Y la Iglesia ha puesto los acentos más dramáticos en la condena.

Cuando digo dramáticos, no exagero. Como se puede leer en otra página del periódico, el cardenal López Trujillo, presidente del Consejo Pontificio para la Familia, invitó a los funcionarios municipales a la objeción de conciencia para negarse a casar a esas parejas. Y lo hizo por una convicción profunda: estamos, según él, ante la «destrucción de la familia ladrillo tras ladrillo». Después de aquel famoso alegato del difunto papa Juan Pablo II contra la política de Rodríguez Zapatero, es la confrontación más directa entre el Vaticano y el gobierno español.

Este cronista confiesa que aplaude el reconocimiento de todos los derechos a los varones y mujeres homosexuales, incluso el derecho de unión, pero no ve por ninguna parte la necesidad de llamarles matrimonio. El matrimonio es otra cosa. Los gobiernos están, efectivamente, para reconocer derechos y garantizarlos. Pero no están, en nombre de ninguna idea progresista o reaccionaria, para incorporar conceptos que causan repulsa social o tropiezan con convicciones morales y culturas muy asentadas en la sociedad. Desde este punto de vista, el gobierno puede haber cometido un error por exceso de cariño a los gais.

Pero, con la misma claridad, habría que decirle a la Iglesia que está exagerando los términos. En modo alguno se puede comparar la objeción de conciencia para practicar un aborto (derecho a la vida) con la objeción para casar a un gay, que es un derecho social o, en todo caso, un *atentado* mucho menor. El *no matarás* es un Mandamiento de la Ley de Dios. Y, respecto a la destrucción de la familia, no procede sólo de estos cambios. La familia está cambiando por otros factores: culturales, económicos, trabajo externo de la mujer, sentido más liberal de la vida. Y, puestos a hablar de cuestiones actuales que atentan contra el modelo familiar, ¿qué lo destroza más: que se casen los homosexuales del pueblo o que una familia tenga que vivir en un piso de treinta metros? Sólo es una duda.

FERNANDO ÓNEGA, *La Voz de Galicia*, 25 de abril de 2005

Preguntas sobre el texto

1. ¿Qué opinión tienen sobre los matrimonios homosexuales...?

a) El PP.

b) El gobierno (PSOE).

c) La Iglesia.

2. ¿Qué ha pedido el cardenal López Trujillo a los españoles, y por qué?

3. ¿Qué opina el autor del artículo, que se llama a sí mismo «este cronista», sobre los matrimonios gays?

4. ¿Qué opina el autor sobre la reacción de la Iglesia?

El papel de la mujer en la sociedad contemporánea 17

D urante la etapa franquista, la imposición de la moral y los valores católicos propició la aparición de unos papeles muy delimitados y claramente opuestos para los hombres y las mujeres de la época. Como vimos en el capítulo 2, el modelo femenino

otorgaba a la mujer un papel secundario al hombre. La ideología de la dictadura ensalzaba la figura de una mujer centrada en el ámbito doméstico, cuyas funciones giraban alrededor del cuidado de la familia y del hogar. A nivel económico estaban supeditadas a la autoridad masculina: bien la de sus padres o sus maridos, ya que la enorme mayoría no desempeñaba trabajos remunerados. En contraste, el papel tradicional masculino dictaba que los hombres fueran los cabezas de familia, y que tuvieran una ocupación laboral que reportara ingresos a la familia. Tenían, por tanto, poder tanto económico como social, y por consiguiente una posición mucho más ventajosa que las mujeres.

Los últimos años de la dictadura, y especialmente la llegada de la democracia, provocaron una serie de **cambios sociales** que han transformado la imagen tradicional de la sociedad española. En particular, la situación de la mujer ha experimentado una enorme transformación y ha ganado mucho en igualdad e independencia. El fenómeno que más ha contribuido a transformar el papel de la mujer en la sociedad ha sido su **incorporación masiva al mercado laboral**, que tuvo lugar fundamentalmente a partir de la década de los

Las mujeres españolas han ganado un alto grado de independencia en la actualidad.

245

ochenta. El logro de poder económico fomenta la emancipación de la mujer, lo que le permite romper progresivamente con ciertas expectativas opresivas en cuanto a comportamiento social, sexual y familiar. Por otro lado, el aparato legal democrático asegura la igualdad de la mujer a nivel legal, y castiga cualquier tipo de discriminación por motivo de sexo.

En consecuencia de lo anterior, el siglo XXI ofrece en teoría todas las facilidades para lograr una generación de mujeres que puedan convivir con los hombres en un plano de igualdad. Pero en la práctica, sería incorrecto decir que la sociedad española ha conseguido una igualdad real entre los sexos: en cierta medida, **la división tradicional de papeles se sigue manteniendo**, aunque obviamente en un grado cada vez menor. Los factores que dificultan la emancipación de la mujer son los siguientes:

- La mentalidad tradicional sexista, que en muchos casos autolimita a las mujeres.
- Su desigual acceso al mercado de trabajo.
- El desigual reparto de las labores domésticas, creando una doble jornada laboral para la mujer, en el trabajo y en casa.

Educación

En términos generales, las mujeres todavía tienen un **nivel de educación inferior a los hombres**; es decir, si tenemos en cuenta todos los estratos educativos y edades se observa que más hombres que mujeres han tenido acceso a la educación. Sin embargo, los datos son diferentes si nos concentramos en las mujeres de las generaciones más jóvenes o en las que siguen estudios superiores. Por ejemplo, en estos momentos, aproximadamente un 55% de los estudiantes universitarios son mujeres. Otro dato interesante es que su rendimiento académico, en todos los niveles educativos, es superior al de los hombres.

Estos datos parecen augurar un futuro más prometedor para las nuevas generaciones de mujeres españolas. Sin embargo, todavía tie-

nen que hacer frente a un problema diferente: **el desequilibrio en el tipo de estudios** escogidos por los jóvenes. En concreto, las disciplinas técnicas, las ciencias, mecánica, agricultura y electrónica tienen un número muy limitado de estudiantes femeninas, y por consiguiente, se convierten en profesiones casi exclusivamente masculinas. Es importante corregir este desequilibrio, ya que **la elección de estudios condiciona la ocupación laboral futura**. La feminización de los estudios comienza ya durante la educación secundaria, donde la mayoría de las mujeres se especializan en asignaturas de letras y los hombres en asignaturas de ciencias. Es necesario, por tanto, que se aliente a las mujeres a seguir disciplinas tradicionalmente masculinas desde una edad temprana, para así garantizar su presencia en todos los campos profesionales.

Empleo

A pesar de que en muchos casos las mujeres están mejor preparadas académicamente para desempeñar una ocupación laboral, lo cierto

En la actualidad hay más mujeres que hombres cursando estudios universitarios.

Compaginar la vida profesional con la familiar es uno de los grandes problemas de las mujeres españolas.

disminuye conforme aumenta el nivel educativo, siendo este desequilibrio menos acusado en mujeres con estudios universitarios.

Otro obstáculo a la plena integración de la mujer en el mercado laboral es la **segregación del trabajo por sexos**: ciertos sectores (la limpieza, la enseñanza primaria, los trabajos de salud excepto médicos) se hallan cubiertos mayoritariamente por mujeres. Paralelamente, otros trabajos que a menudo atraen mayores remuneraciones son desempeñados casi exclusivamente por hombres. Como vimos en el apartado anterior, la solución a este problema es fomentar la elección de disciplinas académicas tradicionalmente masculinas en las mujeres, para así conseguir una mejor distribución de los sexos en todos los ámbitos laborales.

Las dificultades laborales para las mujeres no terminan a la hora de encontrar empleo: una vez empleadas, tienen dificultades para que su trabajo sea reconocido al mismo nivel que los hombres. Esto se demuestra, por ejemplo, en la remuneración que reciben: los estudios demuestran que **los hombres reciben un salario alrededor del 20% más alto que las mujeres**, para una misma categoría profesional y con los mismos años de experiencia. Esta desigualdad salarial es ilegal; sin embargo, las estadísticas demuestran que es una práctica que continúa en la actualidad.

Otra prueba de que el trabajo de la mujer está menos valorado que el del hombre es su **dificultad para conseguir puestos de responsabilidad**. Las mujeres que triunfan a nivel profesional, y que disfrutan de puestos directivos en empresas, son todavía una excepción. Se calcula que sólo el 5% de los puestos directivos están desempeñados por mujeres en empresas privadas, y el 14% en el

es que **tienen más dificultades para encontrar empleo** que los hombres. Como vimos en el tema 14, el paro femenino en España es más del doble que el masculino, y el doble también que el paro femenino en la UE-15. Además, casi el 62% del desempleo de larga duración corresponde a mujeres. Por último, las mujeres optan frecuentemente por trabajos a tiempo parcial y no permanecen en su empleo indefinidamente, como suele suceder con los hombres: de esta manera, sus posibilidades de desarrollo profesional se ven seriamente limitadas. La mayor incidencia del paro y la precariedad laboral entre mujeres

Mujeres en la presidencia o consejos de administración del IBEX 35								
Presidentes			Vicepresidentes			Consejeros		
Ambos sexos	Mujeres	% Mujeres	Ambos sexos	Mujeres	% Mujeres	Ambos sexos	Mujeres	% Mujeres
37	2	5,41	39	1	2,56	417	12	2,88

sector público. Muchas ejecutivas denuncian las enormes dificultades para promocionar su carrera a partir de un cierto nivel, y la necesidad de demostrar su valía más que los hombres. Es lo que se conoce por «techo de cristal», una serie de prejuicios que dificultan el ascenso profesional de las mujeres a los altos niveles ejecutivos. El gráfico de la página anterior ilustra esta situación de desigualdad en las empresas del IBEX 35, el conjunto de las 35 compañías más grandes de la Bolsa española:

El nuevo gobierno del PSOE afirma que está muy interesado en solucionar el problema de la desigualdad de la mujer. Para ello, ha establecido cuotas en el gobierno con la intención de alcanzar la **paridad**; es decir, un número similar de hombres y mujeres en sus filas. De hecho, como vimos en el tema 7, el número de ministros del PSOE se compone de un 50% de mujeres y un 50% de hombres, una forma de demostrar su compromiso con la mujer. Esto, por desgracia, no es común en el ambiente político en general, en el que el número de mujeres es todavía limitado debido a la escasa tradición de mujeres que desempeñen cargos políticos de importancia.

Trabajo doméstico: la asignatura pendiente

El desigual reparto del trabajo doméstico es probablemente el obstáculo más importante para lograr la total integración de la mujer en el ámbito laboral. En España, **el trabajo doméstico todavía se considera una responsabilidad de la mujer**, al igual que el cuidado de los niños y de las personas mayores. Se calcula que el 98% de las labores del hogar son desempeñadas mayoritariamente por mujeres. Por lo tanto, vemos que la división de papeles en la sociedad española todavía se encuentra dividido: los hombres se encargan del trabajo remunerado y las mujeres principalmente del doméstico.

Aquí es necesario hacer una matización: como vimos en el apartado anterior, en la ac-

La mayor parte de los trabajos domésticos todavía son desempeñados por las mujeres.

tualidad un alto porcentaje de mujeres también trabajan fuera del hogar. Lo que realmente sucede es que las mujeres trabajadoras realizan una **doble jornada laboral** dentro y fuera del hogar, lo que recorta sustancialmente su tiempo libre y genera agotamiento físico y mental. En muchos casos, las consecuencias a largo plazo son el abandono de la actividad remunerada o el recorte de horas trabajadas, con lo cual la dimensión profesional de la mujer se ve seriamente afectada. Asimismo, la doble jornada laboral tiene un impacto en los bajos índices de natalidad que sufre la sociedad española contemporánea.

En reconocimiento de las dificultades que experimentan las mujeres trabajadoras, el gobierno español ha puesto en marcha una serie de iniciativas para facilitar la **compaginación de la vida familiar y la laboral**. En concreto, la Ley de Conciliación de la Vida Laboral y Familiar de las Personas propone una serie de medidas para paliar este desequilibrio. Por ejemplo, se fomenta que los hombres se acojan a excedencias, bajas de paternidad o a una reducción de sus horas de trabajo para hacerse cargo de los hijos. Sin embargo, y a pesar de estas medidas, la evolución en el reparto de responsabilidades familiares entre hombres y mujeres sigue siendo muy lento. Prueba de esto son lo siguientes datos, tomados de encuestas del Instituto de la Mujer de 2003:

- El 96% de las excedencias por cuidado de hijos son pedidas por mujeres.
- El 99% de los permisos de maternidad o paternidad son solicitados por mujeres.
- El 94% de las personas que abandonan su trabajo por motivos familiares son mujeres.

Con su progresiva incorporación al mercado laboral, la mujer española ha demostrado su capacidad de pasar de la esfera familiar al mundo del trabajo. El hombre español, por el contrario, no ha sabido evolucionar al mismo ritmo, y todavía es reacio a involucrarse en el ámbito doméstico. Este es uno de los obstáculos más serios para lograr la plena igualdad entre los sexos, ya que sin un reparto equitativo de las responsabilidades domésticas es muy difícil que la mujer se desarrolle profesionalmente al mismo nivel de los hombres.

De todas formas, se observan algunos **cambios positivos en la nueva generación de hombres**, que muestran más interés en el cuidado del hogar y de los niños. Una reciente encuesta del INJUVE (Instituto de la Juventud) arroja unos resultados esperanzadores: el 79% de los jóvenes entrevistados creen que el hogar ideal es aquel en el que los dos miembros

Organizaciones que luchan por la igualdad entre hombres y mujeres

Las mujeres españolas consiguieron su igualdad legal con los hombres a partir de la firma de la Constitución, en el año 1978. Pero esa igualdad legal no se tradujo inmediatamente en una igualdad real en la mente colectiva de los españoles; hubo que pasar por un largo proceso que, como hemos visto, todavía no ha tocado a su fin.

La época de la Transición vio surgir un **movimiento feminista** bastante activo, que reclamaba reformas sociales y legales que beneficiaran a la mujer, como la ley del aborto o del divorcio. A partir de la entrada de España en la entonces CEE, la situación de la mujer mejoró, ya que el país se vio obligado a adaptar su legislación para acercarla a la normativa europea en materia de igualdad entre los sexos. En la actualidad existen una multitud de organizaciones que velan por los intereses de la mujer española; desde pequeñas asociaciones locales hasta organizaciones nacionales e incluso internacionales, como las secciones de igualdad entre mujer y hombres de la UE.

Uno de los organismos más importantes es el **Instituto de la Mujer**, fundado en 1983, que en la actualidad es el organismo de defensa de la mujer más importante e influyente del país. Sus tareas se encaminan a asegurar la presencia de las mujeres en todos los ámbitos sociales y laborales, y a concienciar a la población sobre la igualdad entre los sexos a través de estudios y campañas educativas. Aunque el Instituto de la Mujer es un organismo del Estado (forma parte del Ministerio de Trabajo y Asuntos Sociales), tiene un carácter relativamente independiente. Como tal, puede dirigir operaciones de información a la mujer sobre sus derechos y financiar proyectos de investigación. Desde su creación, han lanzado cuatro *Planes de Igualdad de Oportunidades para las Mujeres* (PIOM), proponiendo diferentes reformas legales para lograr los siguientes objetivos principales:

- **Garantizar la inclusión de las mujeres** en todos los ámbitos de la vida laboral, política y social del país.
- **Crear una educación no sexista.**
- **Asegurar el acceso al trabajo** y la igualdad de condiciones laborales para las mujeres
- **Luchar contra la difusión de una imagen sexista de la mujer,** particularmente en los medios de comunicación. Con ese fin, el Instituto de la Mujer ha creado el «Observatorio de la Publicidad», donde se pueden denunciar anuncios que ofrezcan una imagen inadecuada de las mujeres.
- **Fomentar la creación de diferentes asociaciones y organizaciones de mujeres.**

de la pareja trabajen y se hagan cargo de sus hijos por igual. También creen que para conseguir la plena igualdad de la mujer su incorporación al mercado laboral es fundamental, y no creen que el objetivo prioritario de las mujeres sea formar una familia.

Violencia doméstica

La violencia doméstica es la página más oscura de la discriminación sufrida por la mujer española. A pesar de que existe una legislación muy avanzada en cuanto a la protección de la mujer, los abusos físicos y psíquicos son por desgracia una ocurrencia relativamente común. La violencia doméstica no es una situación que sólo padezca España: es un problema extendido que afecta a mujeres de todos los países y de todas las clases sociales, como podemos ver en el gráfico que aparece al final de esta página. En España, se ha convertido en uno de los temas sociales de más relevancia en la actualidad debido a su constante presencia en los medios de comunicación del país. En el año 2004 hubo un total de 72 víctimas mortales, y el número de denuncias por malos tratos llegó a más de 57.500. Y por supuesto, hay un gran número de agresiones no denunciadas, por lo tanto es difícil proporcionar datos exactos sobre la incidencia real de la violencia doméstica. El Ministerio de Trabajo y Asuntos Sociales calcula que unos dos millones y medio de mujeres son víctimas de actos de violencia físicos o psíquicos en su entorno familiar. Otros datos importantes son:

- **El 80% de las maltratadas no denuncia al agresor.** Normalmente, las mujeres que denuncian a los maltratadores esperan a que la situación se haga insostenible antes de atreverse a denunciar el caso.
- **Más del 90% de las asesinadas por malos tratos había denunciado a su agresor con anterioridad.** Esto parece indicar que las autoridades no hacen lo suficiente para proteger a las mujeres, y que las órdenes de restricción a los agresores no dan los resultados deseados.
- Según estudios del CIS de marzo de 2004, **el 22,9% de los encuestados afirma que conoce personalmente casos de maltratos a mujeres.** Si extrapolamos estos datos a la población total, el resultado es que un número enorme de mujeres ha sufrido ataques físicos o psicológicos en el ámbito doméstico.
- **No se puede hablar de un agresor típico:** los maltratadores son personas «normales» que provienen de todos los estratos sociales. En contra de lo que se suele pensar, la mayoría de los agresores no suele estar influenciado por el alcohol ni las drogas, ni tampoco padece una enfermedad mental. Sin embargo, los estudios coinciden en que estos hombres suelen padecer baja autoestima y miedo al abandono por parte de sus parejas.

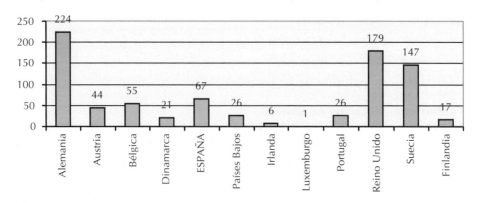

Femicidios en el ámbito familiar (2003). *Fuente*: Instituto de la Mujer.

El reparto de las tareas domésticas es fundamental para lograr la igualdad entre los sexos.

Protección a la mujer

El alto número de víctimas es un **síntoma del sexismo** que todavía impera en ciertas capas de la sociedad española, y que interpretan al hombre como un ser dominante y la mujer como sumisa. Hay que recordar que los valores machistas estaban fuertemente arraigados en la sociedad española durante la dictadura, y no sólo a nivel cultural, sino también legal. Por ejemplo, el Código Civil marcaba que la mujer debía obediencia a su marido, y esta cláusula no fue eliminada hasta el año 1975. Durante el periodo democrático los avances en cuanto a la igualdad entre los sexos han sido enormes; sin embargo, es un espacio de tiempo relativamente corto que no ha conseguido eliminar totalmente la mentalidad machista de la sociedad española, con lo que siguen teniendo lugar un número importante de conductas abusivas hacia la mujer, además de hacia otros miembros de la familia como los niños y los mayores.

Los diferentes gobiernos españoles han sido conscientes de la importancia de la situación de la violencia doméstica en el país. **Se crearon diferentes leyes** para proteger a las mujeres, entre las que destacan el «Plan de Acción contra la Violencia Doméstica 1998-2000» y el «Plan Integral contra la Violencia Doméstica 2001-2004». Sus objetivos fundamentales eran mejorar las provisiones en los campos educativo, legal y asistencial para proteger a las víctimas, además de reforzar la coordinación entre los diferentes organismos encargados de la prevención y eliminación de la violencia. Pero estas medidas parecen no ser suficientes. Un informe de Amnistía Internacional del año 2004 exponía la escasez de recursos en la lucha contra la violencia doméstica, destacando la falta de refugios para mujeres maltratadas, de profesionales especializados y de coordinación entre las Comunidades Autónomas y el gobierno central.

Con el objetivo de solucionar este grave problema, el gobierno de José Luis Rodríguez Zapatero aprobó en diciembre de 2004 la «Ley orgánica de medidas de protección integral contra la violencia de género», que había sido una de sus promesas electorales. Las disposiciones de este plan se concentran en reforzar una serie de medidas para prevenir la violencia:

- **Medidas educativas** que mentalicen a la sociedad de la igualdad entre el hombre y la mujer, y que den a conocer los derechos de la mujer.
- **La introducción de reformas legales** para endurecer los castigos de los delitos de violencia doméstica, y a la vez proteger a las víctimas.
- **El establecimiento de Juzgados específicos para la violencia familiar,** que coordinen a todos los profesionales que trabajan en el campo, y que aseguren que todos los que traten con víctimas sean especialistas en el tema.
- **Red de ayuda a las víctimas,** con servicios de atención e información a las mujeres, centros de emergencia y recuperación, asistencia jurídica gratuita y ayudas económicas.
- **La rehabilitación** de las víctimas, a través de programas que faciliten su inserción social, y de los agresores, a través de programas de terapia específicos a los maltratadores en prisión.

Las medidas de esta Ley de protección, sin embargo, tienen una dimensión polémica: el hecho de que penaliza las agresiones de las mujeres a los hombres, pero no al revés. Su artículo 1.1 expresa que su objetivo es:

*«Actuar contra la violencia que, como manifestación de la discriminación, la situación de desigualdad y las relaciones de poder **de los hombres sobre las mujeres**, se ejerce sobre éstas por parte de quienes sean o hayan sido sus cónyuges, o de quienes estén o hayan estado ligados a ellas por relaciones similares de afectividad, aun sin convivencia.»*

En este sentido, algunas voces opinan que esta ley es discriminatoria. Es quizá un defecto el que sólo se aplica si las víctimas son mujeres, y si éstas tienen una relación sentimental con sus agresores. Pero no hay que olvidarse que en un gran porcentaje de los casos las víctimas de la violencia doméstica son niños, personas mayores e incluso algunos hombres, y que estos colectivos se encuentran desprotegidos por la Ley. También se critica que las medidas protectoras no son suficientes para las mujeres, y que la financiación para poner en práctica tales medidas es inadecuada. Pero no hay duda de que es un primer paso para garantizar la protección de las mujeres, y que es una manera eficiente de mentalizar a las mujeres de sus derechos y a los maltratadores de las consecuencias de sus actos violentos.

Finalmente, hemos incluido una encuesta preparada por el Instituto de la Mujer en el año 2000, en el que se pueden ver los **indicadores de maltrato** (físicos y psíquicos). Los resultados de esta encuesta revelan que el 10% de las mujeres españolas son víctimas de abusos por parte de sus parejas.

Indicadores de maltrato

1. Le impide ver a su familia o tener relaciones con amigos, vecinos.
2. Le quita el dinero que Vd. gana o no le da lo suficiente que necesita para mantenerse.
3. Hace oídos sordos a lo que Vd. dice, no tiene en cuenta su opinión, no escucha sus peticiones.
4. Le insulta o amenaza.
5. No le deja trabajar o estudiar.
6. Decide las cosas que Vd. puede o no puede hacer.
7. Insiste en tener relaciones sexuales aunque Vd. no tenga ganas.
8. No tiene en cuenta sus necesidades.
9. En ciertas ocasiones le produce miedo.
10. No respeta sus objetos personales.
11. Le dice que coquetea continuamente o por el contrario que no cuida de su aspecto [físico].
12. Cuando se enfada llega a empujar o golpear.
13. Se enfada sin que sepa la razón.
14. La dice que adónde va a ir sin él, que no es capaz de hacer nada por sí sola.
15. Le dice que todas las cosas que hace están mal.
16. Cuando se enfada la toma con los animales o las cosas que Vd. aprecia.
17. Le hace sentirse culpable porque no le atiende como es debido.
18. Se enfada si las cosas no están hechas (comida, ropa).
19. Le controla los horarios.
20. Le dice que no debería estar en esta casa y que busque la suya.
21. Le reprocha que viva de su dinero.
22. Ironiza, no valora sus creencias (religiosas, políticas, pertenecer a alguna asociación).
23. No valora el trabajo que realiza.
24. Le hace sentirse responsable de las tareas del hogar.
25. Delante de los hijos dice cosas para no dejarle a Vd. en buen lugar.
26. Desprecia y da voces a sus hijos.

Fuente: Instituto de la Mujer, 2000; encuesta *La violencia contra las mujeres.*

PREGUNTAS SOBRE EL TEMA 17

1 ¿Cuál ha sido el acontecimiento político que más ha contribuido a la igualdad entre los sexos?

2 ¿Por qué los avances legales no siempre han traído la igualdad de la mujer a nivel social?

3 ¿De qué manera la elección de estudios que hacen las mujeres perpetúa la desigualdad entre los sexos?

4 Nombra tres datos que demuestren la inferior situación laboral de las mujeres españolas.

5 ¿En qué consiste la doble jornada laboral de las mujeres trabajadoras?

6 ¿Han tenido éxito los esfuerzos del gobierno para lograr la compaginación de la vida laboral y familiar? ¿Por qué?

7 ¿Qué es el Instituto de la Mujer?

8 ¿Qué papel tiene la mentalidad machista en el fenómeno de la violencia doméstica?

9 ¿Cuál es la crítica principal a la Ley Orgánica sobre la violencia de género aprobada por el PSOE?

PREGUNTAS PARA DESARROLLAR

a «Las mujeres tienen un papel secundario en la sociedad porque aceptan la doble jornada laboral. Es responsabilidad suya que esta práctica tan extendida termine». Discute esta afirmación.

b Tarea de investigación: En agosto de 2004, las ministras del PSOE hicieron un reportaje muy polémico en la revista *Vogue*. Busca información sobre este reportaje en periódicos españoles. Explica por qué se creó esta polémica y cuál es tu opinión al respecto.

c Tarea de investigación: Busca información sobre las áreas principales en las que se concentra la UE para luchar contra la desigualdad entre los sexos. La siguiente página web puede resultarte útil:

http://europa.eu.int/scadplus/leg/es/s02310.htm

d Tarea de consolidación: Escribe una crítica de la película *Te doy mis ojos*, de Icíar Bollaín, que trata sobre la violencia doméstica. Haz un análisis de los personajes basándote en la información que sabes sobre el sexismo y la violencia de género en España.

253

GLOSARIO

Cabeza de familia: Esta expresión se suele referir al miembro de la familia que realiza el trabajo remunerado. Tradicionalmente, el cabeza de familia era el hombre.

Doble jornada laboral: Se refiere al trabajo remunerado y el trabajo doméstico que realizan muchas mujeres, y que limita su tiempo de descanso.

Techo de cristal: Dificultades que tiene una mujer para promocionar profesionalmente a partir de un cierto nivel. Estas dificultades están formadas por prejuicios sexistas.

Excedencia: Baja laboral voluntaria sin sueldo.

Violencia de género: Agresiones físicas y psíquicas hacia las mujeres, normalmente por parte de sus parejas.

ACTIVIDADES DE INTERNET

1. Campaña de concienciación sobre el reparto de las tareas domésticas

http://pro.spotstv.com/cgi-bin/WebObjects/SpotsTVWeb.woa/wa/DAFree/
VSpotsSpot?spotID=1006999

Este anuncio de televisión del año 2003 está dirigido a los hombres. Describe la acción que tiene lugar y explica su significado.

2. Vídeos del Instituto de la Mujer

http://www.mtas.es/mujer/PUBLIEDU/WEB01.HTM

Te recomendamos los siguientes vídeos para hacer un resumen:

a) El trabajo de las mujeres (página 1).

b) El largo camino hacia la igualdad (página 2).

c) La participación política de las mujeres (página 2).

d) Coeducación: diferencias sin jerarquías. (página 3).

3. Programa Óptima

http://www.tt.mtas.es/optima/contenido/index.html

Lee la información sobre este programa del Instituto de la Mujer y explica en qué consiste.

4. Más textos sobre mujeres españolas y el trabajo

http://www.lavozdegalicia.es/monograficos/
empleofemenino/index.jsp

Aquí tienes una amplia selección de textos sobre la situación laboral de las mujeres. Trabaja con tu compañero: cada uno elige un texto y se lo resume a su compañero.

5. Reparto de las tareas domésticas

http://www.mujereshoy.com/secciones/1918.shtml

Lee este texto y explica cuál es el impacto del reparto desigual de las tareas domésticas para las mujeres.

6. Violencia doméstica: testimonios de las víctimas

http://www.cadenaser.com/static/especiales/maltrato/
index.html?carga=3

En este especial de la Cadena SER podrás escuchar a mujeres maltratadas hablando de sus experiencias. Resúmelas y utilízalas para hacer un debate en clase.

COMENTARIO DE TEXTO 1

Antes de leer el texto, busca en el diccionario el significado de las siguientes palabras:

En toda regla: _____

Negarse a: _____

Denunciar: _____

Desvalimiento: _____

Aferrarse a: _____

Golpear: _____

Haga lo que haga: _____

Huir: _____

Impune: _____

De puertas adentro: _____

Pendencieros: _____

La vergüenza del maltratador

No es sólo agresividad. La violencia de género va mucho más lejos: es un rapto en toda regla. Muchas veces nos preguntamos: ¿si él la maltrata, por qué ella no le deja? Escapar no es tan sencillo. A lo largo del tiempo (y las mujeres que se deciden a denunciar llevan una media de ocho años sufriendo malos tratos), las agresiones continuadas crean una siniestra relación de dependencia mutua entre la víctima y su verdugo: ella, por miedo; él, por la gratificación que le proporciona tenerla dominada. La víctima depende tanto del secuestrador que termina protegiéndole. Y se niega a denunciarle. Un auténtico *síndrome de Estocolmo*. No, no es masoquismo, como alguna vez pensó la medicina. Su situación de dependencia y desvalimiento es absoluta. Y el mínimo detalle amistoso del maltratador le hace aferrarse a la idea de que un día cambiará y serán felices. Y ese día no llega. Y cuando ella se da cuenta de que, haga lo que haga, él va a seguir golpeándola, intenta huir. Y entonces él la mata. Siete de cada 10 mujeres asesinadas estaban en trámites de divorcio. (...)

Cada 15 segundos, una mujer es maltratada. Una violencia que se ejerce sobre las mujeres por el simple hecho de ser mujeres. Una epidemia. En Estados Unidos, las autoridades consideran que un 25% de la población femenina sufre violencia de género al menos una vez en su vida. En nuestro país, según datos del Ministerio de Trabajo y Asuntos Sociales, hay 2,5 millones de españolas que se encuentran en una situación similar, aunque muchas no lo acepten. El año pasado murieron en España 68 mujeres a manos de su pareja. Un fenómeno que siempre ha estado ahí. Históricamente impune, pero cada vez más visible. (...)

Y saltó la alarma. La violencia de género no era una anécdota, no era un problema de pareja, no era un acto de puertas adentro; no era monopolio de las clases marginales unido al alcohol, la pobreza y la ignorancia. La violencia doméstica era un crimen que alcanzaba a todos los estratos de la sociedad. Hoy se sabe que el único perfil del agresor es que no hay perfil. Son hombres normales. No son pendencieros. Su violencia es selectiva: su pareja. Una forma útil de solucionar los problemas domésticos, de tener un poder que se les niega en la calle. En un 80% no son enfermos mentales. En una cifra similar no son alcohólicos ni adictos a las drogas. Menos de un tercio recibieron malos tratos o fueron testigos de ellos en su infancia. Tienen estudios medios. No suelen estar en paro. No lo llevan escrito en la cara.

El País Semanal, 4 de abril de 2004.

Preguntas sobre el texto

1. Según el texto, ¿por qué las mujeres maltratadas no abandonan a sus agresores?

2. ¿Es grave la situación en España?

3. ¿Son los casos de violencia doméstica hechos aislados que responden a circunstancias muy particulares?

4. ¿Cómo es el perfil del maltratador?

COMENTARIO DE TEXTO 2

Antes de leer el texto, busca en el diccionario el significado de las siguientes palabras:

Irremediablemente: _____

Dilatado: _____

Conceder: _____

Fémina: _____

Colgarse: _____

Exponer: _____

Gesta: _____

Batuta: _____

Cargo: _____

Galardón: _____

Trabas: _____

Toparse: _____

Escollo: _____

Reivindicaciones: _____

La heroína del año

Cuando comenzó la ingeniería de Teleco[municaciones], allá por el 63, «ya no se cuestionaba si las mujeres tenían alma», por lo que los recuerdos de aquel tramo de su vida no aparecen irremediablemente ligados al término machismo. Al menos, no del todo. (...) Hoy, casi 40 años después, recibe el Premio Heroína 2002 por su dilatada carrera en el área de la telecomunicación y las nuevas tecnologías. Lo concede la asociación internacional de mujeres Charter 100, que ya ha distinguido a Josefina Aldecoa, Amparo Ribelles y Margarita Salas. Sólo tres fueron las féminas con las que Prieto Laffargue compartió aulas y laboratorios durante sus años de carrera. Y, de las tres, sólo ella logró colgarse el título de ingeniera, la primera de Telecomunicación de España.

«En esa época, la escala de valores de las mujeres no era la misma y no optaban por dedicarse al esfuerzo que suponía una ingeniería. Su prioridad era la familia. Las cosas han cambiado, pero no tanto», expone como causas de la escasa penetración que las ingenierías tenían, y tienen, en las aulas. «Sigue siendo un gran problema, porque sólo el 26% de las chicas se decide por carreras técnicas».

La salmantina también puede atribuirse la gesta de haber sostenido la primera batuta femenina en la dirección del Instituto Nacional de Meteorología. Pero tanto cargo y responsabilidad no los asocia con una heroína, como rezará hoy el galardón, sino con una mujer «que ha intentado compaginar la vida familiar con la profesional».

Las trabas con las que se ha topado nunca procedieron de su familia, ni únicamente del bando masculino. El momento histórico fue un gran escollo. «Me crié en un ambiente universitario y siempre recibí apoyo familiar, pero cuando me incorporé al mundo laboral, la familia estaba desprestigiada. He tenido cuatro hijos y una familia numerosa se equiparaba a ser conservador», cuenta.

Continúa su relato denunciando la discriminación que sufre la mujer en el ámbito laboral. «Cuando nos movemos entre altos cargos, los ocupan hombres. Y no hablemos de la diferencia de sueldos». Explica el motivo: «El 98% de los contratos se hace entre amigos, y los amigos de los hombres son hombres. Hay que crear una masa crítica de mujeres que se promocionen entre ellas».

Las reivindicaciones de Prieto Laffargue llegan hasta la política. «El gobierno sólo debería elegir a mujeres que estuviesen preparadas para ejercer su papel, no por imagen, porque, lo contrario, sólo perjudica al resto». Con la discriminación positiva se muestra contundente: «No estaba a favor, pero llega un momento en que no hay otra posibilidad».

Isabel García, *El Mundo*, 20 de noviembre de 2002.

Preguntas sobre el texto

1. Prieto Laffargue estudió Ingeniería de Telecomunicaciones. ¿Había muchas mujeres que estudiaran esta disciplina en su generación? ¿Ha cambiado mucho la situación en la actualidad?

2. ¿Qué opina de compaginar familia y trabajo?

3. ¿A qué cree que se debe que haya tan pocas mujeres en cargos altos?

4. ¿Qué opina Prieto Laffargue sobre la discriminación positiva?